Gwerth
y funud dawel

Casgliad o fyfyrdodau gwreiddiol
a rannwyd gan
Elfed ap Nefydd Roberts
dros gyfnod o 30 mlynedd

Golygwyd gan
OLAF A HELEN DAVIES

Mae munud yn dy gwmni
yn newid gwerth y byd.

ELFED [HOWELL ELFET LEWIS]

ⓗ Cyhoeddiadau'r Gair 2021

Testun gwreiddiol: Elfed ap Nefydd Roberts
Golygydd y Casgliad: Olaf a Helen Davies
Golygydd Testun: Mair Jones Parry
Golygydd Cyffredinol: Aled Davies
Cynllun y clawr: Rhys Llwyd

Dymuna'r cyhoeddwyr gydnabod cymorth
Adran Grantiau Cyngor Llyfrau Cymru.

Diolch i Gymdeithas y Beibl am bob cydweithrediad
wrth ddyfynnu o'r Beibl Cymraeg Newydd Diwygiedig.

Argraffwyd o fewn yr Undeb Ewropeaidd.

Cedwir pob hawl. Ni chaniateir copïo unrhyw ran o'r deunydd hwn mewn
unrhyw ffordd oni cheir caniatâd y cyhoeddwyr.

Cyhoeddwyd gan
Cyhoeddiadau'r Gair, Cyngor Ysgolion Sul Cymru,
Ael y Bryn, Chwilog, Pwllheli, Gwynedd LL53 6SH.
www.ysgolsul.com

CYNNWYS

Peidio â Phryderu	09
Bwganod	11
Yr Etholiadau Lleol	13
Iechyd a Chyfanrwydd	15
Aros a Disgwyl	17
Y Dyn Biau'r Sioe	19
Mr Boutros Ghali	21
Eistedd Wrth yr Un Bwrdd	23
Pleidleisio Dros Newid	25
Ffrae yng Ngenefa	27
Ydym Ni'n Barod i Aberthu?	29
Y Frwydr Rhwng y Da a'r Drwg	31
Dal i Gredu	33
Gwir Fawredd Person	35
Arglwydd y Pryfed	37
Aros i Feddwl	39
Neges Middlemarch	41
Posibiliadau'r Presennol	43
Symud o Gyfnod i Gyfnod	45
Y Ddau Fath o Gyfoeth	47
Mae Pob Peth Byw Yn Newid	49
Diogelu'r Morgloddiau	51
Cofio Actores Ddawnus	53
Ni a Nhw	55
Yr Hardd a'r Hagr	57
Gwleidyddiaeth Plentyn Ganolog	59
Y Cadwyni Mewnol	61
Ffydd yn Hwyl	63
Caru'r Unigolyn	65
Y Brawd Cadfael	67
Llais y Plentyn	69
Neges y Blaned Iau	71
Angylion	73
Y Cynghorau Sir Newydd	75
Y Comisiwn Gwirionedd a Chymod	77
Dilorni Iesu Mewn Llun	79
Dweud Ein Pader	81
Y Dylanwadau Sydd Arnom	83

Atgyweirio Dinas	85
Gweinidogaethu	87
Gwerth *A to Z*	89
Ordeinio Merched	91
Pwysigrwydd Geiriau	93
Byd y Comedau	95
Y Nef yn Agor	97
Cau Ffyrdd a'u Hagor	99
Ymwybyddiaeth o'r Ysbrydol	101
Gosod Croes	103
Newyddion Da	105
Rhyfeddod y Corff Dynol	107
Cofio Gonest	109
Deinosoriaid Patagonia	111
Dysgu'r Byd i Ganu	113
Lleddfu Poen	115
Agor y Cynulliad	117
Codi Pontydd	119
Pobl Nid Rhifau	121
Dwy Ferch Ifanc a Chymru	123
Ysbwriel Ein Hoes	125
Ail-fyw Profiadau Ddoe	127
Achub y Sêr Môr	129
Delwedd Newydd i Fyddin yr Iachawdwriaeth	131
'Fed up' ac yn y Felan	133
Hollywood yn dod i Rhyl	135
Cadw'r Ffiniau	137
Presgripsiwn Iesu	139
Gwneud Fel Pawb Arall	141
Arweinwyr Da	143
Iris Murdoch	145
Newid Ein Milltir Sgwâr Ein Hunain	147
Y Ni a Nhw	149
Chwarae'n Troi'n Chwerw	151
Padre Pio	153
Amod Siarad Doeth	155
Pwy yw'r Bobl Posh?	157
Chwilio Pob Ystafell Ddirgel	159
Bwrw'n Pleidlais	161
Y Gystadleuaeth Fwyaf Oll	163
Mewn Jyngl yn Awstralia	165

Dysgu Anffyddiaeth	167
Dioddefaint Crist	169
Dymchwel y Muriau	171
Dwylo'r Meddyg Dawnus	173
Enaid Cenedl	175
Ble Mae Duw?	177
Addysg ac Argyhoeddiad	179
Y Llyfr Peryglus	181
Suddo i Ddyledion	183
Syniad Mawr Sydd Wedi Newid y Byd	185
Nid Ystadegau Ond Pobl	187
Gwerth Llyfrau	189
Chwalu Muriau Jericho	191
Creadaeth a Gwyddoniaeth	193
Teithio Tuag At Ein Gilydd	195
Y Wialen Fedw	197
Goleuni a Chysgod	199
Siarad a Gwrando	201
Creu Amgylchfyd Glân	203
Gwerthu Storïau	205
Trysor yn y Llofft Sbâr	207
Grym Gwn a Grym Gweddi	209
Lle i Bawb	211
Dwy Wlad	213
Mae Amryw Byd Ohonom	215
Rhodd Enbyd Bywyd	217
Pen-blwydd CND	219
Iselder Creadigol	221
Y Gwasanaeth Iechyd Cenedlaethol	223
Ar Ymylon Cariad	225
Salem Cefncymerau	227
Y Ffordd Hir i Ryddid	229
Cyfrif Ein Dyddiau	231
Terfysgwr Normal	233
Pontio Gwahanol Fydoedd	235
Canu'r Halelwia	237
Dirgelwch y Drwg a'r Da	239
Rhyfeddod Pont Llangollen	241
Te Parti Mawr America	243
Creu'r Gymdeithas Fawr	245
Seiliau Bywyd	247

Drws Blwyddyn Newydd	249
Edrychwch ar y Sêr	251
Teimladau	253
Yr Ysfa i Ddial a Chosbi	255
Neges Nofel Fawr	257
Agor Ffenestri i'r Gofod	259
Malala Yousafzai	261
Dau Fath o Ddaioni	263
Y Daith Fewnol	265
Cadw Ein Cŵl	267
Pobl y 'Waeth gen i'	269
Iaith Cusan a Chwts	271
Hanfod Democratiaeth	273
Dylanwadau Da	275
Neges Ewyllys Da	277
Eisteddfod y Disgwyl	279
Ofergoeliaeth	281
Creu Cymru Newydd	283
Colli Gafael ar Deulu	285
Mynd yn Hen	287
Zephaniah a'r Iaith Gymraeg	289
Philip Jones Griffiths	291
Llygad Dychymyg	293
Bangu	295
Grêt	297
Ein Hypothalamus	299
Penglog Shakespeare	301
Y Cawr Mawr Caredig	303
Y Crist Olympaidd	305
Cyfres o Olygfeydd	307
Yr Ysgwrn	309
Yr Hen Bethau	311
Pwysigrwydd Gwrando	313
Pedair Coes	315
Profiadau Plentyn	317
Dysgu Oddi Wrth Sali Mali	319
Tywysog Heb Grys	321
Cofio Mudiad Swffragetaidd Prydain	323
Byd y Planhigion	325
Y Gwasanaeth Iechyd	327

Gair gan y Cyhoeddwyr

Bu'n fraint arbennig cael cydweithio gydag Elfed i gyhoeddi nifer o gyfrolau defosiynol a diwinyddol dros flynyddoedd lawer. Bu i ni gael y cyfle i ddechrau cydweithio dros 30 mlynedd yn ôl, a hynny wrth i Elfed baratoi colofn fisol o weddïau ar gyfer y cylchgrawn *Cristion*. Rydw i'n cofio dweud wrtho un tro fy mod i'n rhyfeddu bod pob un weddi yn ffitio'n daclus yn eu lle o fewn y gofod sefydlog ar y dudalen, ac yntau'n ateb, 'Wel ie, fachgen, 94 llinell ynde!' Roedd meddwl mawr yn mynd i mewn i bob dim roedd yn ymwneud ag e!

    Yna, wrth sefydlu Cyhoeddiadau'r Gair, cafwyd nifer o gyfrolau defosiynol eu naws ganddo, gan gynnwys y gyfrol lliw llawn *Y Duw Byw*. Yna, yn nes ymlaen, bu'n paratoi deunyddiau maes llafur i oedolion, a hynny yn ei dro yn arwain at ddatblygu'r gyfres *Dehongli...* Wedi cyhoeddi tua pedair cyfrol fe fynegodd ei awydd i 'ymddeol', ond wedi i ni anfon clawr arfaethedig iddo ar gyfer y gyfrol nesa fe gytunodd i barhau, gan ddweud, 'Wel fachgen, gan dy fod wedi gwneud y clawr, mi wna inna sgwennu'r tu fewn.' Fe weithiodd y dacteg yma am dair cyfrol bellach, a diolch iddo am bob un ohonynt.

    Ychydig dros flwyddyn yn ôl fe drosglwyddodd i'm gofal sawl ffeil o ddeunydd o'i eiddo nad oedd wedi gweld golau dydd, ac yn ei ffordd ddiymhongar ei hun dweud ar yr un pryd, 'Os nad oes gwerth ynddynt, i'r bin â nhw!' Ond wrth gwrs, o fewn y ffeiliau hynny roedd yna drysorau, ac yn eu plith y casgliad hwn o dros 150 o fyfyrdodau radio. Yr hyn a geir yma mewn gwirionedd yw sylwebaeth ar 30 mlynedd o hanes, gan groniclo barn ac ymateb i rai o ddigwyddiadau mawr hanes Cymru a'r byd. Diolch i Olaf a Helen Davies am fynd ati i ddewis a dethol o blith y llu o sgriptiau a ddaeth i law, i Eiddwen Jones am ei chefnogaeth barod ac i Mair Jones Parry am ei gwaith gofalus yn golygu'r testun ar gyfer ei gyhoeddi.

    Mae ein diolch i Elfed yn un sylweddol iawn. Diolch am ei ddoniau creadigol ac am ei ddawn arbennig i gyfathrebu mewn iaith syml, dealladwy ac ystyrlon, gan gyflwyno gwirioneddau'r ffydd mor naturiol a chyfoes. Coffa da amdano.

Aled Davies, Cyfarwyddwr

Gair gan y Teulu

Dymuna Jonathan, Elen Mai a'r teulu ddiolch i Gyhoeddiadau'r Gair ac i Aled a'r tîm am olygu'r gyfrol hon, ac am eu hymroddiad i gyhoeddi cyfrolau cyfres y Dehongli dros y blynyddoedd. Diolch iddynt am barchu dymuniad ein tad i gasglu ei ddeunydd gwreiddiol i mewn i'r gyfrol hon.

Fel plant, mae hi'n bleser gweld y gwaith, a fu'n llafur cariad mawr i'n tad, yn cael ei gydnabod yn swyddogol, ac ar gael i bawb ei ddarllen a'i fwynhau rhwng dau glawr.

Mae hi'n flwyddyn bellach ers i ni golli Dad. Hoffem fel ei blant ddiolch iddo am bob cefnogaeth, gofal a chariad tuag atom dros y blynyddoedd. Roedd ei ymrwymiad i'w waith yr un mor gryf ag yr oedd i'w deulu.

Peidio â Phryderu

Gyda gwên fach slei ac awgrym cynnil o winc yn ei llygad, cyfeiriodd y ferch oedd yn rhoi rhagolygon y tywydd ar y teledu neithiwr at y storm na ddigwyddodd. Ers dyddiau bu pobl y tywydd yn ein rhybuddio bod gwyntoedd cryfion a storm beryglus yn chwyrlïo ar draws Môr yr Iwerydd i'n cyfeiriad ni. Gan fod i'r tywydd le mor ganolog yn ein sgwrs ni bob amser, y storm fawr fu'r testun siarad dros y penwythnos. Bu cyfnewid atgofion am y dymestl fawr ddechrau'r flwyddyn, a phryder tybed a fyddai'r ddrycin yma cyn waethed. Ond dyma ollwng ochenaid o ryddhad o ddeall nad oedd yn rhaid i ni ddioddef dim byd gwaeth na gwyntoedd cymedrol, glaw trwm ac ambell gawod o genllysg.

Ofni drycinoedd y dyfodol yw achos cymaint o'n pryderon a'n hanniddigrwydd mewn bywyd – ofni'r gwaethaf, mynd i gyfarfod â gofid yfory. Yn fwy na hynny, mynd i gredu bod stormydd yn anochel. Fel mae'r milwyr o Brydain ac America yn llifo i mewn i Saudi Arabia, cawn ein cyflyru i feddwl bod storm rhyfel yn crynhoi yn y Gwlff ac nad oes dim modd ei hosgoi. Diolch am y lleisiau callach sy'n galw am bwyll, am fwy o amynedd, ac am fwy o drafod: lleisiau o Ffrainc, o Rwsia a gwledydd eraill, a nifer cynyddol yn yr Unol Daleithiau hefyd sy'n dweud na ddylid rhuthro i ganol y ddrycin.

Rwyf yn argyhoeddedig fod llawer o stormydd dychmygol y dyfodol yn gynnyrch ein hofnau, ein rhagfarnau, ein pesimistiaeth a'n diffyg ffydd. Mae hynny cyn wired yn ein profiad personol ni ag ydyw ar lwyfan gwleidyddiaeth a helyntion byd. Fel arfer, rydym yn pryderu nid oherwydd unrhyw beth sy'n ein blino heddiw, ond oherwydd yr hyn yr ydym yn ofni ddaw yfory – poeni am iechyd, am arian, am ddyfodol ein plant, ofni henaint, ofni llesgedd, ofni marwolaeth.

Yn un o adrannau'r Bregeth ar y Mynydd mae Iesu'n sôn am beryglon ac effeithiau pryder, ac meddai, 'Peidiwch felly â phryderu am yfory ... digon i'r diwrnod ei drafferth ei hun.' Mewn geiriau eraill, 'Gwnewch yn fawr o'r dydd hwn, dysgwch fyw yn llawn yn y presennol, a pheidiwch â mynd i gyfarfod â gofidiau yfory.'

Peidiwn â meithrin yr agwedd meddwl honno sy'n disgwyl dim ond tywydd garw. Effaith hynny yw i ni gael ein llethu gan ein hofnau a methu gwerthfawrogi a mwynhau'r cyfnodau o heulwen a hyfrydwch. Y gwir yw, y mae mwy o'r rheiny mewn bywyd nag sydd o stormydd.

30 Hydref 1990

Bwganod

Faint ohonoch chi tybed sy'n credu mewn bwganod? Mae'n siwr gen i nad yw'r rhan fwyaf ohonoch, mwy na finnau, wedi gweld bwgan erioed ond eich bod yn ceisio cadw meddwl agored ar y mater. Wedi'r cwbl, rydym ni i gyd yn ymwybodol fod yna ffactorau anweledig a dylanwadau maleisus ar waith sydd y tu hwnt i'n rheolaeth ni.

Rydym wedi clywed llawer iawn o sôn yn ddiweddar am un bwgan arbennig. Clywsom am rai o effeithiau trychinebus ei ddylanwad – 90 o weithwyr Ferodo, Caernarfon, i gael eu diswyddo a thros 600 o weithwyr y Weinyddiaeth Amddiffyn yn Nhrecwn a Breudeth – a'r ffigyrau yna'n dod ar ben y degau o filoedd sydd eisoes yn ddi-waith yng Nghymru.

Yn ôl y diwydianwyr a'r cyflogwyr does dim byd y medrant ei wneud: ar y bwgan mae'r bai. Yn ôl y gwleidyddion does dim dichon osgoi'r trychineb: mae'r bwgan yn cerdded y wlad. Nid taflu pobl allan o waith yn unig y mae, ond gwthio rhan helaeth o'r boblogaeth i dlodi enbydus, tra bod y rhan arall ar ben eu digon ac yn well eu byd nag y buont erioed. Dyna un arall o'i driciau mympwyol.

Ydych, rydych wedi ei adnabod ac wedi clywed ei enw droeon – 'y dirwasgiad'. Does neb yn medru egluro'n union beth yw hwnnw, na sut mae cael ei wared, ond mae'n cerdded y wlad ac yn creu hafoc.

Pan mae pethau'n mynd o le ar yr economi – diweithdra'n codi, prisiau'n cynyddu, chwyddiant yn fwy na'r disgwyl – mae'r wrthblaid yn beio'r llywodraeth a'r llywodraeth yn beio'r dirwasgiad. Ond tra mae'r dadlau'n parhau mae rhywbeth yn dweud wrthyf mai ni a'n ffordd ni o fyw sydd wedi creu'r bwgan yma. Oherwydd unwaith y mae elw yn dod o flaen pobl, cyfoeth o flaen cyfiawnder, teganau technolegol o flaen tegwch, mae'r gwerthoedd yn drysu ac mae anghyfiawnder yn cael rhwydd hynt. 'Ceisiwch yn gyntaf deyrnas Dduw a'i gyfiawnder ef,' meddai Iesu, hynny yw rhowch y gwir werthoedd yn gyntaf – pobl, tegwch, daioni, heddwch – a rhoir y pethau eraill i gyd yn ychwaneg i chwi. Petaem ni ond yn medru canfod yr egwyddor fawr yna ym mhlygiadau economeg fe fyddem ni'n cael gwared o bob bwgan ac mi fentraf ddweud hefyd y byddai bywyd yn dipyn llai gofidus i weithwyr Ferodo a Threcwn a'u tebyg.

18 Ionawr 1991

Yr Etholiadau Lleol

Dywedodd un gwleidydd amlwg y dydd o'r blaen mai gwir bwysigrwydd yr etholiadau lleol fydd dangos i ni ai i'r dde neu i'r chwith mae'r gwynt gwleidyddol yn chwythu. Roeddwn i dan y dybiaeth mai prif amcan yr etholiadau oedd dewis y cynghorwyr lleol mwyaf addas i ofalu am ein buddiannau ac am lywodraeth ein trefi a'n hardaloedd, nid bod yn rhyw fath o rihyrsal ar gyfer y sioe go iawn.

Roedd sylw'r gwleidydd yna yn enghraifft ardderchog o golli golwg ar flaenoriaethau – gwleidyddiaeth yn mynd yn gêm yn hytrach nag yn gyfrifoldeb; cynlluniau plaid yn dod o flaen anghenion pobl ac ansawdd bywyd bro.

Gwraidd cymaint o'n problemau a'n helyntion, yn wleidyddol, yn gymdeithasol ac yn bersonol, yw'r duedd hon i golli golwg ar yr amcanion uchaf. Oherwydd i olew fod yn bwysicach na phobl cafwyd cyflafan yn y Dwyrain Canol ac y mae miloedd ar filoedd o Gwrdiaid, yn ogystal ag Iraciaid eraill, yn dal i ddioddef o ganlyniad. Oherwydd bod ofn mawr y bydd gwneud elw ariannol yn mynd yn bwysicach na gofalu'n effeithiol am gleifion mae pryder mawr ynglŷn â'r duedd i breifateiddio mwy a mwy o agweddau ar y gwasanaeth iechyd. Oherwydd i blismon yng Ngwent anghofio mai ei gyfrifoldeb oedd gweinyddu cyfraith a chadw trefn, nid dyrnu troseddwr a hanner ei ladd, fe'i cosbwyd mewn llys barn ddoe.

Mater o flaenoriaethau hefyd sy'n penderfynu ansawdd ein bywyd personol. Gwneud arian, dod ymlaen yn y byd a bod yn berchen ar gar crand a thŷ crandiach – dyna'r blaenoriaethau a gynigir i ni gan y gymdeithas faterol. Piti na fyddai mwy o sôn am y pwysigrwydd o gadw sefydlogrwydd teulu, o ofalu am yr hen a'r gwan, o ddiogelu safonau moesol, o rannu'n heiddo â'r tlawd, o hybu diwylliant ac iaith a chrefydd. Ond dyna ni, dydy pethau felly ddim yn cynhyrchu elw. Un o achosion pryder a helyntion nerfol ymhlith pobl heddiw, yn ôl ysgrif a welais gan seicolegydd yn ddiweddar, yw'r duedd i roi gormod o amlygrwydd i bethau dibwys a cholli golwg ar y pethau mwyaf eu gwerth. Roedd Iesu'n ddigon o seicolegydd i fod wedi gweld hynny. Mae cymeriad yn bwysicach na dillad a bywyd yn bwysicach na lluniaeth, meddai ef. Cyfrinach dedwyddwch yw ceisio'n gyntaf Deyrnas Dduw a gwerthoedd y deyrnas honno, a bydd popeth arall yn disgyn i'w le.

Gobeithio bod digon o gynghorwyr lleol doeth a da wedi eu hethol ddoe fydd yn cofio mai eu cyfrifoldeb cyntaf fydd gwasanaethu eu hetholwyr a'u hardaloedd.

3 Mai 1991

Iechyd a Chyfanrwydd

Cofiaf rywun yn dweud wrth sôn am gymeriad oedd yn dipyn o hypocondriac ac yn cwyno'n barhaus am gyflwr ei iechyd, 'Peidiwch byth â gofyn i John Jones sut mae o, neu mae'n siŵr o ddweud wrthych chi!' Mae pawb ohonom yn adnabod y teip – yn barod ei gŵyn ac yn barod iawn i fanylu'n boenus am ei holl anhwylderau a chwrs ei salwch a hanes pob llawdriniaeth a gafodd erioed.

Yn ôl y ddadl boeth fu yn Nhŷ'r Cyffredin ddoe rhwng Mr Major a Mr Kinnock mae'n amlwg fod y Gwasanaeth Iechyd ei hun yn clafychu'n enbyd, yn wael ei gyflwr ac yn dirywio'n gyflym. Mae anghytundeb chwyrn yn codi dros natur y driniaeth a pha feddyginiaeth i'w rhoi i'r claf: ai caniatáu i ysbytai eithrio o ofal awdurdodau lleol a throi yn ymddiriedolaethau preifat? Ai ariannu'n well y Gwasanaeth Iechyd fel y mae? Mae'n rhaid i mi gyfaddef bod y syniad o droi darpariaeth feddygol yn rhyw fath o fasnach yn codi dychryn arnaf, yn enwedig ar ôl gwrando ar un o uchel swyddogion y BMA ei hun yn cyfeirio at y bwriad fel 'y cynllun gorffwyll hwn'.

Wedi'r cyfan, mae iechyd ac iacháu yn golygu llawer mwy na phrisiau tabledi, cost llawdriniaethau a chyflogau nyrsys a meddygon. Y mae a wnelo iechyd â chyfanrwydd bywyd. Gwelwn hyn o sylwi ar y gwahanol ystyron sydd i'r gair 'iach' yn y Gymraeg – iach o ran corff, wrth gwrs, ond hefyd iach yn yr ystyr o fod yn hapus, yn ddibryder, yn rhydd. Mae'n golygu hefyd cadw rhywbeth yn bur neu'n ddiogel, ac mae rhywbeth sy'n gywir a digyfeiliorn yn iach.

Daw hyn â ni at iaith crefydd, i eiriau fel iachawdwriaeth neu iechydwriaeth, ac ystyr hynny yw 'adfer cyfanrwydd', canfod bywyd cyflawn, crwn – bywyd wedi'i waredu o bopeth sy'n llesteirio, yn caethiwo ac yn darnio.

Mae iechydwriaeth, fel y gair iacháu, yn cynnwys adferiad o salwch corfforol, ond hefyd datblygiad meddwl, aeddfedrwydd emosiynol, ymwybod ysbrydol, cytgord â phobl eraill, harmoni â'r greadigaeth, a hyn i gyd yn deillio o gymod â Duw. Dyna pam, yn fy nhyb i, na fedrwch chi ddim trin ysbytai na meddygaeth fel busnes sy'n eithrio o rwydwaith cymdeithas. Rhaid i wasanaeth iechyd go iawn gymryd ei le ochr yn ochr â chyfundrefn addysg, gofal am yr amgylchfyd, hybu celfyddyd a diwylliant, pob ymdrech i greu heddwch a sefydlu cyfiawnder yn y byd, ac â gweddi, addoli a meithrin perthynas â Duw. Gyda'i gilydd, ac mewn cydweithrediad â'i gilydd, maent yn dod yn gyfryngau iacháu.

10 Mai 1991

Aros a Disgwyl

Os oes rhai ohonoch yn aros i glywed rhyw newyddion neu ddyfarniad – ymchwiliad efallai, neu arholiad, neu gais am swydd, neu'n aros i glywed hynt a helynt rhywun annwyl yr ydych yn poeni'n enbyd yn ei gylch – yna, fe wyddoch rywbeth am wewyr disgwyl. Mae rhywun yn rhywle bob amser yn aros yn bryderus-obeithiol am ryw ddedfryd neu benderfyniad. 'Hir yw pob ymaros', a phoenus hefyd.

Er i'r polau piniwn ddarogan ers dyddiau y byddai Llafur yn ennill isetholiad Trefynwy ddoe, bu'n rhaid i'r ymgeiswyr a'r etholwyr, a phob un ohonom, aros tan yr oriau mân i glywed pwy oedd wedi ennill y sedd, ac yr oedd straen y disgwyl yn amlwg ar y prif ymgeiswyr hyd y munudau olaf.

Bu'n rhaid i Winnie Mandela, ar ôl ei dyfarnu'n euog, ddisgwyl am ddiwrnod cyn clywed y ddedfryd ar natur a hyd ei chosb. Bu rhieni ifanc yn y Gogledd yn aros i glywed penderfyniad yr awdurdodau cymdeithasol a allen nhw fynd ymlaen ai peidio â'u bwriad i fabwysiadu'r ferch fach amddifad o Romania.

Wrth gwrs, nid yw pob disgwyl yn boenus. Mae yna fath o aros sy'n llawn pleser a chyffro – edrych ymlaen at wyliau, at briodas, at ben-blwydd, neu ryw ddathliad arall, gyda'u haddewid o hwyl a mwynhad.

Mae yna wedyn y math o ddisgwyl tawel, llonydd, mewnol pan fyddwn ni'n distewi sŵn a rhuthr y byd o'n cwmpas ac yn ymagor i'r dirgelwch dwfn hwnnw sydd ynom ni ein hunain ac sydd hefyd oddi allan i ni, ym myd yr anweledig a'r ysbrydol.

Hyd yn oed pan mae'r disgwyl yn boenus, yn dân ar groen ac yn argoeli newyddion drwg, mae modd troi'r profiad ingol yn gyfle i dynnu o'r adnoddau anweledig hynny sydd ar gael ar ein cyfer – yn ddwfn ynom ein hunain, yng nghymorth a chefnogaeth pobl eraill, a hefyd yn nirgelwch y distawrwydd sy'n dwyn adnoddau Duw ei hun i'n cyrraedd ni.

Mae'n dda weithiau cydio mewn cymal neu adnod o'r Beibl i fod yn angor i ni yn ystod y dydd. Dyma i chi adnod felly: 'Y mae'r rhai sy'n disgwyl wrth yr Arglwydd yn adennill eu nerth.'

17 Mai 1991

Y Dyn Biau'r Sioe

Wrth wylio'r eitem ar y bwletin newyddion neithiwr am ymweliad Mr John Major, y Prif Weinidog, â Moscow, fe ges i fy atgoffa, o bopeth, o un o storïau Wil Cwac Cwac – y stori honno am Wil yn neidio o'i wely wrth glywed sŵn rhyfedd yn dod i lawr y stryd, a thrwy'r ffenestr yn gweld y sioe yn cyrraedd y dre. Nid rhyw sioe ddimai, ond Sioe Fwya'r Byd, efo troliau a moduron a thractor a pheiriannau a cherbydau o bob math yn mynd yn un ribidires hir i'r Cae Mawr. Ar y blaen mewn modur mawr du agored, a rhuban swel yn ei gôt, sigâr yn ei geg, a dwy het silc am ei ben, yr oedd y Dyn Oedd Biau'r Sioe.

Does dim amheuaeth o gwbl mai helyntion Rwsia fu Sioe Fwya'r Byd yn ystod yr wythnos ddiwethaf, gyda rhyw ddatblygiad newydd bob dydd yn y ddrama wleidyddol fwyaf a welwyd ers tro byd. Problem fawr Mr Major ddoe oedd gwybod pwy yn union oedd y Dyn Oedd Biau'r Sioe. Bu'n ysgwyd llaw yn wresog, yn gwenu'n glên ac yn sgwrsio'n hir â Mikhail Gorbachev. Wedyn roedd yn rhaid ysgwyd llaw, gwenu a sgwrsio'n hir â Boris Yeltsin yn ogystal, cyn symud ymlaen at swyddogion eraill y llywodraeth a chynrychiolwyr y gwledydd Baltig.

Y broblem dyngedfennol nad yw eto wedi'i hateb (ac a drafodwyd yn faith yn y papurau trymion ddoe) yw pwy yn union sydd â'i law ar y llyw yn Rwsia? Pwy sydd, neu pwy fydd, yn rheoli?

Elfen beryglus mewn gwleidyddiaeth yw'r ysfa am awdurdod ac am gael bod yn ben. Dyna fu achos y 'coup' aflwyddiannus yn yr Undeb Sofietaidd bythefnos yn ôl.

Mae'r cwestiwn pwy sy'n arwain? Pwy sydd mewn awdurdod? Pwy

sydd ar yr orsedd? nid yn unig yn gwestiwn o bwys gwleidyddol, y mae hefyd yn gwestiwn o bwys yn ein bywyd personol, yn foesol, yn feddyliol ac yn ysbrydol. Mae gan lawer ohonom ein harwyr – pobl yr ydym ni'n eu hedmygu, ac efallai yn ceisio eu hefelychu; pobl sydd wedi rhoi safonau, gwerthoedd ac ystyr i'n bywyd ac i'n byw. Heb ryw egwyddor, neu gred, neu gyfundrefn o egwyddorion, mae bywyd yn mynd ar chwâl; mae fel llong heb gwmpawd, neu daith heb fap a heb gyfeiriad.

Y gyffes Gristnogol gyntaf erioed oedd y datganiad syml 'Iesu sydd Arglwydd'. Fe yw'r unig un gwerth ymddiried ynddo, ei ddilyn a'i efelychu. Fe geisiodd Marcsiaeth, fel sawl ideoleg arall dros y blynyddoedd, ei ddymchwel oddi ar ei orsedd. Ond heddiw, wrth i'r miloedd ailgofleidio'r ffydd fe welwn eglwysi newydd yn agor ar draws gwledydd Dwyrain Ewrop. Os buoch chi mewn oedfa ddoe, roeddech chi'n ymuno â nhw ac â chredinwyr yr oesau i ddatgan mai Iesu Biau'r Sioe.

2 Medi 1991

Mr Boutros Ghali

Ddoe dechreuodd Mr Boutros Ghali yn ei swydd newydd. 'Mr Pwy?' meddech chi. Wel, os na wyddoch chi pwy ydyw na beth yw ei swydd does dim bai arnoch chi, oherwydd ychydig iawn iawn o sylw sydd wedi ei roi iddo gan y cyfryngau.

Wrth gwrs, pe bai o'n ganwr pop neu'n aelod o'r teulu brenhinol neu'n filiwnydd yn berchen hanner dwsin o bapurau newydd byddai ei lun a'i hanes ar bob sgrin ac ar bob tudalen flaen. Os na wyddoch chi pwy yw Mr Ghali, ac os ydych chi'n hollti o eisiau gwybod, ef yw Ysgrifennydd Cyffredinol newydd y Cenhedloedd Unedig. Mae'r diffyg cyhoeddusrwydd i'r penodiad pwysig hwn yn dangos pa mor isel ar restr ein blaenoriaethau yw heddwch a diogelwch y byd.

Y Cenhedloedd Unedig yw'r cyfrwng pwysicaf a'r dylanwad mwyaf pwerus er sicrhau heddwch rhwng gwledydd y ddaear. Yn ddiweddar llwyddodd i sicrhau rhyw fath o gytundeb rhwng y gwahanol garfanau yn Iwgoslafia, er gwaethaf difaterwch cymaint o wledydd Ewrop. Echdoe, fe glywsom i Pérez de Cuéllar, o'r diwedd, lwyddo i sicrhau heddwch yn El Salvador wedi deuddeng mlynedd o ormes, o ofn ac o lofruddio. Pe bai wedi cael gwrandawiad a mwy o gefnogaeth cyn hyn gellid bod wedi atal llawer iawn o greulonderau yn y wlad drist honno flynyddoedd yn ôl.

Ac nid gweithio dros heddwch yn unig a wna'r Cenhedloedd Unedig, ond dros gyfiawnder, hawliau dynol, iechyd, addysg ac anghenion plant a llu o bethau eraill.

Mae penodi Mr Ghali yn Ysgrifennydd Cyffredinol yn agor pennod newydd yn hanes y mudiad ac yn gyfle i ni i gyd ymroi, gyda phenderfyniad newydd, i gefnogi pob ymdrech dros heddwch yn y byd. Ond Ysgrifennydd Cyffredinol neu beidio, fedr Mr Ghali ddim setlo anghydfod a chreu heddwch ar ei ben ei hun. Cyfrwng yn unig yw ef a'i fudiad i wledydd y ddaear, gyda'i gilydd, weithio dros gymod a chyfiawnder. Mae awydd gwledydd a llywodraethau i roi blaenoriaeth i heddwch yn dibynnu ar faint o bwysau ddaw o'n cyfeiriad ni, y bobl gyffredin.

Oes, mae angen cefnogi Mr Ghali a gweddïo drosto, ond yn fwy na dim mae angen ailorseddu tangnefedd, goddefgarwch, tosturi ac ymddygiad gwâr yn ein bywyd cymdeithasol a'n perthynas â'n gilydd.

3 Ionawr 1992

Eistedd Wrth yr Un Bwrdd

'Cyfarfod hanesyddol ... trafodaeth gwrtais ac agored ... rhai gwahaniaethau sylfaenol, ond cryn fesur o gytundeb hefyd ... ' Fel yna y clywsom ni ddisgrifio neithiwr y cyfarfod a gynhaliwyd ddoe rhwng Syr Wyn Roberts a swyddogion Cymdeithas yr Iaith Gymraeg.

Bron nad oedd rhywbeth gwyrthiol wedi digwydd. Ar y naill law, ymgyrchwyr brwd Cymdeithas yr Iaith sydd wedi bod yn hallt eu condemniad o arafwch y Llywodraeth ac sydd fwy nag unwaith wedi torri'r gyfraith yn eu brwydr dros Ddeddf Eiddo; ar y llaw arall, Gweinidog o'r Swyddfa Gymreig sydd sawl tro wedi collfarnu'n chwyrn eithafiaeth anghyfrifol ac anghyfreithlon yr ymgyrchwyr ifanc – a'r ddwy ochr yn ysgwyd llaw, yn eistedd o amgylch yr un bwrdd, yn gwrando ar ei gilydd, yn trafod yn ddeallus, yn anghydweld heb wylltio ac yn darganfod rhywfaint o dir cyffredin.

Ond y gwir yw, mae gwyrthiau yn medru digwydd pan yw pobl yn magu digon o oddefgarwch ac o synnwyr cyffredin i gydgyfarfod, i wrando yn hytrach na chega, i siarad yn hytrach na melltithio.

O safbwynt Cristnogol mae unrhyw gyfarfod rhwng pobl sy'n anghydweld ac yn elyniaethus i'w gilydd yn rhywbeth i'w groesawu – boed rhwng Cymdeithas yr Iaith a'r Swyddfa Gymreig, rhwng Iddewon a Phalestiniaid yn Israel, rhwng Serbiaid a Chroatiaid yn Iwgoslafia, rhwng du a gwyn yn Ne Affrica, neu rhwng Catholigion a Phrotestaniaid yng Ngogledd Iwerddon. Mae unrhyw gyfarfod o'r fath yn arwydd o obaith y bydd cyd-ddeall, cydweithrediad, goddefgarwch a chymod yn cymryd lle ofn, amheuaeth a thrais. A dyna yw calon ein Cristnogaeth.

Dros Ŵyl y Nadolig buom yn dathlu athrawiaeth yr ymgnawdoliad, sef fod Duw wedi dod i gyfarfod â ni yn Iesu Grist, i sefydlu perthynas â'r ddynoliaeth ac â'r byd, a'i fod wedi gwneud hynny trwy gyfyngu ar ei fawredd a'i ogoniant, trwy ei uniaethu ei hun â'n cyflwr dynol, trwy'n cyfarch ni yn y Gair a ddaeth yn gnawd, ac wrth wneud hynny, creu cymod.

Maddeuwch dalp o ddiwinyddiaeth cyn wyth o'r gloch y bore, ond dyna'r union elfennau sy'n hanfodol i godi pontydd a chreu perthynas rhwng pobl. Rhaid i ninnau wrth barodrwydd i gyfyngu ar falchder a hunanbwysigrwydd, i ffrwyno pob awydd i fynnu'n ffordd ein hunain, i fod yn barod i roi o'n hamser a'n sylw i arall. Rhaid wrth barodrwydd hefyd i uniaethu â'n gilydd, i fod yn amyneddgar, i wrando a cheisio deall safbwyntiau gwahanol. Dim ond o feithrin agwedd felly y mae modd wedyn trafod yn ddeallus a chreadigol. Pan geir yr amodau hyn, fe all y wyrth o gymodi a chydweithio ddigwydd.

10 Ionawr 1992

Pleidleisio Dros Newid

'Byddwch yn ddigon gwrol i bleidleisio dros newid.' Dyna oedd apêl olaf Bill Clinton i etholwyr yr Unol Daleithiau ddoe. Erbyn y bore 'ma cawsom wybod eu bod wedi ymateb i'r apêl honno ac wedi datgan eu hanfodlonrwydd â'r hen drefn, yr hen addewidion gwag, a'r hen bolisïau disylwedd. Mae George Bush wedi cael ei gardiau a Clinton yn prysur hel ei bac i symud i'r Tŷ Gwyn. Amser yn unig a ddengys a fydd gan Clinton y gallu a'r weledigaeth i wireddu ei freuddwydion, ond o leiaf y mae wedi taro nodyn sydd wedi deffro gobeithion pobl. Mae adferiad a gwelliant ym mhob cylch o fywyd yn dibynnu ar barodrwydd i ystwytho, i newid ac i fentro'n greadigol.

Wrth gwrs, nid pawb sy'n meddwl felly. Mae'n well gan lawer lynu wrth yr hen a'r cyfarwydd. Problem sylfaenol Mr Major wrth gymeradwyo Cytundeb Maastricht yw dileu ofnau'r rhai o'i blaid ei hun sy'n gweld Maastricht fel bygythiad i statws cyfansoddiad Prydain o fewn Ewrop. Ond yr un yw'r dewis – aros yn ein hunfan, neu wynebu newid yn hyderus.

Echnos, cawsom raglen deledu ar gyflwr capeli gogledd Ceredigion – rhaglen sâl, sobr o arwynebol, yn gwneud dim ond ceisio corddi'r dyfroedd – ond er hynny, daeth yr un polareiddio i'r amlwg: rhai yn mynnu bod y sefyllfa'n galw am newidiadau sylfaenol; eraill am aros fel ag y maent a glynu wrth batrymau ddoe, doed a ddelo.

Y gwir poenus wrth gwrs yw nad oes dim dewis mewn gwirionedd. Newid sy'n dod ar hyd y naill lwybr fel y llall. Mae glynu wrth yr hen a'r traddodiadol yn arwain yn anochel yn hwyr neu'n hwyrach at ddadfeiliad, ac y mae hynny'n newid, ond yn newid er gwaeth. Mae bod yn barod i ystwytho ac addasu hefyd yn golygu newid, ond gall hwnnw fod yn newid cyffrous, creadigol a gobeithiol.

Dyma un neges sy'n rhedeg fel llinyn arian trwy'r Beibl – trwy hanes Abraham, Moses, y proffwydi, Iesu o Nasareth, stori'r Eglwys Fore – canlyniad aros yn yr unfan yw marwolaeth. Daw bywyd a gwaredigaeth o ymateb yn ufudd a mentrus i alwad Duw. Nid mater o newid er mwyn newid ydy hyn, ond mater o gymryd o ddifri ein cred mai creawdwr yw Duw – un sydd ar waith yn dwyn trefn allan o anhrefn, Pasg allan o Galfaria, y byw allan o'r marw, y newydd allan o'r hen. Beth bynnag ddaw o faniffesto Clinton, dyna yw maniffesto'r Creawdwr, ac mae un peth yn sicr, chawn ni mo'n siomi o gefnogi hwnnw.

4 Tachwedd 1992

Ffrae yng Ngenefa

Dywedir bod hanes yn ailadrodd ei hun. Bedwar cant a hanner o flynyddoedd yn ôl bu ffrae fawr yn ninas Genefa yn y Swistir. Achos yr helynt oedd bod ffoaduriaid, ar ffo oddi wrth erledigaeth, yn llifo i mewn i'r ddinas yn chwilio am loches a diogelwch. Cwyn y brodorion oedd bod yr holl ddieithriaid yma'n peryglu safon byw'r boblogaeth, eu bod yn tynnu oddi ar adnoddau a gwasanaethau'r ddinas, ac nad oedd yna le na chroeso iddynt.

Roedd prif arweinydd crefyddol y ddinas, er hynny, yn dadlau y dylai Genefa, fel dinas Gristnogol, fod yn noddfa i bawb mewn angen. Meddai, pan yw pobl wedi colli popeth – eu cartrefi, eu gwaith a'u heiddo, a dim ar ôl ganddynt ond eu bywydau – dylid cydnabod nad oes dim ar y ddaear sy'n werthfawrocach na bywyd dynol, oherwydd mae bodau dynol wedi eu creu ar lun a delw Duw. Ei ddadl ef a enillodd y dydd, ac o fewn llai na phum mlynedd gwelwyd y boblogaeth yn dyblu wrth i'r ffoaduriaid lifo i mewn. Byth ers hynny, bu Genefa yn gartref naturiol i fudiadau dyngarol rhyngwladol o bob math – y Groes Goch, y Cenhedloedd Unedig, y Comisiwn Iawnderau Dynol, Cyfundrefn Iechyd y Byd, a nifer o rai eraill.

Pwy oedd yr arweinydd crefyddol hwnnw, ond neb llai na John Calfin – gŵr a gyfrannodd, yn fwy na neb arall, i osod seiliau democratiaeth, rhyddid ac iawnderau dynol y byd modern. Iddo ef, yr oedd angen cyd-ddyn i gael blaenoriaeth o flaen popeth arall.

Hanes yn ailadrodd ei hun? Ddoe clywsom yr un dadleuon yn union ar lawr Tŷ'r Cyffredin pan gyhoeddwyd nad oedd y Llywodraeth yn caniatáu i 180 o ffoaduriaid ar ffo rhag erledigaeth ym Mosnia gael derbyniad i'r wlad hon – ac mai chwech yn unig a gâi fynediad i Brydain. Er i'r mudiad elusennol Alert baratoi llety a gwneud darpariaeth ar gyfer eu derbyn, ac er i'r Groes Goch gefnogi'r cais, ateb y Llywodraeth oedd 'Na!' Fedrwn ni ddim derbyn pawb, meddent hwy. Mae pobl fel hyn yn mynd i fod yn straen ar ein hadnoddau a'n gwasanaethau cymdeithasol.

Hynny yw, ein buddiannau **ni** sydd i ddod gyntaf, ein diogelwch a'n cysur a'n safon byw **ni**. Does dim i ddod o flaen ein buddiannau a'n ffyniant **ni**. Yr hyn a wnaeth y gŵr o Genefa bedair canrif yn ôl oedd ceisio cyfieithu i bolisi gwleidyddol un o egwyddorion mawr y Gŵr o Nasareth, a hyd nes y magwn ni ddigon o weledigaeth a gwroldeb i geisio gwneud yr un peth bydd hanes yn dal i ailadrodd ei hun.

18 Tachwedd 1992

Ydym Ni'n Barod i Aberthu?

Ydym ni'n ffansïo prynu ychydig filltiroedd o reilffordd, injan drên a choets neu ddwy, stesion a signals! Wel, dyma'ch cyfle chi. Mae'r Llywodraeth wedi dechrau datgymalu'r Rheilffordd Brydeinig a'i gwerthu damaid wrth damaid. Y rheswm dros hynny, fel y rheswm dros bob preifateiddio arall sydd wedi digwydd dros y blynyddoedd diwethaf, a'r rheswm pam y mae yna gwtogi ar wario cyhoeddus, ar addysg, ar iechyd, ac ar y gwasanaethau cymdeithasol, yw bod cynnal a datblygu'r gwasanaethau hyn yn rhy gostus ac yn ormod o straen ar bwrs y wlad.

Pe baem ni'n gwario mwy ar ysgolion ac ysbytai a chartrefi henoed ac ar ddiogelu'r pyllau glo a'r rheilffyrdd, byddai hynny'n golygu codi'r dreth incwm neu'r dreth gymunedol. Mewn geiriau eraill, byddai'n costio'n ddrutach i ni a byddai'n rhaid i ni dalu mwy mewn trethi. Byddai hynny'n ddiwedd y byd.

Wrth gwrs, fe hoffem ni weld gwasanaethau cyhoeddus yn gwella. Rydym ni am i'n plant gael pob cyfle addysgol a diwylliannol posibl. Rydym ni am i gleifion gael pob gofal, a'r henoed gael eu hymgeleddu yn eu hen ddyddiau – ond i hynny beidio â chostio gormod, ond i ni beidio â gorfod aberthu. A dyna hanfod ein problem.

Arwydd canolog y ffydd Gristnogol yw croes – arwydd o ddioddefaint, o boen, o farwolaeth ac o aberth. Mae marwolaeth Iesu o Nasareth yn datgan bod achub y byd yn costio – yn costio'n ddrud.

Tra oedd y gweinidog trafnidiaeth wrthi'n codi stondin i werthu'r rheilffyrdd am eu bod yn ddrud i'w rhedeg, oddi allan i dref Jalalabad yn Afghanistan roedd pedwar gŵr ifanc – yn eu plith Tony Bullard o Foelfre Llansilin – yn gorwedd yn gelain ar ochr y ffordd wedi'u saethu, a hwythau wrth eu gwaith yn dod â chymorth i'r tlawd ar ran y Cenhedloedd Unedig. Roedd Tony Bullard wedi ei fygwth o'r blaen ac wedi dioddef mwy nag un ymosodiad. Gallai'n hawdd fod wedi rhoi'r gorau iddi a dod yn ôl adref i dawelwch Llansilin oherwydd bod y gwaith yn rhy beryglus ac yn costio gormod. Ond dal ati wnaeth Tony, oherwydd ei fod yn gwybod, fel y gwyddai Iesu, na fedrwch chi ddim achub y byd heb fod rhywrai yn barod i aberthu.

3 Chwefror 1993

Y Frwydr Rhwng y Da a'r Drwg

Tybed fyddwch chi'n teimlo lwmp yn eich gwddf a deigryn yn dod i'ch llygad wrth wylio ambell eitem arswydus ar y newyddion? Anaml iawn mae'n siŵr, oherwydd rydym i gyd yn cael ein caledu gan hanesion am gymaint o bethau erchyll yn digwydd ym mhob rhan o'r byd mewn rhyfeloedd a therfysgoedd. Roedd y stori dorcalonnus am James Bulger yn wahanol rywsut. Roedd yr ychydig eiliadau o fideo yn dangos y bychan dwyflwydd oed yn cael ei arwain allan o ganolfan siopa yn Bootle gan ddau fachgen ifanc yn cydio yn ei law a'i hudo o ofal a diogelwch ei fam, a chlywed wedyn am gael hyd i'w gorff yn swpyn wedi ei anafu'n enbyd a'i ladd ar ymyl rheilffordd – mae'r digwyddiad yna wedi effeithio'n drwm ar filoedd o bobl ar draws y wlad. Fedrwn ni ddim dechrau dychmygu ing a thor calon ei rieni, heb sôn am feddwl am ddioddefiadau arswydus a dychryn y bychan yn ei oriau olaf.

Wrth gwrs, neithiwr roedd yn rhaid cael arbenigwyr i drafod ar radio a theledu beth sy'n digwydd i'n cymdeithas ni a chlywsom feio diffyg disgyblaeth yn y cartrefi, ansefydlogrwydd bywyd teuluol, y dirywiad moesol, effeithiau tlodi, cyffuriau, fideos atgas, ac yn y blaen ac yn y blaen. Roedd rhywbeth sobr o anaddas yn yr holl ddadansoddi a'r doethinebu. Gallwn drafod hyd ddydd y farn, ac ni fyddwn fymryn nes at wneud ein broydd yn ddiogelach i blant bach redeg a chwarae a byw bywyd normal.

Yr olygfa a greodd argraff arnaf i oedd gweld rhieni ifanc eraill a'u plant yn eu breichiau yn gosod torchau o flodau dros y llecyn lle cafwyd hyd i gorff James. Dyma oedd eu ffordd nhw o ddangos eu cydymdeimlad, eu consýrn, eu cyfeillgarwch a'u hawydd i helpu. Roedd y blodau fel pe baent yn ymgais i orchuddio'r digwyddiad erchyll â blanced o liw a harddwch – blodau yn cymryd lle bryntni, harddwch yn disodli hagrwch, caredigrwydd yn ymlid casineb, creulondeb ac anfadwaith. Dyma'r unig ymateb priodol ac ymarferol i bob drwg yn y byd. Nid pentyrru geiriau a thrafod, ond ymroi o ddifrif i ddisodli'r drwg gyda'r da, y creulon gyda'r caredig, yr atgas gyda'r addfwyn. I'r graddau yr ydym i gyd heddiw a phob dydd yn gwasgaru blodau – cymwynasau, geiriau caredig, gweithredoedd anhunanol, help llaw, gwên – byddwn yn cymryd ein hochr yn y frwydr feunyddiol yn erbyn grym pechod a drygioni. Mae Paul yn sôn am y frwydr mewn pennod yn ei lythyr i Rufain, 'Paid â goddef dy drechu gan ddrygioni. Trecha di ddrygioni â daioni.'

17 Chwefror 1993

Dal i Gredu

Gwynt a glaw, ysbeidiau oer ac ambell sbel braf a heulog yma a thraw – tywydd cymysglyd fel yna gawsom ni trwy'r rhan fwyaf o'r wythnos hon. Ymwelwyr yn y trefi glan môr yn mentro allan yn betrus rhwng y cawodydd, a'r plant a'u rhieni a'u hathrawon yn sangu trwy'r mwd ar faes yr eisteddfod. Yna, echnos, yn gwbl annisgwyl – niwl. Ac fe ges i achos i ddiolch, fel sawl tro o'r blaen, am y gŵr a ddyfeisiodd y llygaid cathod ar ganol y ffordd fawr sy'n ei gwneud hi'n bosibl i rywun ymlwybro'n araf ymlaen wrth yrru car.

Ond doedd dim llygaid cathod ar draws y môr ac o ganlyniad aeth dwy long – tancer olew a llong nwyddau – i wrthdrawiad gan achosi ffrwydriad enbyd, nifer yn cael eu hanafu a'u lladd, ac unwaith eto, fel sydd wedi digwydd nifer o weithiau o'r blaen, tunelli o olew yn cael eu colli gan ddifwyno'r amgylchfyd a llygru a gwenwyno'r dŵr.

Dydw i ddim yn llongwr, ac wn i ddim beth ddylid ei wneud mewn niwl ar y môr, ac a oedd dichon osgoi'r trychineb ai peidio. Ond mae dringwyr profiadol yn dweud mai'r hyn ddylid ei wneud os yw rhywun yn cael ei ddal mewn niwl ar y mynydd ydy, 'Arhoswch yn eich unfan a disgwyliwch i'r niwl godi. Beth bynnag wnewch chi, peidiwch â symud heb weld yn union i ble rydach chi'n mynd.'

Ein perygl ni i gyd, pan fydd y tywyllwch yn cau amdanom ni, yw mynd i banig a dechrau rhedeg yn wyllt i bob cyfeiriad. Mewn argyfwng o unrhyw fath – mewn siom, dryswch, digalondid neu ddicter – rhaid gwylio rhag gweithredu'n fyrbwyll. Y gamp ydy cadw rheolaeth arnom ni'n hunain, dal ein gafael, glynu wrth y pethau cyfarwydd ac aros yn amyneddgar i'r niwl glirio.

Ateb ambell un pan ofynnwch chi iddo fo sut mae o ydy, 'Dal i gredu. Dal i gredu.' Ystrydeb meddech chi – wel, ystrydeb neu beidio, dal i gredu ydy'r gyfrinach. A thrasiedi cenhedlaeth ddiffydd ydy nad oes ganddi ddim i gredu ynddo, dim i lynu wrtho, na neb i bwyso arno pan ddaw'r niwloedd. Os glynwn ni wrth y pethau tragwyddol, pa mor drwchus bynnag fydd y niwl fydd yn cau amdanom, fe fyddwn yn gwbl ddiogel ac awn ni ddim ar goll.

4 Mehefin 1993

Gwir Fawredd Person

Mae'r tywydd fel petai o'n gwneud ei orau glas i ddarparu testun i mi ar gyfer y bore 'ma eto! Neithiwr fe gafwyd storm a llifogydd enbyd a gwelwyd darluniau dramatig ar y teledu o bobl a cheir at eu canol mewn dŵr.

Ond mae yna fwy nag un math o lifeiriant. Echdoe fe welsom ni John Major o dan gawod o feirniadaeth fwy mileinig a chignoeth nag a glywsom ni ers iddo ddod yn Brif Weinidog. Roedd Norman Lamont wedi methu dal rhag talu'r pwyth yn ôl wedi iddo golli ei le fel Canghellor, ac fe agorwyd holl lifddorau ei ddigofaint a'i chwerwedd yn ei araith o'r meinciau cefn. Cafwyd golygfa ar lawr Tŷ'r Cyffredin na welwyd mo'i thebyg ers wn i ddim pa bryd.

Wrth gwrs mae yna fwy na digon o le i feirniadu'r Prif Weinidog a pholisïau a record y Llywodraeth. Ond nid dyna gafwyd mewn gwirionedd, ond yn hytrach llifogydd o lid a dicter dyn wedi digio. Tristwch a digrifwch y sefyllfa oedd fod Norman Lamont, cyn colli ei swydd, wedi canmol ac amddiffyn, wedi clodfori a chymeradwyo polisïau'r Llywodraeth gan hawlio bod adferiad economaidd ar y gorwel a dyddiau gwell ar fin gwawrio. Ond ar ôl ei ddiswyddo, fe ddangosodd ei ddannedd ac fe ymosododd yn filain ar yr union bethau y bu cynt yn eu cefnogi mor frwd.

Roedd ei ymddygiad mor wahanol i deyrnged a welais i wleidydd mawr o'r ganrif ddiwethaf y dywedwyd amdano, 'Er iddo golli ei le, ni chollodd ei urddas; er colli cefnogaeth, ni chollodd ei ysbryd grasol a'i foneddigrwydd.'

Roedd y gymhariaeth yn peri i mi feddwl beth sydd yn gwneud dyn yn fawr mewn gwirionedd. Yn sicr nid safle na swydd, nid eiddo nac arian, nid pwysigrwydd na phoblogrwydd. Mae mawredd person yn gorwedd yn yr hyn ydyw fel cymeriad, nid yn ei statws nac ychwaith yr hyn sydd ganddo.

Mawredd Iesu oedd nad oedd ganddo ddim a ystyrid yn bwysig yng ngolwg y byd, ac aberthodd hyd yn oed ei fywyd ar groes. Ond yn y weithred honno fe welwyd (a dyma ddod yn ôl at y llifogydd):
gras a chariad megis dilyw
yn ymdywallt yma 'nghyd.

11 Mehefin 1993

Arglwydd y Pryfed

Elfen hollbwysig ym magwraeth ac yn addysg plant a phobl ifanc yw dysgu'r gwahaniaeth rhwng da a drwg, rhwng gwir a chelwydd, rhwng gonestrwydd a thwyll. Ond mae'r holl dwyll y clywn ni amdano bob dydd, heb sôn am y math o fisdimanars mewn gwleidyddiaeth a busnes a ddaeth i'r amlwg yn helynt Asil Nadir a Michael Mates, yn dangos yn eglur bod yr hen ffiniau rhwng daioni a drygioni yn prysur fynd yn angof. Yr athroniaeth boblogaidd ydy nad oes fawr o ots pa mor ddrwg, anfoesol neu anghyfrifol y mae dyn yn ymddwyn, ond iddo beidio â chael ei ddal.

Dydd Sadwrn diwethaf bu farw gŵr a gredai'n angerddol fod dyfodol gwareiddiad yn dibynnu ar ganfod a diogelu gwerthoedd moesol. Na, nid pregethwr na diwinydd ond nofelydd, sef William Golding – un o nofelwyr mwyaf y ganrif hon a enillodd Wobr Nobel am Lenyddiaeth ddeng mlynedd union yn ôl. Daeth Golding i enwogrwydd gyda'i nofel gyntaf, *Lord of the Flies*. Efallai i chi weld y ffilm, os nad ydych wedi darllen y llyfr. Hanes criw o fechgyn o ysgol fonedd yn glanio ar ynys bellennig ar ôl llongddrylliad yw'r stori. Er gwaethaf eu cefndir breintiedig, sidêt, buan iawn y mae ymddygiad y bechgyn yn disgyn i lefel farbaraidd a bwystfilaidd. Mae pob syniad o gyfeillgarwch a chyfrifoldeb am ei gilydd yn diflannu ac ofn, ofergoeliaeth a chreulondeb yn eu troi yn baganiaid anwaraidd. Mae eu bywyd yn troi o amgylch cred bod ysbryd dieflig yn eu llywodraethu a'r ysbryd hwnnw'n cael ei gynrychioli gan ben mochyn ar stanc a'r pryfed yn hel o'i gwmpas. Edrychwch chi mewn unrhyw Eiriadur Beiblaidd ac fe welwch chi mai ystyr yr enw Baal-sebub yw 'Arglwydd y pryfed'.

Yr hyn y mae Golding yn ei ddweud yw mai plisgyn tenau iawn

yw gwareiddiad ac oddi tano y mae'r holl elfennau tywyll, cyntefig a dinistriol a all dorri i'r wyneb unrhyw bryd. Yr hyn sy'n diogelu plisgyn brau ein bywyd gwâr yw canfod a diogelu'r da ac ymwrthod â'r drwg.

Rhaid gwneud hynny yn ein bywyd cymdeithasol. Dyna paham y mae gonestrwydd a chywirdeb mor bwysig mewn gwleidyddiaeth a bywyd cyhoeddus. Ond y mae yr un mor bwysig ein bod yn ymrwymo i'r da a'r gwir a'r moesol yn ein bywyd personol yn ogystal. Yn ei ddwsin a hanner o lyfrau, trwy ddisgrifiadau cofiadwy a delweddau a chyffelybiaethau byw a gafaelgar, y mae William Golding yn ein gwahodd i ystyried rhyfeddod a dirgelwch bywyd ac i ganfod a glynu wrth y pethau sydd yn anrhydeddus, yn gyfiawn, yn bur ac yn ganmoladwy. Y rhain yw amod gwarineb.

25 Mehefin 1993

Aros i Feddwl

Mae gan y nofelydd Saesneg Martin Amis nofel sy'n ymdrin â hynt a phrofiad troseddwr Natsïaidd, ond mae'n dweud y stori o chwith fel petai – yn cychwyn yn y presennol ac yn olrhain yr hanes yn ôl i'w dechreuad yn y gorffennol.

Un peth y mae'n ceisio'i ddangos trwy ddefnyddio'r dechneg yma yw mai ychydig iawn o ystyriaeth yr ydym yn ei roi i ganlyniadau ein gweithredoedd a'n geiriau. Anaml iawn y byddwn yn aros i feddwl beth fydd pen draw gwneud fel hyn neu ddweud fel arall – oherwydd y mae mor hawdd rhoi cychwyn i gadwyn o ddigwyddiadau sy'n arwain o ddrwg i waeth. Sawl gwaith y clywsoch chi'r geiriau, 'Pe bawn i ond yn cael fy amser yn ôl ... '

Chwarter canrif union yn ôl i ddoe, 5 Hydref 1968, ymosododd bataliwn o blismyn yr RUC yn ffiaidd ar brotest drefnus a heddychlon ym Melfast. Anafwyd dros 80 o bobl, ond yn waeth na hynny rhoddodd y digwyddiad hwnnw gychwyn i chwarter canrif o drais, o ddryllio, llofruddio a bomio sydd wedi lladd bron i 3,500 o bobl ac wedi bwrw Gogledd Iwerddon i bwll o derfysg ac anobaith. Pe bai'r plismyn yna a phobl Gogledd Iwerddon yn cael troi'r cloc yn ôl tybed a fyddent yn ymddwyn yn wahanol?

Ac mae'r lluniau o'r Senedd ym Moscow – y Tŷ Gwyn sydd bellach a'i dri chwarter yn ddu bits wedi'r brwydro a'r tanio wrth i Yeltsin orchfygu a gwasgaru ei wrthwynebwyr – yn dyst i gadwyn o ddigwyddiadau byrbwyll ac anffodus yn dilyn diorseddu'r arweinydd a'r gwleidydd dewr hwnnw, Mikhail Gorbachev. Pe bai pobl Rwsia yn cael troi'r cloc yn ôl tybed a fyddent wedi cael gwared arno mor sydyn?

Ond dyna hi, hawdd iawn meddech chi yw doethinebu ar ôl y digwyddiad. Digon gwir. Ond byddai gwell trefn arnom ni, ac ar y byd, pe baem ni'n doethinebu ychydig mwy o flaen digwyddiad hefyd: mesur a phwyso cyn gweithredu; meddwl ddwywaith cyn dweud; ystyried canlyniadau posibl ein hymddygiad.

Ie, ystyried. Dyna i chi air sy'n ymddangos yn aml yn y Beibl. Mae'n golygu meddwl yn ofalus a gweddigar cyn gweithredu. Agor ein hunain a'n cymhellion a'n bwriadau gerbron Duw a gofyn am ei oleuni a'i arweiniad ef.

6 Hydref 1993

Neges Middlemarch

Faint ohonoch chi tybed sydd ymhlith y chwe miliwn sy'n gwylio *Middlemarch* ar deledu BBC bob nos Fercher? Dyma i chi gyflwyniad dramatig gwirioneddol wych o nofel fawr George Eliot yn portreadu bywyd mewn tref fechan yng nghanolbarth Lloegr yn nhridegau'r bedwaredd ganrif ar bymtheg ac ymateb y bobl i newidiadau cymdeithasol, gwleidyddol a thechnolegol y cyfnod.

Nid nostalgia am ramant oes a fu yw *Middlemarch*. Mae'n ddadansoddiad craff o'r natur ddynol, sy'r un mor berthnasol i'n hoes ni ag i oes George Eliot ei hun. Dyna sy'n ei gwneud hi'n nofel aruthrol fawr.

Mae'r stori'n troi o amgylch dau brif gymeriad – y ddau yn bobl o weledigaeth ac o ddelfrydau uchel. Meddyg ifanc yw un ohonynt, Dr Lydgate, sy'n benderfynol o godi safon yr ysbyty lleol a chynnig gwell gwasanaeth meddygol i'r bobl. Dorothea Brooke yw'r llall, gwraig ifanc fonheddig sy'n teimlo i'r byw ei bod hi a'i thebyg yn mwynhau bywyd bras, breintiedig, a chymaint o bobl gyffredin o'i chwmpas mewn tlodi. Ei breuddwyd hi yw creu cymuned o dai newydd, addas i weithwyr, er mwyn gwella ansawdd eu bywyd. Dyma ddau sydd, yn eu gwahanol ffyrdd, yn edrych yn ffyddiog i'r dyfodol ac yn awyddus i greu gwell byd a thecach cymdeithas.

O'u cwmpas mae pobl bur wahanol – pobl snobyddlyd sy'n meddwl am ddim ond am eu statws a'u breintiau'u hunain; pobl gul, adweithiol, geidwadol sy'n gwrthwynebu pob newid; pobl arwynebol sy'n meddwl am ddim ond ffasiwn a phleser; pobl gas a phobl ragrithiol. Ond er gwaetha'r rhwystrau a'r siomedigaethau, pobl fel Lydgate a Dorothea – pobl sydd â gweledigaeth a delfrydau – yw gobaith y dyfodol.

Mae'r Testament Newydd hefyd yn sôn am ddau fath o bobl – pobl y deyrnas a phobl y byd hwn; plant y goleuni a phlant y tywyllwch; y rhai sy'n byw i eraill a'r rhai sy'n byw iddynt eu hunain; y rhai sydd â gwerthoedd ac argyhoeddiadau a'r rhai sy'n ymdrybaeddu yn eu chwantau a'u pleserau heb boeni ffeuen am neb na dim.

Gwyddom ninnau hefyd nad rhaniad rhwng pobl a'i gilydd yn unig yw hwn. Y gamp yw meithrin y gwych, y creadigol a'r ysbrydol sydd ynom ni, a pheidio â chael ein mygu gan y gwael, y nych a'r bydol.

11 Chwefror 1994

Posibiliadau'r Presennol

Arwydd sicr fod rhywun yn mynd yn hen yw ei fod yn siarad yn barhaus am y gorffennol ac yn edrych yn ôl yn hiraethus at ryw wynfyd a fu. Pan mae pethau'n mynd o chwith, clywn ddweud, 'Nid fel hyn roedd hi erstalwm ... Pan oeddem ni'n blant roedd yn rhaid i ni wneud fel hyn neu fel arall.' Breuddwyd ffals yw'r awydd i ddychwelyd at safonau a gwerthoedd a thraddodiadau. Mae ddoe wedi mynd ac wedi mynd am byth.

Cawsom sawl enghraifft yn ystod y dyddiau diwethaf o bobl yn ceisio troi'r cloc yn ôl. Gwnaed cynnig gan rai Aelodau Seneddol i fynd yn ôl i adfer y gosb eithaf. Bu rhai o wrthwynebwyr Boris Yeltsin yn dadlau dros fynd yn ôl i'r hen drefn Gomiwnyddol. Ceisiodd rhai o gynghorwyr Gorllewin Morgannwg fynd yn ôl i ddyddiau arwyddion ffyrdd unieithog. Gwnaeth rhai o glerigwyr Eglwys Loegr ymgais druenus i droi'r cloc yn ôl ar fater ordeinio merched.

Mae yna duedd mewn crefyddwyr i sôn am fynd yn ôl i arferion a dulliau ddoe o ddehongli a mynegi'r ffydd, naill ai i'r canrifoedd cynnar neu'r Oesoedd Canol, neu gyfnod y Diwygiad Protestannaidd neu'r Diwygiad Methodistaidd. Faint ohonom ni fyddai'n mynd at feddyg oedd ag arwydd yn ei feddygfa yn darllen, 'Rydw i'n credu mewn ymarfer triniaethau meddygol y ddeunawfed ganrif'? Ei heglu hi oddi yno am ein bywyd fyddai pawb ohonom.

Mae'r ysfa yma i ganfod diogelwch ffug yn y gorffennol yn codi o'n methiant ni i werthfawrogi potensial a phosibiliadau'r presennol. Wedi'r cwbl, yr unig ddarn o amser sydd o fewn ein cyrraedd ni yw'r foment hon ... y dydd hwn. Dyma ni y bore yma wedi derbyn rhodd o ddydd newydd ac fel y bydd yn mynd rhagddo bydd holl drysorau ei funudau a'i oriau yn ymagor i ni – cyfarchiad siriol cyfaill a chydweithiwr, iechyd i fwynhau awyr iach a harddwch y byd, clust i glywed ei seiniau amrywiol, gwaith i'w gyflawni i roi boddhad i ni, a sawl cyfle i wneud cymwynas ac i fod o wasanaeth i rywun. Yn fwy na dim, bod yn agored i ymwybod â phresenoldeb Duw yn llenwi ac yn sancteiddio'r cyfan.

Meddai Paul, wrth ysgrifennu at Gristnogion Corinth, 'Dyma, yn awr, yr amser cymeradwy; dyma, yn awr, ddydd iachawdwriaeth.'

25 Chwefror 1994

Symud o Gyfnod i Gyfnod

Unwaith eto mae hi wedi dod yn amser o'r flwyddyn pan mae degau o filoedd o fyfyrwyr yn crynhoi a phacio eu heiddo ac yn cychwyn am adref ar ddiwedd blwyddyn golegol arall. I'r rhai sydd yn gadael y coleg am y tro olaf mae'n amser o deimladau cymysg iawn. Fel y dywedodd un o'n myfyrwyr ni wrtha i echdoe, 'Rydw i wedi cwyno digon am y lle 'ma yn ystod y tair blynedd diwethaf, ond rwan ei bod hi'n amser i mi fynd oddi yma, dydw i ddim mymryn o eisiau mynd.' Ac mae rhywun yn deall yn iawn pam.

Wedi treulio tair neu bedair blynedd yn byw gyda'i gilydd, yn astudio gyda'i gilydd, yn addoli gyda'i gilydd, yn chwerthin ac yn mwynhau gyda'i gilydd, ac weithiau yn tristáu ac yn colli dagrau gyda'i gilydd – dros gyfnod felly y mae cyfeillgarwch dwfn yn datblygu, y math o gyfeillgarwch sydd yn para am oes – y mae yna ddylanwad trwm yn aros sy'n gadael ei ôl ar weddill bywyd.

Ond er mor anodd yw'r ffarwelio a'r ymwahanu, rhaid derbyn bod pob cyfnod arbennig mewn bywyd yn dod i ben a rhaid ymroi i wynebu cyfnod newydd. Wrth symud o gyfnod i gyfnod, o bennod i bennod, fel yna y mae stori bywyd yn datblygu. Fedrwn ni ddim aros yn ein hunfan. Rhaid gollwng ein gafael ar rai pethau er mwyn mentro gafael mewn pethau newydd. 'Wedi dod yn ddyn, yr wyf wedi rhoi heibio bethau'r plentyn,' meddai'r Apostol Paul.

Mae'r hyn sy'n wir am y myfyriwr sydd yn gadael y coleg yn wir am bob un ohonom ni pan ddaw yn amser i ni wynebu unrhyw newid o bwys yn ein bywyd. Hwyrach fod rhai ohonoch chi'n ceisio dygymod â newid anodd a phoenus ar hyn o bryd – newid gwaith efallai, ymddeol o'r gwaith, neu golli gwaith; symud tŷ, priodi neu ddod yn rhieni am y tro cyntaf a phrofi'r chwyldro mae bywyd bach newydd yn ei greu; wedyn y newid sy'n dod efo profedigaeth, colli cymar bywyd a gorfod wynebu'r dyfodol ar ein pennau ein hunain.

Mae rhai o'r newidiadau yma'n boenus, ond er gwaetha'r hiraeth am yr hyn a fu fedrwn ni ddim mynd yn ôl. Rhaid derbyn a chofleidio'r newydd a gwneud hynny'n hyderus a gobeithiol. Pan ddaeth yn amser i'r Esgob John Robinson ymddeol ac yntau yn dioddef o gancr ac yn gwybod nad oedd ganddo fawr o amser ar ôl, ei eiriau olaf wrth ffarwelio â'i gyfeillion oedd, 'Am yr hyn a fu, diolch. Am yr hyn sydd eto i ddod, Ie ac Amen.' Cau un drws yn ddiolchgar ac agor drws arall mewn ffydd a gobaith.

23 Mehefin 1994

Y Ddau Fath o Gyfoeth

Welsoch chi'r rhaglen neithiwr? Ie, y rhaglen – cyfweliad dwy awr a hanner Jonathan Dimbleby â'r Tywysog Charles yn portreadu'r dyn, ei waith a'i gyfraniad. Cyn i'r rhaglen ddod i ben roedd rhaglenni eraill yn dadansoddi'r cyfweliad ac yn mesur a phwyso arwyddocâd popeth a ddywedodd Charles – yn enwedig ei syniadau crefyddol, ei gyfaddefiad o odineb, ei gŵyn oherwydd diffyg preifatrwydd a'i gynlluniau ynglŷn â dyfodol rhai sefydliadau cysylltiedig â'r teulu brenhinol.

Teitl y rhaglen oedd *Charles: The Private Man, The Public Role*, ac yr oedd cyferbyniad amlwg rhwng y naill a'r llall. O ran y swydd gyhoeddus gwelwyd dyn eithriadol o gyfoethog a dylanwadol, yn aelod o'r teulu mwyaf breintiedig yn y wlad ac yn adnabyddus ledled y byd. Ond o ran y dyn preifat y darlun a gafwyd oedd o berson digon anhapus a siomedig, yn cwyno'n barhaus am feirniadaeth annheg, am ymyrraeth y cyfryngau yn ei fywyd, ac am sawl methiant yn ei fywyd, yn enwedig yn ei fywyd priodasol.

Onid yw hi'n wir fod yna ddau fath gwahanol o gyfoeth – y cyfoeth sydd gennym ni a'r cyfoeth sydd ynom ni. Rhywbeth sydd gennym ni ydy'r cyfoeth materol – arian, eiddo, tiroedd, buddsoddiadau ac ati; ond y mae a wnelo'r cyfoeth sydd ynom ni ag ansawdd ein cymeriad, ein ffydd, ein daioni, ein cariad, ein cymwynasgarwch.

Meddyliwch am iechyd a thawelwch meddwl. Mae iechyd yn rhan o'r hyn ydym ni ac mae'r person sy'n mwynhau iechyd a dedwyddwch, sydd â'i synhwyrau a'i gyneddfau ganddo, yn wirioneddol gyfoethog, ac mae yna ddigon o bobl fyddai'n barod i gyfnewid eu ceiniog olaf am gorff iach neu feddwl clir neu synhwyrau effro.

Meddyliwch wedyn am y cyfoeth sydd yn ein perthynas ni â phobl. Mae a wnelo cyfoeth materol â phethau – ond y mae gwir gyfoeth i'w gael mewn cyfeillion, mewn ceraint ac anwyliaid. Meddyliwch pa mor dlawd fyddem ni hebddyn nhw.

Ond uchafbwynt y cyfoeth arall yma yw cael ein llenwi â bywyd yr Arglwydd Iesu Grist ei hun. Mae Paul yn ysgrifennu at rai o'r Cristnogion cynnar ac yn dweud, 'Boed i Grist ei hun drigo ynoch ... er mwyn i chi gael eich llenwi â holl lawnder Duw.' Dyna i chi'r cyfoeth mwyaf yn y byd ac y mae ar gael, nid i'r ychydig breintiedig, ond i bawb sydd yn ei geisio ac yn ymagor iddo.

30 Mehefin 1994

Mae Pob Peth Byw Yn Newid

Os mai yn ôl hyd ac uchder y gymeradwyaeth ar y diwedd y mae mesur effeithiolrwydd araith wleidyddol, yna roedd araith Tony Blair yng Nghynhadledd y Blaid Lafur ddoe yn ysgubol o llwyddiannus. Yn ôl y newyddiadurwyr bu'r gynulleidfa'n clapio'n frwd am chwe munud, a phawb – na, nid pawb, ond y mwyafrif – wedi dotio'n lân at bersonoliaeth a pherfformiad eu harweinydd newydd.

Roedd rhai er hynny – fel Arthur Scargill a selogion eraill yr adain chwith – yn gwgu'n sarrug, yn gwrthod ymuno yn yr iwfforia, ac yn cyhuddo Tony Blair o fradychu egwyddorion sylfaenol Sosialaeth. Dadl Blair oedd bod angen ailddiffinio Sosialaeth a llunio polisïau radicalaidd newydd ar gyfer oes newydd. A dywedodd hyn, 'Bydd plaid sy'n methu newid yn methu byw.' Yn sicr roedd y frawddeg yna'n haeddu clap.

Mae'r ddadl rhyngddo a phobl yr adain chwith yn cynrychioli pob dadl debyg ym mhob cylch o fywyd, rhwng y rhai sydd am weld newid, am arbrofi a mentro, a'r rhai sydd am aros yn eu hunfan, sy'n gwrthwynebu pob newid ac sy'n glynu'n dynn wrth hen draddodiadau. Eu slogan yw, 'Fel hyn yr ydym wedi arfer gwneud!' A dyna'r gair terfynol ar y mater.

Ond y mae popeth byw yn newid ac yn addasu. Arwydd o fywyd ac o fenter yw gweld pobl yn torri cwysi newydd ac yn chwilio am ddulliau mwy effeithiol o weithredu. Mae hynny'n wir, ond, – ac y mae'n **ond** go bwysig – nid pawb sy'n dadlau dros newid sy'n barod i gydnabod bod angen iddyn **nhw** newid.

Maent am i'r llywodraeth newid; maent am weld newid yn yr economi; newid mewn addysg ac yn y gwasanaeth iechyd; dywedant fod angen i'r eglwys newid, i'r cyngor sir newid. Ond prin iawn yw'r bobl sy'n gofyn, 'Tybed a oes angen i **mi** newid?' Amod newid y byd yw newid unigolion.

5 Hydref 1994

Diogelu'r Morgloddiau

Dydw i ddim yn cofio manylion y stori ramantus honno am y bachgen dewr o'r Iseldiroedd a roddodd ei fys yn y twll yn y morglawdd i gadw'r môr rhag torri trwy'r clawdd a boddi'r wlad. Faint bynnag o sail sydd iddi, daeth yn stori berthnasol yn ystod y dyddiau diwethaf. Roedd yna luniau yn y papurau echdoe o resi o ddynion yn ymffurfio'n gadwyn ddynol i gludo bagiau ychwanegol o dywod i gryfhau'r deiciau rhag iddynt ddisgyn o dan bwysau cynyddol yr afonydd a'r môr.

Er symud degau o filoedd o deuluoedd o'u cartrefi i ddiogelwch, mae morgloddiau'r Iseldiroedd wedi dal hyd yma, ac arwyddion pellach fod lefel y dŵr wedi dechrau gostwng. Mae trigolion yr Iseldiroedd wedi hen arfer amddiffyn eu tiroedd rhag bygythiad y môr. Mae eu sefyllfa yn rhyw fath o ddameg neu ddelwedd o frwydr ddynol arall, sef y frwydr oesol i amddiffyn y da, y pur a'r gwerthfawr – i ddiogelu etifeddiaeth rhag cael ei gorlifo a'i mathru gan elfennau anwar a niweidiol.

Ydych chi wedi meddwl beth yw'r morgloddiau sy'n gwarchod bywyd gwâr a safonau ein cymdeithas ni? Ga i awgrymu beth yw rhai ohonynt? Un yw cartref a bywyd teuluol. Un arall yw capel ac eglwys, Sul ac addoli ac oedfa. Un arall wedyn yw addysg ysgol a choleg – nid addysg ar gyfer sicrhau swydd a gwneud arian, ond addysg yn y pethau gorau: mewn gwerthoedd, moesau, chwaeth, cyfrifoldeb at gyd-ddyn a gwerthfawrogiad o'r hardd a'r da.

Gwyddom fod y morgloddiau'n dadfeilio'n gyflym, a llifeiriant o laid a llysnafedd a bawiach yn ein boddi fel pobl ac fel cymdeithas o ganlyniad. Does dim angen i mi brofi'r pwynt trwy restru enghreifftiau o gynnydd mewn trais, llofruddiaethau, torcyfraith, fandaliaeth ac yn y blaen, heb sôn am ddiflaniad moesoldeb, glendid a gonestrwydd.

O'u cymharu â'r boblogaeth gyfan, bach iawn oedd nifer y rhai fu'n gweithio i warchod morgloddiau'r Iseldiroedd. Nifer fach – y rhai mae'r Beibl yn eu galw'n 'weddill ffyddlon' – sy'n dal ati i warchod muriau ein diwylliant pan fo'r stormydd a'r llifogydd yn eu herio. Ydych chi'n ystyried eich hunan yn eu plith?

3 Chwefror 1995

Cofio Actores Ddawnus

Yn y gwahanol deyrngedau i Rachel Thomas a gyhoeddwyd ac a ddarlledwyd ddoe, cyfeiriwyd at ei dawn i bortreadu cymeriadau hollol wahanol i'w chymeriad a'i phersonoliaeth ei hun. Tystiolaeth pawb o'i ffrindiau a'i chydnabod oedd mai gwraig addfwyn, lednais, ddiymhongar oedd hi – gwraig garedig na chlywech mohoni yn lladd ar neb arall, a gwraig o ffydd grefyddol ddofn oedd yn hydreiddio'i chymeriad i gyd.

Eto dyma'r wraig oedd yn medru chwarae rhannau cwbl groes i'w phersonoliaeth ei hun – Mrs Lloyd Undertaker, achos y cythraul canu yn *Valley of Song*; Malan y forwyn gadarn ddi-lol yn *Y Stafell Ddirgel*; yr hen Bella gwynfanllyd yn *Pobol y Cwm*; a'r hen wraig benderfynol yn *Whistling Boy*, a'i gwn dan ei chesail yn barod i amddiffyn ei ffarm.

Dyna yw cyfrinach actor neu actores dda, eu bod yn medru mynd i mewn dan groen gwahanol gymeriadau a'u dwyn nhw'n fyw ger ein bron ar lwyfan neu sgrin. Roedd y ddawn hon gan Rachel Thomas, fel yr oedd hi gan Donald Pleasence, actor dawnus a fu farw wythnos yn ôl. Dim ond y rhai oedd yn eu hadnabod yn bersonol oedd yn medru gwahaniaethu rhwng eu cymeriadau eu hunain a'r rôl yr oeddent yn ei chwarae.

O feddwl am y peth, chwarae rôl mae llawer ohonom ni yn ein bywyd bob dydd. Mae yna rai sy'n ymboeni i greu delwedd arbennig, er mwyn gwneud argraff – chwarae rôl y person pwysig, y wraig ffasiynol, cymeriad cŵl, gŵr busnes ffyniannus. Mae cyfleu'r ddelwedd briodol wedi mynd yn fater o'r pwys mwyaf yn ein hoes ni.

Yn wahanol i'r actor dawnus, dydym ni ddim yn argyhoeddi neb. I'r gwrthwyneb. Clywsoch ddweud am rywun diffuant a diymhongar, 'Dydy o'n naturiol ... yr un fath bob amser ... dydy o ddim yn cymryd arno bod yn neb arall ond fo'i hun.'

A dyna'r cwestiwn mawr. Pwy ydw i? Pwy yw'r gwir fyfi? Ai'r person rwy'n ceisio ei gyfleu? Ai'r person y mae pobl eraill yn ei weld? Ai'r person rwyf fi'n ei adnabod yn ddwfn ynof fi fy hun nad ydwyf yn or-hoff ohono? Y gwir yw y mae'n amhosibl dweud, oherwydd rydym ni'n bersonoliaethau enbyd o gymhleth. Yr unig un sy'n ein hadnabod yn iawn, yn well na neb arall, a thu draw i bob rôl yr ydym yn ei chwarae, yw Duw. Yr hyn ydym ni yn ei olwg ef sy'n bwysig yn y diwedd.

10 Chwefror 1995

Ni a Nhw

Martin Luther King a ddywedodd flynyddoedd yn ôl fod yn rhaid dwyn holl hagrwch atgasedd i'r wyneb er mwyn i bobl weld ei ffieidd-dra a'i adnabod fel cancr peryglus ym mywyd y gymdeithas.

Echdoe gwelsom â'n llygaid ein hunain ymddygiad brawychus, treisgar rhai o gefnogwyr tîm Lloegr yn Lansdowne Road, Dulyn – ond nid yr hwliganiaeth arferol y daethom i'w gysylltu â gemau pêl-droed oedd hwn, eithr hiliaeth noeth, agored, aflan. Roedd gweld y swastikas, y gwisgoedd Natsïaidd a'r saliwtio Hitleraidd yn gymysg â baneri Jac yr Undeb a'r gweiddi sloganau ffiaidd a'r ymosod ffyrnig ar gefnogwyr tîm Iwerddon yn ddigon i godi dychryn ar unrhyw un.

Wrth gwrs, yr oedd medru pwyntio bys at aelodau'r Ffrynt Cenedlaethol, Combat 18 a grwpiau Ffasgaidd eraill yn rhywfaint o ollyngdod i'r awdurdodau. Nid cefnogwyr pêl-droed go iawn oedd y rhain meddent ond eithafwyr gwleidyddol asgell dde yn manteisio ar gêm bêl-droed i godi twrw, i fynegi eu hatgasedd o'r Gwyddelod a'u gwrthwynebiad i'r IRA.

Mae yna gwestiwn anesmwyth sy'n mynnu ymwthio i'r wyneb. Beth yw achos hiliaeth o'r fath? O ble mae'r syniadau asgell dde peryglus yma'n tarddu? Y gwir poenus yw nad yw Ffasgaeth yn ddim ond mynegiant amrwd, eithafol, o hen, hen ragfarn sy'n llechu yn yr isymwybod, sef 'Yr ydym ni'n well na nhw ... ' Athroniaeth y ni a nhw yw gwraidd pob atgasedd hiliol, ac y mae olion o'r hen athroniaeth gyntefig hon ym mhob un ohonom ni, ond ein bod ni gan amlaf yn llwyddo i'w cuddio.

Sawl un sy'n meddwl, yn ddistaw bach, er na fyddai byth yn dweud hynny, bod ein teulu ni yn well, yn glyfrach, yn fwy parchus na'u teulu nhw drws nesaf? A sawl tro mae'n balchder cenedlaethol ni, sy'n beth digon canmoladwy, yn troi'n gasineb tuag atyn nhw o genedl arall? Sawl un sy'n meddwl mai'n henwad ni, a'n ffordd ni o gredu ac o addoli ac o drefnu'n bywyd sy'n iawn?

Welwn ni fyth ffrwyno grwpiau eithafol adain dde na gwahardd hiliaeth o'r tir hyd nes y byddwn wedi llwyddo i orchfygu'r hen raniad anweledig, cyntefig, peryglus hwn.

17 Chwefror 1995

Yr Hardd a'r Hagr

'Bargen i'r arbenigwr DIY!' – dyna sut yr hysbysebwyd hen dŷ ar werth yng ngogledd Lloegr yn un o'r papurau dyddiol y dydd o'r blaen. Gyda'r hysbyseb yr oedd llun o adeilad fu unwaith yn blasty hardd ond sydd erbyn hyn oherwydd blynyddoedd o ddiofalwch wedi mynd a'i ben iddo a golwg druenus ar y lle. Does dim byd tristach na gweld dirywiad y prydferth a'r dymunol; gweld harddwch yn troi'n hagrwch. Mae hynny'n medru digwydd i adeiladau; mae'n medru digwydd i ddarn o wlad; mae'n medru digwydd i bobl.

Mae'n bosibl mai'r ffurf beryclaf ar y math yma o ddirywiad yw gweld crefydd yn dirywio ac yn troi'n rym gormesol, creulon a dieflig. Mae gwir grefydd yn rhywbeth ddylai harddu bywyd – ei ymestyn a'i gynysgaeddu â'r da a'r pur a'r dymunol.

Gwaetha'r modd, yn ystod y blynyddoedd diwethaf, yr ydym wedi gweld rhai ffurfiau ar grefydd sy'n hyll, yn ffiaidd ac yn beryglus. Clywsom am un enghraifft neithiwr yn hanes y ddau Gristion o Bacistan a gondemniwyd i farwolaeth (un ohonynt yn fachgen 14 oed) a hynny am y drosedd o gabledd; yr honiad oedd iddynt ddwyn anfri ar enw Allah, ond y tebygrwydd yw iddynt gael eu condemnio am y rheswm syml mai Cristnogion ydyn nhw mewn gwlad Islamaidd. Y newydd neithiwr oedd bod Llys Sifil wedi diddymu'r ddedfryd a rhyddhau'r ddau, er bod grwpiau ffwndamentalaidd eithafol yn protestio ac yn bygwth y bydden nhw eu hunain yn eu dienyddio.

Ar ei gorau mae Islam yn grefydd nobl ac aruchel, ond ar ei salaf mae'n atgas a pheryglus. Ond does gennym ni sy'n Gristnogion ddim lle i bwyntio bys at ffyddloniaid crefydd arall. Mae rhai sy'n arddel enw Crist wedi bod yn gyfrifol am derfysg, gormes a chreulonderau o bob math.

Hysbysebion enbyd o sâl i brydferthwch ein Harglwydd yw'r gorau ohonom ni. Methu yw ein hanes ni i gyd. Ond wedi dweud hynny, mae'n bwysig ein bod yn gwneud ein gorau i bwyntio pobl eraill at y darlun o Dduw a welwn ni yn Iesu Grist – y Duw sy'n hardd yn ei ras, yn hael ac yn hawddgar ei gariad a'i drugaredd sanctaidd, a'r un sy'n cynnig ein harddu ni a harddu'n byd â'i brydferthwch ei hun. Mae tyfu'n debyg iddo'n gofyn mwy na DIY, ond y mae'n waith sy'n werth ymroi iddo.

24 Chwefror 1995

Gwleidyddiaeth Plentyn Ganolog

Pe baech chi'n cael clust y Prif Weinidog neu arweinydd yr wrthblaid ac yn cael llais mewn llunio polisïau gwleidyddol, dros pa ddosbarth o bobl fyddech chi'n dadlau? Dros y di-waith efallai, neu'r digartref, y pensiynwyr neu rieni sengl y byddech am bledio'u hachos? Ddoe fe gyhoeddwyd dogfen a gyflwynwyd i Tony Blair, arweinydd y Blaid Lafur, yn ei annog i lunio maniffesto gwleidyddol fyddai'n rhoi'r sylw pennaf i blant. Dau hynafgwr a luniodd y pamffled – y ddau wedi bod yn sosialwyr dylanwadol dros y blynyddoedd, sef Harold Young a'r Athro A. H. Halsey. Maen nhw'n pledio am sosialaeth plentyn ganolog. Eu dadl nhw yw fod plant a phobl ifanc yn dioddef yn enbyd erbyn hyn o ganlyniad i doriadau mewn addysg, yn y gwasanaeth iechyd a'r gwasanaethau cymdeithasol, ac mai nhw sydd yn dioddef fwyaf o ganlyniad i ddiweithdra, i dor priodas, i chwalfa teuluoedd ac i ddylwanad cynyddol cyffuriau, alcohol, gamblo, fideos treisgar ac ati. Maen nhw'n mynnu bod yn rhaid cymryd camau pendant a beiddgar i greu gwell amodau yn addysgol, yn deuluol ac yn gymdeithasol i fagu'n plant ac maen nhw'n gwneud nifer o awgrymiadau ymarferol a diddorol. Yr hyn maen nhw'n ei hawlio yw – rhowch chi'r plentyn yn gyntaf yn eich polisïau ac fe fydd yn dilyn wedyn y byddwch chi'n rhoi'r lle priodol I'r teulu, i addysg, i iechyd ac i werthoedd moesol.

Rhyfeddod blynyddol Eisteddfod Genedlaethol yr Urdd yw nid yn unig ein bod ni'n rhoi llwyfan i dalent ifanc ond ein bod ni am wythnos gyfan yn rhoi'r plentyn yn y canol. Yn ystod yr wythnos hon, plant sy'n cael y flaenoriaeth o flaen y pwysigion i gyd. Onid yw yn biti na fyddem ni'n eu rhoi nhw yn y canol bob wythnos a phob amser? Pe baem ni'n gwneud hynny fe fyddai ein gwerthoedd a'n hymddygiad ni'n bur wahanol, ac rydw i'n meddwl y byddem ni'n hapusach pobl ac y byddai bywyd yn fwy o hwyl o lawer.

Un tro roedd yna ddau yn dadlau'n ffyrnig ynglŷn â pha un ohonyn nhw oedd y pwysicaf. Fe apelion nhw at Iesu i dorri'r ddadl, ac ydych chi'n cofio beth wnaeth o? Fe gymerodd blentyn a'i roi yn eu canol nhw a dweud – 'Mae'n rhaid eich troi chi a'ch gwneud chi'n debyg i'r plentyn hwn.' Rhaid i ni roi blaenoriaeth i'r rhain os ydym ni am greu gwell cymdeithas a gwell yfory. Mae honna'n neges nid yn unig i Tony Blair ond i bob un ohonom ni.

1 Mehefin 1995

Y Cadwyni Mewnol

Os buoch chi neithiwr yn dilyn hanes rhyddhau'r Ffiwsilwyr Cymreig fu'n wystlon yn Bosnia, rydw i'n siwr eich bod chi fel finnau wedi teimlo eich bod chi wedi rhannu yn llawenydd a rhyddhad eu rhieni a'u perthnasau, yn enwedig y rhai oedd yn Brize Norton yn disgwyl yr awyren oedd yn cludo'r pedwar cyntaf adref. Yn y cyfamser cawsom wybod bod awyren wedi gadael Zagreb yn cario dau ar bymtheg o wystlon eraill oedd wedi eu rhyddhau. Teithiau hir, blinedig yn llawn rhwystrau a phroblemau oedd taith y naill gwmni fel y llall.

Wrth gyflwyno'r eitem ar y newyddion neithiwr, fe ddefnyddiodd Beti George yr ymadrodd trawiadol, 'Y siwrnai hir i ryddid ... ' Fedrwn ni, yn niogelwch ein cartrefi, ddim deall na gwerthfawrogi'n llawn beryglon ac ofnau'r gwystlon ifanc yn Bosnia. Eto, ar ryw ystyr, rydym ni i gyd ar y siwrnai hir i ryddid. I rai, fel y gwystlon, mae hi'n siwrnai allanol – o garchar i gartref. I eraill ohonom ni mae hi'n siwrnai fewnol – yn ymgais barhaus i ymryddhau o'r pethau sydd yn ein carcharu a'n llesteirio ni oddi mewn.

Mae rhai yn gaeth i'w pryderon – pryder am iechyd, am broblemau gwaith, am rywun annwyl sy'n wael, neu bryder am arian a phoeni sut maen nhw'n mynd i gael dau ben llinyn ynghyd. Mae rhai wedyn yn gaeth i arferion niweidiol a hunanddinistriol – cyffuriau, gamblo, alcoholiaeth neu nwydau aflan a pheryglus.

Rydym ni i gyd yn gaeth i'n natur ein hunain. Mae rhai o ran natur yn swil, rhai'n lleddf, rhai yn ymwthgar, rhai yn ddiffygiol mewn hyder, rhai'n chwerthinllyd o hunanbwysig, rhai'n dueddol o golli'u tymer. Mae'r cadwyni mewnol yma'n plethu trwy'i gilydd ac maen nhw'n ymestyn i eigion dyfnaf ein personoliaethau. Dyna pam yr ydym ni'n bobl mor enbyd o gymhleth.

Siwrnai hir, hir iawn yw'r siwrnai o afael y caethiwed mewnol yma. Yn wir mae hi'n siwrnai oes. Ond mae un sydd wedi addo bod yn help i ni ar y daith. O ddibynnu arno fo fe ffeindiwn ni ein bod ni'n raddol, ond yn sicr, yn dechrau canfod rhyddid oddi mewn – yr hyn y mae Paul yn ei alw'n 'ryddid gogoniant plant Duw'.

8 Mehefin 1995

Ffydd yn Hwyl

Yng ngwres tanbaid y dyddiau diwethaf rydym ni i gyd wedi bod yn falch o ambell gyfle i gysgodi o lygad crasboeth yr haul. Nid yn aml y byddwn ni'n chwilio am gysgod. Yn amlach na pheidio mae'r cysgodion yn disgyn ar draws ein llwybrau heb i ni fynd i chwilio amdanyn nhw, gan ein bwrw ni i dywyllwch a thristwch. Ddoe, a hithau'n ddiwrnod hynod o braf o ran tywydd, fe ddisgynnodd cysgod tywyll dros fywyd llawer iawn ohonom ni pan glywsom ni am farwolaeth sydyn – brawychus o sydyn – y Parchedig Gwilym Ceiriog Evans, Warden Coleg Trefeca.

I ni, ei ffrindiau a'i gyd-weinidogion yn yr Hen Gorff, Gwilym Cei oedd o – y cymeriad hwyliog, egnïol, prysur drodd at y weinidogaeth pan oedd yn tynnu at ei ddeugain oed ac yntau wedi bod yn gweithio am flynyddoedd yn adran gyllid hen Gyngor Sir Ddinbych. Ar ôl cwrs coleg bu'n weinidog yng Nghaergybi ac wedyn yn Nyffryn Clwyd, cyn ei benodi ryw ddwy flynedd yn ôl yn Warden Trefeca. Am y cyfnod byr y bu'n gofalu am y ganolfan nodedig honno yn hen gartref Howell Harris fe roddodd ei stamp ei hun ar y lle a chyfeiriad newydd i'r gwaith.

O blith ei ddoniau i gyd yr un sy'n sefyll allan, a'r un a'i gwnaeth o'n weinidog llwyddiannus, adnabyddus ac yn ffrind i gymaint o bobl – hen, ifanc a chanol oed – oedd ei agwedd hwyliog, hapus. I Gwilym Cei roedd bywyd yn hwyl, roedd cymdeithasu yn hwyl, roedd gwaith yn hwyl – yn hwyl afieithus, byrlymus, direidus weithiau a hynny am fod crefydd yn hwyl. I Gwilym roedd ymwybod â realiti Duw a'i gariad yn Iesu Grist yn rhywbeth i'w ddathlu a'i fwynhau. Fedrai o ddim deall sychdduwioldeb, a doedd ganddo fo ddim amynedd â chulni a chrefydda lleddf a llwydaidd. Roedd yr hwyl yma'n gorlifo i bopeth arall yn ei fywyd ac yn ei wneud yn weithiwr egnïol, ymroddedig a roddodd o'i orau i wasanaethu ei Feistr ac i weinidogaethu ei bobl.

Er ein bod ni'n teimlo tristwch a chwithdod oblegid y cysgod tywyll yma sydd wedi dod drosom ni, diolch ein bod ni hefyd yn medru camu allan i haul atgofion hyfryd am un a'n dysgodd ni i gyd i ddathlu'r ffydd ac i rannu yn hwyl y bywyd Cristnogol.

19 Mehefin 1995

Caru'r Unigolyn

Pennawd digon trawiadol oedd ar dudalen flaen *Y Cymro* bore ddoe: 'Cymry cas!' Fyddai'r un ohonom ni mor ddiniwed â thybio nad oes y fath rai i'w cael yn yr hen Gymru wen. Ar gyfartaledd, mae'n siwr gen i fod yna lawn cymaint o Gymry cas ag sydd yna o Saeson cas, neu o Ffrancwyr cas, neu Tsieineaid cas. Ond roedd y cyfeiriad yn *Y Cymro* at y cynnydd yn yr achosion o ymosodiadau hiliol – graffiti, galw enwau, aflonyddu ar bobl, ymosodiadau corfforol, yn enwedig yn erbyn pobl dduon ac Asiaid. Mae hon yn broblem sydd erbyn hyn yn dechrau ymestyn o'r trefi i gefn gwlad.

Yn y newyddion ddoe eto roedd sôn am broblem arall sef sut mae delio â chymdogion swnllyd a chwerylgar. Y cymydog sy'n eich cadw'n effro hyd y bore bach efo sŵn partïon gwyllt a'r un sy'n cega arnoch chi'n hyll dros glawdd yr ardd os mentrwch chi gwyno. Ond yr un yn ei hanfod yw'r naill broblem fel y llall, sef byw efo pobl eraill. Hynny yw, byw â phersonau penodol. Byddai'r rhan fwyaf ohonom ni'n cytuno â'r anogaeth i garu cyd-ddyn ac yn derbyn yr egwyddor o frawdoliaeth dyn.

Yr anhawster wrth gwrs ydy nad oes yna mo'r fath beth â charu cyd-ddyn yn y lluosog. Mae caru cyd-ddyn yn golygu caru Jac a Wil, Martha a Jane; caru'r hen ddyn pigog yn y stryd nesa sy'n ffraeo efo pawb; caru'r estron sy'n cadw'r siop bapur ar y gornel; y llanc yn ei ledr a'i fetel sy'n gwthio heibio i ni'n ddigywilydd yn y ciw; y ferch yn y gwaith yr ydym ni'n eiddigeddus ohoni; yr un sy'n mynd ar ein nerfau ni, neu'r un y mae'n gas gennym ni ei olwg o. Dewch i ni fod yn onest, dydy hi ddim yn hawdd. Mae yna rywfaint o'r Cymro cas yn llechu ym mhob un ohonom ni. Mae'n hawdd iawn derbyn yr egwyddor gyffredinol o garu pawb, ond mae'n dipyn mwy anodd symud o'r cyffredinol i'r penodol; o'r ddynoliaeth i'r unigolyn. Ond heb i ni ymdrechu, ac ymdrechu'n galed i wneud hynny, does dim llawer o sylwedd i'n proffes ni o garu cyd-ddyn.

Dyna pam y mae dysgeidiaeth ac esiampl Iesu mor nodedig ac mor bwysig, oherwydd nid delio ag egwyddorion cyffredinol a wnaeth Iesu Grist, ond rhoi amser a sylw i bob math o unigolion a ddaeth ar draws ei lwybr: casglwr trethi amhoblogaidd, merch amheus ei moesau, gwahanglwyf heintus, Pharisead balch, pechadur edifeiriol. Unigolion oedd y rhain i gyd. Dim ond wrth i chi a minnau ddysgu edrych ar bobl o bersbectif Iesu, a'u gweld fel yr oedd o'n eu gweld, y mae gobaith i ni wedyn oresgyn y rhwystrau mewnol hynny sy'n ein hatal ni rhag caru'n cyd-ddynion. Na, sori, rhag caru pobl, caru unigolion.

22 Mehefin 1995

Y Brawd Cadfael

Ydych chi'n gyfarwydd ag anturiaethau'r Brawd Cadfael? Os nad ydych chi'n gwybod amdano, rhaid i mi egluro. Cymeriad mewn cyfres o ugain o nofelau trosedd wedi eu gosod yn y ddeuddegfed ganrif yw Cadfael. Y mae'n Gymro ac yn fynach yn Abaty Amwythig. Trodd i'r bywyd mynachaidd ar ôl blynyddoedd fel milwr ac ar ôl gweld y byd. Ef yw garddwr a llysieuydd y mynachdy, ond y mae Cadfael hefyd yn dditectif. Gyda'i wybodaeth eang o lysiau, ei brofiad o'r byd, ei ddawn i fesur a phwyso tystiolaeth, a'i ddealltwriaeth o'r natur ddynol, y mae'n llwyddo, ym mhob un o'r nofelau, i ddatrys dirgelwch rhyw lofruddiaeth neu'i gilydd ac i roi ei fys ar y llofrudd.

Awdur nofelau Cadfael oedd Ellis Peters a fu farw ddechrau'r wythnos hon yn 82 oed. Ei henw iawn oedd Edith Pargeter, ac yr oedd yn adnabyddus fel awdures o dan ei henw go iawn. Ond fel Ellis Peters, ac fel creawdwr Cadfael, y daeth yn enwog.

Roedd ganddi'r ddawn i bortreadu bywyd garw'r Canol Oesoedd cynnar ac i ddisgrifio'r creulon, y gwaedlyd a'r erchyll. Ar yr un pryd roedd yn credu'n sicr yng ngoruchafiaeth y da ar y drwg. Meddai am Cadfael yn un o'i nofelau, 'Gwelodd droeon erchylltra lladd a thywallt gwaed. Gwyddai pa mor isel y gallai dyn ddisgyn. Ond gwyddai hefyd fod tynerwch yn gryfach na thrais, y da yn drech na'r drwg, ac mai'r goleuni, nid y tywyllwch, sydd bia'r gair olaf.'

Yn ystod wythnos atal cyffuriau, wythnos yn llawn o'r dystiolaeth erchyll o achos Rosemary West, o hanes lladd pobl ddiniwed yn y ffrwydrad yn y Metro ym Mharis, o helynt ein carchardai, o fwtsiera ym Mosnia, gwelwn ninnau pa mor isel y mae dyn yn medru disgyn, ac y mae perygl mawr i ni ddigalonni am ddyfodol cymdeithas.

Rhaid i ninnau wrth dalp go lew o ffydd Cadfael, fod y da yn drech na'r drwg, a mynd ati i hybu daioni, glendid a gwirionedd. Unig sail ffydd felly yw cred sicr yn Nuw, ffynhonnell ac ysbrydoliaeth pob daioni.

19 Hydref 1995

Llais y Plentyn

Pe bawn i'n cael rhestru'r bobl bwysicaf a fu ar y newyddion yn ystod y dyddiau diwethaf, ar ben fy rhestr fe fyddwn i'n rhoi Catherine Hamill a David Sterritt – dau a lwyddodd i roi hyd yn oed yr Arlywydd Clinton yn y cysgod. Chwarae teg iddo yntau, fe gyfaddefodd hynny.

Ymweliad yr Arlywydd â Belfast oedd yr achlysur, a daeth dau blentyn ar y llwyfan yn cydio yn nwylo'i gilydd – Catherine Hamill, Pabyddes fach naw oed y saethwyd ei thad wyth mlynedd yn ôl pan nad oedd hi ond prin blwydd oed, a David Sterritt, Protestant bach un ar ddeg oed. Darllenodd Catherine ei neges yn dweud mai'r diwrnod tristaf yn ei bywyd oedd diwrnod colli ei thad, ond yr oedd yn falch fod y sefyllfa bellach yn dawelach a bod gobaith am heddwch. Yr un oedd neges David. 'Yr ydw i,' meddai, 'yn byw mewn ardal gymysg o Gatholigion a Phrotestaniaid. Erbyn hyn rydan ni'n medru chwarae efo'n gilydd, oherwydd nad oes dim saethu na bomio, ac rydw i'n gobeithio y bydd hi'n para felly.'

Ar ôl cofleidio'r ddau, meddai Bill Clinton, 'Y mae popeth oedd angen ei ddweud wedi ei ddweud.' Dau o leisiau bach yn siarad o ganol anialwch Gogledd Iwerddon.

Ddoe, roedd hi'n Sul cyntaf yr Adfent, ac un o themâu'r Adfent yw'r llais yn galw yn yr anialwch, 'Paratowch ffordd yr Arglwydd ... ' Yn anialwch ei gyfnod roedd Eseia yn sôn am y gobaith am dangnefedd, am gymod ac am ddyfodiad Duw i blith ei bobl. Pan ddaeth Duw, fe ddaeth ar ffurf plentyn bach – plentyn a aned i dlodi a phlentyn y bu'n rhaid iddo fynd yn ffoadur i'r Aifft er mwyn osgoi dynion creulon oedd am ei ladd.

Heddiw yn anialwch Bosnia, y Dwyrain Canol, Nigeria a Gogledd Iwerddon, yn anialwch preifat y cartref treisgar neu'r teulu rhwygedig, y mae mor bwysig gwrando ar lais y plentyn oherwydd, yn amlach na pheidio, y plentyn sy'n galw am gymod, am gyfannu ac am gariad. Ym mhob anialwch fe glywir ei lais yn ein herio a'n cywilyddio, ac o wrando arno mae'r llais hwnnw yn troi i ni yn llais Duw.

4 Rhagfyr 1995

Neges y Blaned Iau

Ar ôl bod yn teithio trwy'r gofod am fisoedd lawer mae'r llong ofod Galileo wedi cyrraedd y blaned Iau – biliynau, na nid miliynau ond biliynau o filltiroedd i ffwrdd. Mae'r pellter tu hwnt i'n hamgyffred ni.

Beth bynnag am hynny, mae'r daith wedi bod yn llwyddiant. O'r llong ofod saethwyd teclyn trwy'r amgylchfyd at wyneb y blaned ac mae hwnnw wrthi'n casglu data am gyfansoddiad a thymheredd a natur y blaned, ac yna'n anfon yr wybodaeth yn ôl i'r ddaear. Peidiwch â gofyn i mi egluro cymhlethdodau'r broses. Yr unig beth wn i ydy fod yr wybodaeth wedi dechrau cyrraedd ddoe a bod y gwyddonwyr wedi gwirioni'n lân o gael cyfle i ddysgu cymaint mwy am y blaned bell, ddieithr a rhyfedd hon. I'n llygaid ni, dydy'r blaned Iau, oherwydd ei bod y fath bellter oddi wrthym, yn ddim ond un seren fechan arall ymysg holl sêr y nen. Ond y mae'n seren sydd erbyn hyn yn anfon neges i ni ac yn rhannu ei chyfrinachau â ni.

Dwy fil o flynyddoedd yn ôl, gwelodd tri gŵr doeth yn y Dwyrain seren arall. Roedd gan honno hefyd ei neges ac fe rannodd hithau ei chyfrinachau â'r rhai oedd yn barod i'w dilyn. Yn ei goleuni hi arweiniwyd y doethion i Fethlehem, 'At Dduw y duwiau yn ei grud', chwedl I. D. Hooson. Mae'r seren hon wedi bod yn taflu ei goleuni i dywyllwch ein byd ni byth oddi ar hynny, gan ein hatgoffa ni o realedd byd arall, y tu hwnt i ffiniau cyfyng ein bywyd materol, a'n dysgu am werthoedd gwahanol ac amgenach – gostyngeiddrwydd, tynerwch, addfwynder, tangnefedd a gofal am ein gilydd. Dyma'r pethau sy'n nodweddu amgylchfyd y seren hon.

Na, nid stori chwedlonol nac addurn plastig ar ben coeden Nadolig i'w rhoi mewn bocs cardbord tan y Nadolig nesaf ydy seren Bethlehem. Mae'n cynrychioli gwerthoedd a gwirioneddau y mae eu hangen nhw ar ein byd a'n diwylliant heddiw. Fel y mae'r gwyddonwyr yn gwrando ar negeseuon y blaned Iau, fe fedrwn ninnau unwaith eto y Nadolig hwn wrando ar neges y seren arall ryfeddol hon sy'n cynnig goleuni a gobaith i'r ddynoliaeth.

11 Rhagfyr 1995

Angylion

Ydych chi'n credu mewn angylion? Ydych chi wedi gweld angel erioed? Oes gennych chi angel gwarcheidiol yn edrych ar eich ôl chi? Na, nid fi sydd yn gofyn y cwestiynau, ond roedd erthygl yn yr *Observer* ddoe yn dweud bod mwy a mwy o bobl heddiw yn credu mewn angylion. Yn wir, yn America y mae angelyddiaeth yn prysur fynd yn fasnach, a chymdeithasau wedi eu sefydlu a chylchgronau a llyfrau'n cael eu cyhoeddi i hybu diddordeb yn y pwnc.

Wrth gwrs, y mae'n amser o'r flwyddyn pan mae angylion yn cael cryn sylw. Maen nhw'n dod wrth eu miloedd i'n cartrefi ar gardiau Nadolig – rhai clasurol yn dilyn arddull Botticelli neu Michelangelo; rhai ar ffurf cartŵn. Rhai yn urddasol, rhai yn fach a chwareus. Fe welwn ni nhw mewn gwasanaethau a dramâu Nadolig mewn ysgol a chapel – merched bach wedi'u lapio mewn llieiniau gwyn a thinsel ar eu pennau yn canu 'Gogoniant yn y goruchaf i Dduw, ac ar y ddaear tangnefedd ... ' Efallai fod ambell i ffrae wedi bod ynglŷn â phwy oedd i chwarae rhan Gabriel, y prif angel! Fe'u gwelwn nhw hefyd mewn ffenestri siopau, yn addurniadau ar ben coed Nadolig, neu yn hongian dros y strydoedd mewn goleuadau neon. Ydyn, maen nhw o'n cwmpas ni ym mhob man.

Ond dydy hynny ddim yn ateb cwestiwn yr *Observer*. Ydym ni'n credu mewn angylion? Dydw i ddim am funud yn gwadu bodolaeth y llu nefol, er na fedra i ddim hawlio i mi weld angel erioed. I fod yn fwy cywir, dydw i ddim wedi gweld angel goruwchnaturiol erioed.

Ystyr y gair angel ydy 'negesydd Duw' – un sy'n mynegi ac yn cynrychioli cariad a gras a thosturi Duw; un sy'n ein hatgoffa ni bod Duw yn bod, ac un sy'n dwyn dimensiwn ysbrydol i mewn i'n profiad ni. Rydw i wedi adnabod llawer un sydd wedi bod yn angel yn yr ystyr yna – ambell un sydd wedi codi'n calon mewn pwl o ddigalondid; ambell un wedi dweud gair caredig a gwerthfawrogol pan oeddem ni'n teimlo ein bod ni wedi methu'n llwyr; ambell un fu'n gyfrwng i ni deimlo Duw yn real ac yn agos pan oedd prysurdeb a phethau bydol yn pylu'n sensitifrwydd ysbrydol. Ydyn, mae'r angylion yna o'n cwmpas ni bob amser. Diolch amdanyn nhw. Pwy a ŵyr na ddaw ambell angel ar draws ein llwybr ni heddiw.

18 Rhagfyr 1995

Y Cynghorau Sir Newydd

Anaml iawn y byddaf yn cadw toriadau o bapurau newydd, ond roedd ddoe yn eithriad. Roedd tudalen flaen y *Western Mail* yn un map enfawr o Gymru yn dangos lleoliad ac enwau'r Cynghorau Sir newydd ac yn cynnwys llawer o ffeithiau diddorol a defnyddiol amdanynt.

Er mor handi yw'r map, doeddwn i ddim yn rhy hapus â'r pennawd uwch ei ben: 'Croeso i'r Gymru Newydd'. Beth bynnag yw'r dadleuon dros ailwampio ffiniau'r siroedd, go brin y gellir hawlio bod Cymru newydd wedi ei chreu dros nos.

Mae ail-greu bywyd cenedl yn gofyn am fwy nag ad-drefnu llywodraeth leol. Mae'n dibynnu ar ganfod gweledigaeth newydd i'r dyfodol; delfrydau newydd i amcanu atynt; safonau newydd mewn addysg, gofal a darpariaeth iechyd; polisïau newydd i leddfu problemau'r di-waith, y digartref a'r diymgeledd. Gobeithio y bydd gan yr awdurdodau newydd y penderfyniad a'r adnoddau i wneud cymaint ag y medrant ynglŷn â'r pethau yma.

Peidiwn â disgwyl i'r un gyfundrefn wleidyddol greu Cymru newydd heb ein bod ni, bob un, yn gwneud ein rhan. Beth bynnag fydd cyfraniad cynghorau a chynghorwyr, y mae meithrin gweledigaeth a delfrydau a chanfod gwerthoedd a safonau moesol i fyw ar eu pwys yn dibynnu ar bob un ohonom. Yn y galon unigol, nid mewn siambr cyngor sir, y mae meithrin y pethau sy'n gwneud cartrefi dedwydd, cymdogaethau da a chenedl newydd.

Mewn papur newydd arall a welais i'n ddiweddar roedd y geiriau hyn, yn cael eu priodoli i Conffiwsiws:

Os bydd ffydd yn y galon, bydd hawddgarwch yn y cymeriad;
Os bydd hawddgarwch yn y cymeriad, bydd harmoni yn y cartref;
Os bydd harmoni yn y cartref, bydd trefn yn y genedl;
Os bydd trefn yn y genedl, bydd heddwch ar y ddaear.

Sylwch fod newydd-deb yn cychwyn gyda ffydd yn y galon. Yn y fan honno, ac wrth ailwampio map ein bywyd ysbrydol ein hunain, y mae dechrau creu Cymru newydd.

2 Ebrill 1996

Y Comisiwn Gwirionedd a Chymod

Pwy ddywedodd nad oes dim byd yn amhosibl i'w gyflawni ond iddo beidio â chael ei anfon i bwyllgor? Er bod llawer iawn o wir yn y sylw, gobeithio'n fawr nad yw'n wir bob tro; oherwydd ddoe yn Ne Affrica cynhaliwyd y cyfarfod cyntaf o bwyllgor cwbl arbennig, sef Comisiwn Gwirionedd a Chymod, o dan gadeiryddiaeth Desmond Tutu.

Dros y misoedd nesaf bydd y pwyllgor hwn yn ymchwilio i bob achos o greulondeb, o gam-drin ac o fathru hawliau dynol o dan bolisi annynol *apartheid* dros y 30 mlynedd diwethaf. Bwriad y Comisiwn yw dwyn profiadau ac atgofion o'r cyfnod o ormes creulon i olau dydd, er mwyn i bobl – y du a'r gwyn gyda'i gilydd – fedru wynebu camgymeriadau'r gorffennol, a gwneud hynny'n edifeiriol ac yn faddeugar, yn y gobaith y byddant wedyn yn medru cael gwared â phob ysbryd o atgasedd o'u plith, a phob ysfa i ddial, i gosbi ac i dalu'r pwyth yn ôl. Y gred yw y bydd y rhai a fu'n gormesu a'r rhai a ormeswyd wedyn yn medru derbyn ei gilydd mewn cymod fel brodyr a chwiorydd.

Er bod lleiafrif bychan yn gweiddi am gosbi hen elynion, yn ôl Desmond Tutu mae'r mwyafrif helaeth o'r bobl yn cefnogi bwriad y Comisiwn. Os bydd y bwriad yma'n llwyddo bydd pobl dduon De Affrica unwaith eto yn gosod esiampl foesol loyw i weddill y byd. Piti mawr na fedrai Israel a'r Hezbollah ddysgu'r wers hon oddi wrthynt, yn hytrach na dinistrio'i gilydd wrth barhau'u cylch dieflig o ddial.

Mae'n bwysig ein bod yn dysgu sut i wynebu a delio â chywilydd a chwerwedd y gorffennol. Y gyfrinach yw, nid ceisio'u hanghofio, ond eu cydnabod yn agored, ac wrth wneud hynny tynnu'r gwenwyn ohonynt. Wrth ddwyn yr elfennau tywyll o'n natur allan i olau dydd buan iawn y medrwn ni wedyn gymodi â phobl eraill. Ynom ni, nid mewn neb arall, y mae'r gwir elyn, a delio â hwnnw ydy'r gamp.

16 Ebrill 1996

Dilorni Iesu Mewn Llun

Mae yna ddarlun ar gael sy'n portreadu dyn yn plygu o flaen croes, ond nid Iesu sydd ar y groes, ond asyn. Cyn i chi ddechrau dweud y drefn a mynd ati i lunio llythyr o brotest i'r wasg neu i Gyngor y Celfyddydau, ga i ddweud wrthych bod y llun yn mynd yn ôl i ddiwedd y ganrif gyntaf. Cafodd ei gerfio'n ddigon amrwd ar wal yn Rhufain gan ryw arlunydd dienw oedd yn amlwg yn meddwl mai asyn o ddyn oedd Iesu ac mai crefydd i ffyliaid oedd Cristnogaeth. Erbyn hyn, ddwy fil o flynyddoedd yn ddiweddarach, does neb yn gwybod dim oll am yr arlunydd, ond mae'r un yr oedd o'n ei ystyried yn asyn yn wrthrych addoliad a gwrogaeth miloedd o filiynau o bobl ar draws y byd.

Mae pobl erioed wedi defnyddio celfyddyd i ddilorni crefydd. Cafwyd sawl enghraifft o hynny mewn propaganda gwrth-Gristnogol gan Gomiwnyddion yn Rwsia. Mae'r propagandwyr a'u Comiwnyddiaeth erbyn hyn wedi diflannu, a'r ffydd y ceisiwyd ei mygu hi yn fyw, yn iach ac yn adennill tir yn gyflym.

A dyna pam nad ydw i'n poeni fawr am y llun diweddaraf gan yr arlunydd Michael Browne o Fanceinion. Mae'n siŵr i chi glywed am yr helynt. Mae wedi dynwared darlun enwog Piero della Francesca o'r atgyfodiad, ond yn lle Iesu Grist, Eric Cantona sy'n codi o'r bedd, ac wynebau aelodau tîm Manchester United yw'r ffigyrau eraill yn y llun. Mae rhai yn dweud mai jôc yw'r cwbl, ond os felly, nid yw'n arbennig o ddigri. Ar y llaw arall, os mai'r bwriad yw dyrchafu Cantona a'i ddangos fel rhyw fath o waredwr, nid yw wedi llwyddo i wneud dim ond peri iddo edrych braidd yn wirion, ac mae'n arwyddocaol fod Cantona ei hun wedi penderfynu cadw draw o'r seremoni dadorchuddio.

Wrth roi Eric Cantona yn y lle y dylai Iesu fod, mae'r arlunydd wedi rhoi eglureb ardderchog i bob pregethwr, a fedrwn i ddim osgoi'r demtasiwn i'w defnyddio hi'r bore yma. Cwestiwn sy'n codi o hyn i gyd: a ydym ni'n rhoi rhywun neu rywbeth arall yn y canol, yn yr union le y dylai Iesu fod, ac os ydym, pa effaith mae hynny'n ei gael ar ddarlun ein bywyd ni?

17 Ebrill 1996

Dweud Ein Pader

Mae Christopher Robin, Eeyore a Winnie the Pooh mor gyfarwydd i blant bach Saesneg eu hiaith ag y mae Sali Mali, Jaci Soch a'r Pry Bach Tew i blant bach Cymru. A.A. Milne a greodd y cymeriadau Saesneg, a'i fab ei hun oedd Christopher Robin, prif gymeriad storïau a cherddi Winnie the Pooh.

Ddoe cawsom wybod bod y Christopher Robin gwreiddiol hwn, mab A. A. Milne, wedi marw dros y Sul ac yntau'n 75 oed. Yn ôl pob hanes, bu ar hyd ei oes yn ceisio ymryddhau oddi wrth y ddelwedd ohono a grëwyd gan ei dad, sef y bachgen bach ciwt efo'i dedi bêr. Bu'r darlun yn destun chwilfrydedd gan rai ond yn destun sbort gan eraill fel y bu'n rhaid iddo ddioddef llawer o dynnu coes digon milain.

O blith cerddi ei dad, roedd yn gas ganddo'r gerdd 'Vespers': *Little boy kneels at the foot of the bed*. Ac rydym i gyd yn gyfarwydd â'r ddwy linell:
Hush! Hush! Whisper who dares!
Christopher Robin is saying his prayers.

Ond nid plentyneiddiwch y darlun oedd yn ei gorddi, ond y ffaith iddo, ar ôl tyfu, droi'n anffyddiwr a mynd i ystyried y syniad o blentyn bach yn dweud ei bader yn nonsens ofergoelus ac yn embaras.

Rŵan, mae yna lawer o bethau mae'n rhaid i ni roi'r gorau iddynt wrth i ni dyfu. Mae hynny'n rhan o'r broses o aeddfedu. Mae gwir aeddfedrwydd yn cydnabod hefyd bod rhai pethau yn ein magwraeth sy'n hanfodol bwysig ac y dylem lynu wrthynt. Un o'r rheini yw dweud ein pader.

Dydw i ddim yn gwybod faint o blant bach heddiw sy'n cael eu dysgu i ddweud eu pader. Os nad ydynt, maent yn cael colled fawr iawn. Ac os ydym ninnau wedi rhoi'r gorau i'r arfer o weddïo wrth i ni fynd yn hŷn, rydym wedi gollwng rhywbeth gwerthfawr iawn o'n dwylo. Mae gweddi'n agor y drws ar brofiad mwya'r enaid, sef yr ymdeimlad o realiti ac agosrwydd Duw. *Hush! Hush! Whisper who dares*. Mae dysgu ymdawelu'n bwysig, i ni fedru tiwnio i mewn i'r presenoldeb dwyfol ac yna cyflwyno'n hunain a'n gilydd i ofal Duw. Dyna arfer na fedrwn ni ddim fforddio colli gafael arno.

23 Ebrill 1996

Y Dylanwadau Sydd Arnom

Heddiw mae perthnasau a theuluoedd y 35 a saethwyd yn Port Arthur, Tasmania, yn gofyn yr un cwestiwn yn union ag a ofynnwyd gan rieni Dunblane chwe wythnos yn ôl, sef Pam? Pam y bu i'r fath gyflafan ddigwydd? Pam y cafodd eu hanwyliaid eu difa mewn modd mor ddidostur ac mor frawychus o annisgwyl? Pam mae drygioni gorffwyll yn cael bwtsiera a dinistrio a chwalu bywydau diniwed?

Cwestiwn enbyd o boenus yw'r cwestiwn Pam? Mae'n corddi'n teimladau dyfnaf, yn herio'n rheswm, yn drysu'n ffydd, ac am nad oes dim ateb boddhaol iddo mae'n dod yn ôl fel adlais creulon i'n gwatwar.

Mae'n haws efallai mynd i'r afael â'r cwestiwn ar lefel mwy ymarferol ac uniongyrchol, sef pam y bu i ŵr ifanc wyth ar hugain oed gymryd yn ei ben i fynd allan a saethu pobl yn ddifeddwl a diwahân? Yn ôl pob hanes mae wedi dioddef ers rhai blynyddoedd oddi wrth anhwylder meddwl, ond heb erioed o'r blaen ymddwyn yn dreisgar na bod mewn helynt â'r gyfraith. Does ond un esboniad yn bosibl am ei weithred orffwyll; digwyddodd rhywbeth yn ei feddwl a'i ddychymyg a'i gwthiodd dros y ffin rhwng ymddygiad cyfrifol ac ymddygiad treisgar a dinistriol.

Chawn ni byth wybod beth a achosodd hynny, mwy nag y cawn ni wybod beth a wthiodd Thomas Hamilton dros y ffin ar y bore tywyll hwnnw yn Ysgol Dunblane. A oedd yr achos yn gyfan gwbl yn ei salwch meddwl ei hun, neu a oedd rhyw ddylanwadau yn y gymdeithas o'i amgylch fu'n rhannol gyfrifol am ei wthio i fyd ei ffantasïau tywyll?

Personoliaethau cymhleth ydym ni i gyd; yn gymysgfa o dueddiadau, rhagfarnau a nwydau o bob math, da a drwg. Y dylanwadau sydd arnom o du cartref, magwraeth, addysg, diwylliant a chrefydd sy'n penderfynu i raddau helaeth ai'r greddfau da a chreadigol sy'n cael eu meithrin ynom ni neu'r greddfau drwg, tywyll a dinistriol.

Mae angen amgylchfyd iach arnom ni i warchod ein hiechyd corfforol, ond mae'n rhyfedd pa mor araf ydym i gydnabod bod angen amgylchfyd cymdeithasol ac ysbrydol iach yn ogystal i warchod iechyd enaid ac i feithrin cymeriad.

30 Ebrill 1996

Atgyweirio Dinas

'Haws atgyweirio dinas na thrwsio bywydau briw'. Na, nid dihareb na chwaith llinell o gerdd, er bod tinc barddonol yn y geiriau, ond pennawd mewn papur newydd yn ddiweddar yn sôn am y gwaith o adfer hen ddinas Dubrovnik.

Ydych chi'n cofio Dubrovnik? Y ddinas ganoloesol hardd a gafodd ei malurio'n yfflon bum mlynedd yn ôl ar ddechrau'r rhyfela yn Bosnia, Iwgoslafia ar y pryd. O fewn ychydig wythnosau dinistriwyd adeiladau hynafol, cofebau hardd a thrysorau celfyddydol a phensaernïol o dan ymosodiad y Serbiaid. Ar ben hynny, fe laddwyd ac fe anafwyd miloedd o bobl.

Roedd yr eitem a'r lluniau o dan y pennawd yn sôn am y gwaith atgyweirio rhagorol fu'n digwydd dros y misoedd diwethaf a'r gobaith y bydd y twristiaid yn dychwelyd yn fuan i ymweld eto â'r hen ddinas nodedig. Ond os ydy'r adeiladau yn cael eu hatgyweirio, gwaith anos o lawer ydy trwsio'r bywydau a glwyfwyd gan y llarpio a'r lladd; miloedd ohonyn nhw wedi'u clwyfo'n gorfforol; miloedd eraill wedi'u clwyfo'n emosiynol ac yn seicolegol, wedi colli anwyliaid, wedi colli cartrefi, bywoliaeth a diogelwch. Mae'n cymryd blynyddoedd cyn i greithiau dioddefaint, profedigaeth ac ofn ddechrau gwella. Yn wir, mae rhai creithiau sydd yn aros am byth.

Bydd rhieni Dunblane a pherthnasau'r rhai a gollwyd yn ffrwydriad yr awyren TWA, a theulu galar a thrallod ym mhob man, yn cario creithiau colled a hiraeth ymhell bell wedi i'r gweddill ohonom ni anghofio amdanyn nhw.

A dyna dristwch arall, oherwydd fe fedr pob un ohonom ni wneud rhywbeth i helpu trwsio bywydau briw. Gwaith arbenigwyr ydy adfer hen adeiladau, ond cariad, cyfeillgarwch ac amynedd, rhoi amser i wrando, i rannu ac i gydymdeimlo sydd eu hangen i wella creithiau meddwl, calon ac ysbryd. Wrth gynnig y rheiny i'n gilydd, rydym ni hefyd yn agor cyfrwng i gariad a thosturi rhywun llawer iawn mwy na ni.

2 Awst 1996

Gweinidogaethu

Mewn dramâu comedi a sgetsys noson lawen mae'r gweinidog neu'r ficer bron yn ddieithriad yn ffigwr digri. Mae'n cael ei bortreadu fel twpsyn merchetaidd sy'n gwybod y nesaf peth i ddim am fywyd, yn hawdd ei siocio ac yn gwneud dim amgenach na llymeitan paneidiau o de gyda hen ferched sidêt.

Dyna'r parodi (ac wrth gwrs, fel ym mhob proffesiwn, fe gewch chi ambell un sy'n ffitio'r parodi). Ond mae realiti gwaith y weinidogaeth Gristnogol yn gwbl, gwbl wahanol. Y digwyddiad sydd wedi dangos hynny'n glir yr wythnos hon ydy llofruddiaeth y Parch. Christopher Gray y tu allan i'w eglwys yn Anfield, Lerpwl. Yn ôl yr hanes mae'n debygol iddo gael ei ladd gan ŵr y bu'n ceisio ei helpu'n fugeiliol.

Er bod hwn yn ddigwyddiad anarferol o drist – gŵr ifanc hynod o alluog a dyfodol disglair o'i flaen yn cael ei dorri i lawr ym mlodau'i ddyddiau – eto, dydy o ddim yn ddigwyddiad cwbl eithriadol. Prin flwyddyn sydd ers i'r prifathro Philip Lawrence, gŵr arall o argyhoeddiad Cristnogol cryf, gael ei lofruddio y tu allan i'w ysgol yn Llundain.

Er mai prin ydy digwyddiadau mor erchyll â'r rhain, maen nhw'n ein hatgoffa ni bod gofalu am bobl eraill yn fusnes costus. Mae pob un sy'n gweinidogaethu i eraill, nid gweinidogion ordeiniedig yn unig, ond cwnselwyr, gweithwyr cymdeithasol, arweinwyr ieuenctid a gofalwyr o bob math, maen nhw i gyd yn gorfod rhoi eu lles eu hunain o'r neilltu a cheisio uniaethu â'r rhai y maen nhw am eu cynorthwyo. Mae uniaethu â phobl yn eu gofidiau a'u profedigaethau a'u colledion yn brofiad poenus sydd yn galw am wroldeb, sensitifrwydd a chonsýrn real am bobl. Nid rhywbeth gwan, sentimental ydy cydymdeimlo, gwrando a chynnig cefnogaeth a chyfeillgarwch i eneidiau briw. Mae mynd o dan blisgyn poen a phryder person arall a rhannu yn ei brofiad yn enbyd o anodd, ac ar adegau y mae'r straen yn llethol.

16 Awst 1996

Gwerth *A to Z*

Mae pob un sy'n ymweld â Llundain yn achlysurol, a hyd yn oed y rhai sydd yn byw yn y ddinas fawr, yn gwybod pa mor werthfawr yw'r *London A to Z* – y llyfr o fapiau o bob un o'r strydoedd gyda mynegai yn y cefn i'n galluogi i ffeindio'n ffordd i unrhyw ran o'r ddinas. Mae'r copi sydd gen i dros ddeugain mlwydd oed ac wedi fy nghadw i rhag mynd ar gyfeiliorn fwy nag unwaith.

Wyddwn i ddim pwy oedd wedi dyfeisio'r *A to Z*, na pha bryd. Ddoe cyhoeddwyd marwolaeth Phyllis Pearsall yn 89 oed, a deallais mai hi'n bersonol fu'n gyfrifol am fapio holl strydoedd y ddinas a'u cyhoeddi'n llyfryn gyda chyfeiriadur. Cafodd y syniad ar ôl iddi fynd ar goll ryw dro wrth geisio dilyn yr unig fap oedd ar gael ar y pryd. Aeth ati i gasglu'r wybodaeth trwy godi'n gynnar, gynnar a cherdded o stryd i stryd o un pen i'r ddinas i'r llall. Cyhoeddwyd yr *A to Z* cyntaf yn 1936. Bu'n llwyddiant ysgubol o'r dechrau ac arweiniodd ei llafur at sefydlu cwmni yn cyhoeddi mapiau o bob math.

Dyma deyrnged aruchel i fedru ei thalu i unrhyw berson – ei fod o neu hi wedi helpu pobl i ffeindio'u ffordd mewn bywyd. Dyna wnaeth Phyllis Pearsall, a phob clod iddi am ei gorchest.

Mae yna eraill y buoch chi a minnau'n ddyledus iddyn nhw – pobl a'n helpodd ni i ffeindio'n ffordd yn foesol ac yn ysbrydol ar daith bywyd – rhieni, athrawon, gweinidogion, athrawon Ysgol Sul a phobl dda ac egwyddorol o bob math. Fe ddangoson nhw i ni'r llwybr gorau i'w gerdded. Fe ddangoson nhw hefyd fod yna gyfeiriad ac ystyr i'n taith, a bod nod gwerth cyrchu ato ar y diwedd.

Os mai'r *A to Z* sy'n helpu pobl i ffeindio'u ffordd trwy strydoedd

Llundain, mae yna un i'n helpu ni ar daith bywyd, ac fel yr *A to Z* y disgrifir hwnnw, sef yr Alpha a'r Omega, y dechrau a'r diwedd – un o'r termau a ddefnyddir yn y Beibl i ddisgrifio Iesu Grist. Mynnwch gael gafael ar ei fap o. Gwell byth, fe fedrwch ei adnabod o ei hun, a'i gael yn gwmni ac yn gymorth ar eich taith.

30 Awst 1996

Ordeinio Merched

Y mae llawenydd yn brofiad heintus ac fe wyddom ni i gyd am y teimlad o gael ein tynnu i mewn i hapusrwydd pobl eraill. Dyna ddigwyddodd ddoe pan gyhoeddwyd canlyniad pleidlais yr Eglwys yng Nghymru ar ordeinio merched. Roedd hyd yn oed y rhai hynny ohonom ni sy'n perthyn i eglwysi eraill sydd wedi bod yn ordeinio merched ers blynyddoedd yn rhannu yng ngwefr y fuddugoliaeth. Ac roedd hi'n fuddugoliaeth, yn fuddugoliaeth fawr i'r merched hynny oedd wedi dal ati mor ffyddlon ac amyneddgar ar ôl siom y bleidlais gyntaf ddwy flynedd yn ôl. Roedd hi'n fuddugoliaeth i'r esgobion ac yn arbennig i'r Archesgob oedd wedi rhoi arweiniad mor gadarn ar y mater. Roedd hi hefyd yn fuddugoliaeth i'r efengyl ei hun.

Perygl mawr pob cyfundrefn grefyddol yw rhoi'r fath fri ar ei ffurfiau a'i harferion fel bod rheiny'n mynd yn bwysicach na'r efengyl ei hun. Dadl y rhai sydd yn erbyn ordeinio merched yw mai dyn oedd Iesu Grist ac felly na fedr merch fod yn ddarlun neu'n eicon o Grist wrth weinyddu'r cymun. Fe wrthodwyd y syniad yma yn Llanbedr Pont Steffan ddoe ac fe ddatganwyd, yn gwbl briodol, bod dyn neu ferch yn gallu cynrychioli Iesu Grist a gweinidogaethu'n gwbl ddilys yn ei enw. 'Nid oes yng Nghrist na gwryw na benyw ...' meddai Paul.

Mae yna, er hynny, gwestiwn dyfnach sy'n herio'n cyfundrefnau eglwysig ni i gyd. A oes yn rhaid i rywun fod wedi ei ordeinio o gwbl er mwyn bod yn eicon o Grist? Onid tasg pob Cristion yw adlewyrchu Iesu yn y byd ac i'r byd? Ydy, mae hi'n bwysig sicrhau bod pobl gymwys yn gweinidogaethu mewn pulpud neu wrth allor o fewn muriau eglwys neu gapel, ond pwysicach o lawer yw beth sy'n digwydd oddi allan i'r muriau hynny yng nghenhadaeth yr eglwys i'r byd. Dyma waith pob Cristion unigol, yn wryw ac yn fenyw, yn ordeiniedig ac yn lleyg – sef bod yn Grist i eraill.

Pan beidiwn ni â ffwdanu cymaint am drefn a phatrwm y weinidogaeth ordeiniedig o fewn yr eglwys, a chymryd gweinidogaeth holl bobl Dduw yn y byd oddi allan i'r eglwys o ddifrif, bydd hynny'n fwy o fuddugoliaeth fyth.

20 Medi 1996

Pwysigrwydd Geiriau

'Ffrwyth mwy nag ugain mlynedd o lafur ... y gorau erioed ... yn fawr ... yn gynhwysfawr ... yn gamp i'w ryfeddu.' Dyna a ddywedwyd ddoe ac echdoe am Eiriadur Saesneg-Cymraeg newydd yr Academi Gymreig a gyhoeddwyd yr wythnos hon. Mae'r ddau olygydd, Bruce Griffiths a Dafydd Glyn Jones, wedi rhoi talp helaeth o'u hoes i'r gwaith ac yr ydym yn eu dyled yn fawr.

Meddyliwch, mewn difrif, dros fil a hanner o dudalennau yn trafod ystyron a ffurfiau amrywiol dros ddeugain mil o brif eiriau – y cyfan yn gloddfa werthfawr i bob un sy'n defnyddio geiriau ar lafar neu mewn print. Mae hynny'n ein cynnwys ni i gyd oherwydd mae pob un ohonom yn defnyddio geiriau bob munud o'r dydd, i gyflawni'n gwahanol orchwylion, i gyfarch ein gilydd – i ddweud, i ofyn, i bledio, i ganmol, i ddiolch, i gwyno, i feirniadu, i sgwrsio, i ddisgrifio, i areithio, i weddïo. Does dim diwedd i'r defnydd a wnawn o eiriau.

Mae'r defnydd hwnnw naill ai'n greadigol neu'n ddinistriol. Gallwn ddefnyddio geiriau i lunio soned neu i regi'r gath; i ysgrifennu llythyr caru neu lythyr twrnai; i ddiolch neu i ddweud y drefn. Ynddynt eu hunain dydy geiriau ddim yn dda nac yn ddrwg; maent yn hollol ddiduedd. Y defnydd yr ydych chi a minnau'n ei wneud ohonynt sy'n eu gwneud yn gyfrwng bendith neu felltith.

Trwy ddefnyddio geiriau i siarad â'n gilydd yr ydym yn dod i ddeall ein gilydd, i ymddiried yn ein gilydd, ac i godi pontydd cyfeillgarwch rhyngom. Gyda geiriau y ceisiodd Tony Blair uno a sbarduno ei blaid yn Brighton yr wythnos hon. Perswâd geiriau a barodd i'r rheithgor yn Los Angeles benderfynu bod O. J. Simpson yn ddieuog. A geiriau ac nid arfau sy'n mynd i ddatrys argyfwng

Bosnia.

Mae'r ffydd Gristnogol yn seiliedig ar yr argyhoeddiad fod Duw wedi llefaru wrth y ddynoliaeth yn ei Fab Iesu Grist. Ef yw'r Gair dwyfol a ddaeth yn gnawd i'n cyfarch, a hefyd i'n dysgu i ymddwyn ac i siarad yn greadigol ac yn garedig. Mae angen geiriadur i roi geiriau i ni ac i egluro'u hystyr. Ond mae angen gras a doethineb i wybod sut i wneud y defnydd iawn o'r geiriau hynny.

7 Hydref 1996

Byd y Comedau

Welsoch chi Hale-Bopp yn gynharach yr wythnos hon? Rhwng hanner awr wedi wyth a naw nos Lun, a hithau'n noson glir ddigwmwl, roedd hi'n ddigon hawdd adnabod y gomed ddieithr yn disgleirio'n llachar yn awyr y nos ac yn llusgo cwmwl o fân sêr fel cynffon ar ei hôl.

Erstalwm byddai pobl yn credu bod yna arwyddocâd goruwchnaturiol i gomedau ac i oleuadau nefol anarferol ac yn eu dehongli fel rhybuddion dwyfol o drychinebau i ddod, ac yn ddiweddar clywsom am aelodau'r cwlt rhyfedd hwnnw yng Nghalifornia a gyflawnodd hunanladdiad gyda'i gilydd am eu bod yn credu bod llong ofod oedd yn teithio yn sgil Hale-Bopp yn eu disgwyl i ymuno â hi. Does dim angen mynd i Galifornia. Mae yna filoedd o bobl o'n cwmpas sy'n meddwl o ddifrif bod eu hiechyd, eu diwylliant ariannol a'u rhagolygon carwriaethol yn cael eu penderfynu gan y sêr!

Mae gwyddonwyr wedyn yn medru dweud wrthym beth yn union yw comedau. Darn anferth o graig tua 25 milltir o led yn llusgo tomen o sbwriel a rhew ar ei ôl yw Hale-Bopp, meddent hwy. Dydy'r eglurhad yna'n mennu dim ar yr ymdeimlad o ryfeddod wrth syllu ar yr ymwelydd rhyfedd hwn ynghanol ehangder ysblennydd y ffurfafen.

Rydym ni, bobl yr ugeinfed ganrif, yn medru teimlo'r un wefr â'r Salmydd yn oes yr Hen Destament, 'Pan edrychwyf ar y nefoedd, gwaith dy fysedd; y lloer a'r sêr, y rhai a ordeiniaist ...' Nid oherwydd bod yr hyn a welai'n oruwchnaturiol y teimlai'r Salmydd y syndod addolgar yma'n codi yn ei galon, ond oherwydd ei fod yn gweld gogoniant dwyfol y naturiol.

Dyma'n union yw dimensiwn ysbrydol bywyd: gweld y dwyfol yn disgleirio trwy bethau bob dydd, canfod y cysegredig ynghanol y cyffredin. Er mwyn gweld hynny, rhaid edrych i fyny – nid edrych yn llythrennol i'r awyr, ond codi'n golygon oddi wrth y bydol a'r materol a'r hunanol ac edrych i gyfeiriad yr hyn sy'n bur ac aruchel ac anweledig. Dyma sy'n rhoi persbectif iawn ar ein bywyd bob dydd – persbectif sy'n rhoi lliw a gwefr ac ystyr a hwyl i'n byw.

10 Ebrill 1997

Y Nef yn Agor

Pe bai gennyf yr hawl i wobrwyo pobl ag anrhydeddau a theitlau a graddau, buaswn yn rhoi ar ben y rhestr y cymeriadau prin hynny sy'n llwyddo i wneud i'r gweddill ohonom chwerthin. Mae pobl felly'n werth y byd ac rydym yn drwm yn eu dyled.

Roedd hi'n bleser pur cael rhaglen deledu echnos i goffáu un a lwyddodd, o fewn oes fer, i wneud i Gymru gyfan rowlio chwerthin. Pwy feddyliai fod ugain mlynedd wedi mynd heibio ers marwolaeth yr anfarwol a'r anghymharol Ryan. Wrth wylio'r sgetsus doniol a'r ystumiau cyfarwydd a gwrando eto'r jôcs bachog a'r caneuon swynol, pontiwyd y blynyddoedd a daeth Ryan yn fyw eto yn ein cof a'n dychymyg.

Uchafbwynt y rhaglen oedd Arwyn, mab Ryan, yn canu'r alaw olaf a gyfansoddodd ei dad a'r geiriau gan ei ferch, Bethan. 'Hen ffrindiau ac atgofion am beth a fu / A thithau'n galw heibio atom ni. / Y nefoedd sydd yn agor gyda'r nodau syml hyn ...'

Dyna'n union mae atgofion yn ei wneud – maent fel petaent yn agor y nefoedd ac yn dwyn digwyddiadau ddoe yn fyw yn y presennol. Dywedodd rhywun, 'Rhoddodd Duw i ni atgofion er mwyn i ni fedru mwynhau rhosod ym mis Rhagfyr.'

Yr un dirgelwch rhyfeddol sydd ar waith pan fydd pobl yn addoli. Trwy air a sacrament, emyn a gweddi, mae digwyddiadau hanesyddol ein ffydd – bywyd, marwolaeth ac atgyfodiad yr Arglwydd Iesu – yn dod yn fyw ac yn real ac o fewn ein cyrraedd.

Mae ystyr sacramentaidd i bob cofio. Fel y canodd Arwyn am ei dad, 'Fe alwaist heibio droeon ers y dydd / Pan rhaid oedd dweud ffarwel a mynd yn rhydd ...' Do, galwodd heibio trwy ambell atgof am gân a gwên a jôc ac ystum smala. O ganlyniad, meddai'r gân, 'Yn gudd o fewn ein cofio, llawenhawn.' Dewch i ni wneud yn fawr o weinidogaeth ein hatgofion sy'n agor y nefoedd i ni ac yn dwyn pobl a phrofiadau gwerthfawr ddoe yn ffres a byw i'n heddiw ni i'n llonni.

24 Ebrill 1997

Cau Ffyrdd a'u Hagor

Fel person gweddol radlon ac amyneddgar rhaid i mi gyfaddef mai un peth sy'n peri i mi golli amynedd yw cael fy nal am hydoedd mewn tagfa o draffig a methu symud ymlaen nac yn ôl. Wn i ddim sut byddwn i'n ymateb petawn i'n un o'r lorïwyr o Sbaen, yr Almaen, Gwlad Belg neu Brydain sydd wedi'u dal gan lorïwyr Ffrainc. Yn sicr, gallaf ddeall yn iawn sut mae eu rhwystredigaeth yn troi'n ddicter, yn gweryla ac mewn ambell fan yn ymladd digon ffyrnig.

Fedra i ddim dweud a yw achos y Ffrancwyr yn un cyfiawn neu beidio, ond dydw i erioed wedi medru deall y math o ymgyrchu sy'n ennyn gwrthwynebiad ac atgasedd yn hytrach na chydymdeimlad a chefnogaeth.

Yr hyn sy'n drist yw bod y protestwyr wedi dewis cau ffyrdd. Mae'n anodd meddwl am symbol mwy negyddol na chau ffordd. Mae'n arwyddo torri cysylltiad, atal trafnidiaeth rhwng pobl, ac felly rhwystro cyfarfod a chyfathrach a chyd-ddeall. Achos y rhan fwyaf o helyntion yn ein byd yw'r tyndra rhwng y rhai sydd am gau ffyrdd a'r rhai sydd am eu hagor – y rhai sy'n benderfynol o rwystro'r broses heddwch yng Ngogledd Iwerddon neu'r Dwyrain Canol, a'r rhai sy'n ymdrechu'n galed i gadw'r ffordd ar agor rhwng y gwahanol grwpiau a phleidiau.

Nid ar raddfa byd yn unig y mae hyn yn digwydd, ond yn y modd yr ydym yn ymagweddu tuag at bobl eraill yn ein bywyd bob dydd. Rydym naill ai'n cadw ffyrdd ar agor mewn cyfeillgarwch a charedigrwydd, neu'n torri cysylltiadau, yn llyncu mul, yn gwrthod siarad, yn methu maddau, ac yn cau'r ffyrdd rhyngom a'n gilydd.

Ddoe roedd yna ymdrech galed yn y llys yn Boston i agor ffordd o'r carchar i Louise Woodward. Ond y llun oedd ar dudalen flaen rhai o'r papurau newydd bore ddoe oedd o'i chwaer, Vicky, â channwyll yn ei llaw mewn gwylnos a gynhaliwyd yn Elton i weddïo dros Louise. Roedd y llun hwnnw'n ein hatgoffa o'r pwysigrwydd o gadw ffordd arall ar agor, sef y ffordd sy'n cysylltu nefoedd a daear, y ffordd rhyngom a Duw – ffordd gweddi.

4 Tachwedd 1997

Ymwybyddiaeth o'r Ysbrydol

Arwydd o ddatblygiad rhyfeddol technoleg fodern yw fod yna offer wedi ei ddyfeisio erbyn hyn sy'n galluogi archaeolegwyr i weld pethau nad ydynt yn bod mwyach. Ydy, mae'r peth yn swnio'n anghredadwy.

Clywsom ddoe fod archaeolegwyr, gyda chymorth offer o'r fath, wedi canfod olion o deml bren anferth a godwyd bum mil o flynyddoedd yn ôl yn Stanton Drew yng Ngwlad yr Haf. Does dim o'r deml ei hun ar ôl, ond mae olion ar y tirwedd o naw cylch o fewn ei gilydd o bolion pren a ffos anferth yn amgylchynu'r fan.

Yr hyn sydd i'w weld yn Stanton Drew heddiw yw cylch o feini a godwyd ar yr un safle fil o flynyddoedd yn ddiweddarach, eto i bwrpas crefyddol a seremonïol o ryw fath. Ni wyddom ddim byd am grefydd y bobl hyn na pha fath o dduw neu dduwiau oedd gwrthrych eu haddoliad. Mae'n amlwg, er hynny, eu bod yn credu bod mwy i fywyd nag amaethu a hela a magu teulu; eu bod yn ymwybodol o ddirgelwch a rhyfeddod y byd o'u cwmpas, o ddimensiwn ysbrydol, ac o werth dathlu, addoli a cheisio arweiniad ac amddiffyn y dwyfol.

Un o nodweddion dyn erioed, hyd yn oed o'i ddyddiau cynnar, yw ei allu i edrych y tu hwnt i orwelion bywyd bob dydd at yr hyn sy'n uwch ac yn fwy nag ef ei hun, a'i allu i synhwyro'r sanctaidd ac i ryfeddu.

Dewch i ni neidio'r pum mil o flynyddoedd yn ôl i'n hoes fodern ni. Mewn erthygl yn yr *Observer* dydd Sul roedd sôn am ddirywiad crefydd gyfundrefnol ym Mhrydain a bod llai na deg y cant o'r boblogaeth yn addoli erbyn hyn.

Beth mae hyn yn ei ddweud amdanom? Ydym ni wedi mynd i fethu gweld ymhellach na ffiniau materol ein bywyd bob dydd? Ydym ni wedi colli'r wefr o ymwybod â'r dwyfol yn cyffwrdd â'n profiad? A yw rhin gweddi ac addoli wedi mynd yn bethau dieithr i ni? Os ydynt, y cwestiwn sy'n codi yw, pwy yw'r bobl gyntefig mewn gwirionedd? Ai pobl Stanton Drew a gododd eu teml bren enfawr bum mil o flynyddoedd yn ôl, neu bobl ein hoes fydol ni na all weld gwerth mewn teml o unrhyw fath?

12 Tachwedd 1997

Gosod Croes

Plant yn eistedd ar lawr ar ffurf croes; bachgen yn rhoi mayonnaise ar siâp croes ar ei fyrgyr; bys yn taro'r llythyren X ar gyfrifiadur; gof yn gweithio metel poeth i batrwm croes, a chyda pob un o'r darluniau hyn y geiriau, 'Gadewch eich ôl ar Gymru!' Ie, hysbysebion ydynt i'n hannog i bleidleisio yfory yn etholiadau'r Cynulliad.

Pa blaid bynnag yr ydych chi a minnau'n bwriadu pleidleisio drosti y peth cyntaf a'r peth pwysicaf yw ein bod yn pleidleisio. Byddai'n drist o beth pe byddem yn ymateb i'r bennod newydd sydd ar fin agor yn ein hanes fel cenedl trwy fod yn rhy ddiog neu ddifater i godi allan i daro croes ar bapur. Medrwn adael ein hôl ar Gymru, nid yn unig trwy ddefnyddio'n pleidlais, ond trwy wneud popeth a fedrwn i gefnogi'r Cynulliad ac i hybu'r ysbryd newydd hyderus sy'n dechrau gafael ynom fel pobl.

O sôn am adael ein hôl ar bethau, mae'n bwysig cofio ym mhob cylch o fywyd bod gweithredoedd bychain, sy'n ymddangos yn bitw ac yn ddi-nod, yn medru gwneud gwahaniaeth. Syniad tebyg sydd yn slogan Wythnos Cymorth Cristnogol fydd yn dechrau'r wythnos nesaf, 'Mae'n syndod be ellir ei wneud mewn saith diwrnod' – cyfeiriad, wrth gwrs, at y miloedd ar filoedd o unigolion o weithredoedd bychain fydd yn cael eu cyflawni gan filoedd o unigolion, yn mynd o ddrws i ddrws i gasglu, yn trefnu ffeiriau sborion a boreau coffi a theithiau noddi a phrydau ympryd, gwasanaethau crefyddol, a llu o bethau eraill fydd, gyda'i gilydd, yn codi miliynau o bunnoedd i helpu tlodion y byd.

Gweithred fach iawn yw torri'ch enw ar ddeiseb Jiwbilî 2000 sy'n galw am ddileu dyledion y gwledydd tlawd. Peidied neb ohonom byth â dweud, 'Does dim byd y medrwn ei wneud i newid pethau.

Does neb yn mynd i gymryd sylw o'n hymdrechion bach ni.'

Rydym yn medru gadael ein hôl, er gwell neu er gwaeth, ar fywydau'n gilydd. Mae gwên siriol, gair caredig, cymwynas barod, cerdyn cyfarch, help llaw, pwt o weddi, i gyd yn bethau bychain, ond sy'n llonni a chysuro a chalonogi eneidiau trist. Maent yn gadael eu hôl arnom yn ogystal â'n gwneud yn bobl ffeindiach a hapusach.

5 Mai 1998

Newyddion Da

Pedwar o hogiau yn uchel ar gyffuriau yn ymosod ar hen wraig ac yn dwyn ei harian pensiwn prin! Does ryfedd fod stori o'r fath yn taro'r penawdau ac yn llenwi tudalen flaen y papur lleol. Ond pedwar o hogiau wedyn yn gwneud taith gerdded i godi arian i'r hosbis lleol, a does dim gair amdanynt. Nid yw hynny'n newyddion. Y drwg a'r dinistriol, y trychinebau a'r argyfyngau, sy'n tynnu sylw bob tro.

Nid beio'r papurau rydw i rwan. Fel yna rydym i gyd yn ymateb. Beth amser yn ôl gwelais yrrwr wrth geisio parcio'i gar yn bwrw yn erbyn wal isel, y wal yn disgyn ac un fricsen yn taro yn erbyn car arall. Buasech yn meddwl bod y byd ar ben. Dyna lle'r oedd pobl yn gweiddi a bytheirio a dweud y drefn. Ymhen deuddydd roedd gweithwyr y cyngor yno yn ailgodi'r wal. Fe fuon nhw wrthi trwy'r bore, ond doedd neb wedi ymgasglu i'w canmol am glirio'r llanast ac adeiladu'r wal. Stopiodd neb i edmygu'u gwaith nhw. Doedd yr adfer a'r ailadeiladu ddim yn werth sylwi arno.

A Gitta Sereny wedi cyhoeddi ei llyfr newydd ar Mary Bell, mae'r papurau wedi bod yn llawn o hanes y ferch un ar ddeg oed a lofruddiodd ddau fachgen bach 30 mlynedd yn ôl. Er iddi dreulio blynyddoedd yn y carchar, talu ei dyled i gymdeithas, adeiladu bywyd newydd, ac yn ôl pob tystiolaeth datblygu'n berson gwahanol ac yn fam dyner, eto bu'n rhaid i'r papurau tabloid ei herlid a'i hailgosbi. Roedd ei throsedd erchyll, flynyddoedd lawer yn ôl, yn newyddion; doedd ei hadferiad a'i datblygiad i fod yn berson cyfrifol ddim.

Ac eto fe wyddom ni i gyd mai'r gwaith araf, cyson, tawel o adfer ac ail-greu sy'n bwysig. Dyna sydd yn wynebu Netanyahu ac Arafat – gweithio i sicrhau cytundeb a chymod rhwng Iddewon a

Phalestiniaid. Yr un gwaith sy'n wynebu pobl Gogledd Iwerddon – gwneud i'r cytundeb heddwch weithio. Wedi'r cwbl, beth bynnag a ddywed y penawdau, stori'r rhai sy'n ailgodi waliau bywyd gwâr, nid y rhai sy'n eu bwrw i lawr, yw'r newyddion da. Dydy adfer perthynas, estyn help llaw, mynd i'n pocedi i gyfrannu at achos da, dweud gair caredig, a bod â gwên ar ein hwynebau a ffydd yn ein calonnau ddim yn mynd i roi'n henwau a'n lluniau ar dudalen flaen y papur lleol, ond fe fyddant yn helpu i wneud y byd yma'n lle hapusach i fyw ynddo.

7 Mai 1998

Rhyfeddod y Corff Dynol

Tybed a welodd rhai ohonoch yr ail raglen yn y gyfres ar y corff dynol ar BBC neithiwr? Mae hon yn addo bod yn gyfres orchestol. Rhaid i mi ddweud fy mod yn ei chael yn hynod o gyffrous hefyd, yn egluro cymhlethdod anhygoel y corff a'r holl elfennau cemegol, genynnol a ffisiolegol sy'n ein gwneud yr hyn ydym fel bodau dynol. Wyddoch chi fod pob un ohonom yn cynhyrchu 300 galwyn o boer yn ystod ein hoes, a saith bwcedaid o ddagrau? Pam mwy o boer nag o ddagrau, tybed?

Awdur un o Salmau'r Hen Destament a ddywedodd ganrifoedd yn ôl: 'Ofnadwy a rhyfedd y'm gwnaed.' Byddai rhai efallai yn tybio bod y gyfres yn ergyd arall i grefydd – gwyddoniaeth yn egluro dirgelwch ein bodolaeth heb unrhyw sôn am na Duw nac enaid. Fel arall y gwelaf i bethau.

Yn wir, mae yna o leiaf ddau gwestiwn sylfaenol crefyddol yn codi o'r rhaglenni yma. Y cyntaf yw hwn, ai canlyniad hap a damwain yn unig yw bodolaeth y creadur rhyfeddol hwn, y bod dynol: cemegau a genynnau'n digwydd dod at ei gilydd i greu dyn, a hynny'n gwbl ddamweiniol? Mae hynny mor afresymol â meddwl y gallai chwa o wynt chwythu trwy iard scrap a thaflu darnau at ei gilydd a chreu cerbyd moethus! Onid oes mwy o synnwyr o lawer yn yr hyn mae crefydd yn ei ddweud, sef ein bod wedi'n creu'n fwriadol ar lun a delw Duw?

Y cwestiwn arall yw hwn – onid ydym, fel personau, yn fwy o lawer na swm yr elfennau cemegol sydd ynom ni? Mae sôn am wyddonydd ryw dro yn manylu mewn darlith ar y gwahanol gemegau yn y corff dynol – hyn a hyn o swlffwr, hyn a hyn o botasiwm, hyn a hyn o ddŵr, hyn a hyn o fraster ac yn y blaen. Ar y diwedd gofynnodd rhywun iddo beth fyddai gwerth ariannol y cemegau hyn gyda'i gilydd. Ei ateb oedd, 'Dim mwy na rhyw bunt a chweugain!' Ai dyna'n unig yw'n gwerth ni fel fel bodau dynol? Does dim angen i mi ateb y cwestiwn yna yn nag oes?

28 Mai 1998

Cofio Gonest

Byddwn yn dweud weithiau bod y cof yn chwarae triciau! Mae rhai pethau yr ydym yn eu cofio'n berffaith glir, a phethau eraill sy'n mynd o'n gafael – enwau, wynebau, dyddiadau, rhifau ffôn. Tric mwyaf cyfrwys y cof yw anghofio pethau atgas ac annymunol a chofio dim ond y pethau da a phleserus.

Roedd ddoe yn ddiwrnod o gofio mewn ystyr arbennig iawn, sef cofio diwedd cyflafan enfawr y Rhyfel Byd Cyntaf wyth deg union o flynyddoedd yn ôl. Er bod llawer o'r seremonïau yn cynnwys gorymdeithio a bandiau a saethu gynnau a gwisgo medalau a'r holl rwtsh militaraidd arferol, eto roedd yna elfen lawer iawn mwy gonest yn y cofio yma.

Doedd y pwyslais ddim yn bennaf ar y fuddugoliaeth a'r orchest a'r gwrhydri, ond yn hytrach ar faint y dioddef a'r colledion ac erchyllterau'r rhyfel ofnadwy hwnnw.

Rwy'n codi fy het yn arbennig i Winifred Deacon, cant ac un oed, oedd yn yrrwr ambiwlans yn y Rhyfel a hithau ddim ond yn ddeunaw oed ar y pryd. Yn ddiweddar gwrthododd dderbyn medal y Legion of Honour, yr anrhydedd uchaf y gallai Ffrainc ei gynnig iddi. Meddai hi, 'Dydw i erioed wedi medru anghofio'r pethau erchyll a welais. Dydw i ddim eisiau'r un fedal, na dim i'w wneud â rhyfel byth eto.' Cant ac un neu beidio, dydy hi ddim am adael i'w chof chwarae triciau arni.

Os bu'r cofio ddoe yn ysbrydoliaeth i ninnau wrthod gwneud dim mwy â rhyfel, a chwilio am ffyrdd amgenach o setlo problemau'r byd, byddai wedi bod yn fwy na buddiol.

Gwaetha'r modd cyn i ddydd y cofio ddod i ben yr oedd peiriannau rhyfel America a Phrydain yn ymgasglu o amgylch Irac. Ie, unwaith eto, y cof dynol yn chwarae'i driciau.

12 Tachwedd 1998

Deinosoriaid Patagonia

Mae'r enw Patagonia yn cynhesu calon pob Cymro. Oherwydd i fintai o'n cydwladwyr ymfudo yno yn y ganrif ddiwethaf a bod eu disgynyddion hyd heddiw yn ymdrechu i gadw'u hunaniaeth a'u diwylliant Cymraeg rydym yn teimlo bod gennym ryw fath o hawl ar y lle. Ond ddoe clywsom am rai o drigolion Patagonia oedd yn byw, nid gan mlynedd yn ôl, ond rhwng 70 a 90 o filiynau o flynyddoedd cyn bod sôn am fodolaeth dyn o gwbl ar wyneb yr hen ddaear yma.

Yn ôl yr hanes darganfuwyd olion o heidiau o ddeinosoriaid ac yn eu plith filoedd o wyau, dwsinau ohonynt heb ddeor, a ffosiliau o ddeinosoriaid bach oddi mewn iddynt. Mae bron fel petai stori'r ffilm *Jurassic Park* yn dod yn wir. Yn ôl y gwyddonwyr mae hwn yn ddarganfyddiad eithriadol bwysig.

Mae clywed am yr hen, hen olion yma yn gwneud i ni sylweddoli pa mor fyr yw hanes y ddynoliaeth mewn cymhariaeth. Mae rhywun wedi dweud pe baem ni'n meddwl am hanes y ddaear yn nhermau awr o amser mai'r ddau funud olaf yn unig fyddai'n cynrychioli cyfnod hanes dyn.

Mae meddwl am hynny'n ein rhoi ni yn ein lle ac yn ein hatgoffa pa mor fyr yw'n heinioes: nid ydym ond fel gronynnau o dywod ar draeth amser. Mae'n ein hatgoffa ni hefyd pa mor fregus yw ein gafael ar bethau'r byd yma. 'Ni bia hwn,' meddwn ni, 'ni bia'r llall.' 'Fy nhŷ i ydy hwn.' 'Ni bia Gogledd Iwerddon a neb arall,' meddai'r Gwyddel. 'Ni bia Israel a neb arall,' meddai'r Iddew.

Dros dro mae eich gafael chi a minnau hefyd ar dir ac eiddo a thai ac arian. Nid ydym yma i berchnogi a meddiannu, ond yn hytrach i gael ein perchnogi ac i sylweddoli ein bod, yng ngeiriau Paul, 'Yn rhai sydd yn eiddo i Dduw yng Nghrist Iesu.' Dydy amser ddim yn mennu dim ar ei berchnogaeth ef.

19 Tachwedd 1998

Dysgu'r Byd i Ganu

Mewn rhyw ddwy neu dair modfedd o brint yn un o'r papurau dyddiol yr wythnos ddiwethaf dywedwyd bod Julie Andrews wedi cael llawdriniaeth ar ei gwddf ac o ganlyniad na fydd hi byth yn medru canu eto. Fel y Chwaer Maria yn *The Sound of Music* dysgodd y plant Von Trapp i ganu, ond yn fwy na hynny llwyddodd i gael y byd i gyd i ganu yn ei chwmni.

Os mai ychydig o sylw a gafodd hanes Julie Andrews, llai fyth o sylw a roddwyd i'r ffaith mai ddoe oedd dau ganmlwyddiant a hanner marwolaeth Isaac Watts a oedd yn un o emynwyr mawr Lloegr – awdur 'O Dduw, ein nerth mewn oesoedd gynt' a'i emyn mwyaf 'Wrth edrych, Iesu, ar dy groes'.

Wrth gwrs nid oedd yn yr un dosbarth â Williams Pantycelyn a Charles Wesley. Ef, er hynny, a baratôdd y ffordd ar eu cyfer, oherwydd cyn dyddiau Isaac Watts prin fod canu'n bod o gwbl mewn eglwysi a chapeli, neu roedd y canu hwnnw'n sobor o farwaidd – dim ond ychydig o hen siantiau a salmau cân. Aeth Watts ati i lunio emynau newydd, ffres, a'u gosod i donau ysgafnach mwy addas i gynulleidfaoedd. Y canlyniad oedd iddo ddysgu Cristnogion i ganu am eu ffydd a'u bywyd newydd yng Nghrist.

Fel un sy'n deall fawr ddim am gerddoriaeth na chanu mae gennyf edmygedd mawr o'r bobl hynny sy'n dod â miwsig i'n bywydau. Diolch am Julie Andrews a'r *Sound of Music*. Diolch am Isaac Watts a'i emynau. Diolch am Handel a Bach a'u horatorios mawreddog. Diolch am Ŵyl Cerdd Dant. Diolch am bawb sy'n ein llonni trwy ddod â cherddoriaeth o bob math o fewn ein cyrraedd.

Dewch i'r rhai hynny ohonom na all ganu nodyn gofio y medrwn ninnau hefyd ddod â miwsig i fywydau pobl eraill. Mae gwên a gair caredig, cymwynas a chwrteisi, cynnau cannwyll i weddïo dros rywun sy'n wael, mae'r rhain i gyd yn fathau o alawon sy'n gwneud rhywun yn rhywle yn hapusach. Ie, ac yn clodfori Duw hefyd, lawn cymaint ag emynau Isaac Watts.

26 Tachwedd 1998

Lleddfu Poen

Prin fod yna brofiad mwy anodd na gwylio rhywun annwyl i ni, nad oes dim gwella arnynt, yn araf nychu mewn poen a llesgedd. Dywedodd un wraig wrthyf yn ddiweddar, wrth sôn am boenau ei mam yn ei salwch olaf, 'Buasai'n dda gen i petawn wedi medru cymryd ei phoen hi i mewn i'm corff fy hun, petai ond am awr neu ddwy, iddi gael rhywfaint o lonydd; ond fedrwn i ddim.'

Na, mae poen yn rhywbeth y mae'n rhaid i bob person ei ddioddef ar ei ben ei hun. Er i eraill ohonom wneud ein gorau i gydymdeimlo a bod yn gwmni ac yn gefn i ddioddefwr, fedrwn ni ddim mynd i mewn i boenau'r un person arall na dwyn ei boenau drosto. Rydym yn gorfod sefyll oddi allan a gwylio, ac mae hynny'n sobor o anodd. Ond os nad ydym yn medru gwneud dim, diolch am y cyffuriau sydd ar gael i dreiddio i wraidd poen a'i leddfu. Diolch am feddygon a nyrsys sy'n eu defnyddio'n ddoeth a gofalus a thosturiol. Rydym yn drwm yn eu dyled.

Yr hyn a'm gyrrodd ar y trywydd yma'r bore 'ma oedd i ni glywed ddoe bod Dr David Moor, y meddyg o Newcastle, wedi ei gael yn ddieuog o lofruddiaeth. Y cyhuddiad yn ei erbyn oedd iddo roi gormod o gyffur i hen ŵr 85 oed oedd yn marw'n boenus o gancr. Wrth roi dôs o Diamorphine iddo, prysurodd ryw gymaint ar ei ddiwedd. Er nad oedd gan deulu'r claf na neb o'i gleifion eraill ddim ond gair da i'r meddyg a chanmoliaeth uchel i'w ddawn a'i ofal, cafodd ei hun yn wynebu cyhuddiad o lofruddiaeth.

Wedi'r ddedfryd, ac wrth ddiolch am gefnogaeth y cyhoedd, dywedodd David Moor ei fod ef fel pob meddyg arall yn cerdded ffin denau rhwng dileu poen a phrysuro dyfodiad angau. Ond tra mai'r bwriad yw lleddfu poen, dydy'r weithred ddim yn erbyn y gyfraith.

Y bwriad sy'n gwneud lleddfu poen yn weithred dderbyniol, ac fe ddywedwn i, yn fwy na derbyniol – yn brydferth, yn dosturiol ac yn dda, yn enwedig yn achos rhywun sy'n nesu at ddiwedd y daith.

Ie, diolch am fwriadau da. Maent yn dod â rhywfaint o obaith a synnwyr i fyd creulon, didostur. Bwriadau da sy'n symbylu miloedd o bobl yr wythnos hon i gasglu i Gymorth Cristnogol. Bwriadau da sy'n peri i bobl fod yn gymdogion caredig ac yn ffrindiau ffyddlon. Bwriadau da hefyd sy'n ein gwneud i gyd, meddygon, nyrsys, chi a minnau, yn gyfryngau i gariad iachaol y Meddyg Da ei hun.

12 Mai 1999

Agor y Cynulliad

Heddiw bydd clamp o barti na welwyd erioed mo'i debyg o'r blaen yng Nghymru. Agoriad swyddogol y Cynulliad yw'r achos, wrth gwrs. Bydd yn dechrau gyda gwasanaeth yng Nghadeirlan Llandaf, yna bydd yr agoriad swyddogol ym mhresenoldeb y Frenhines. Ydi, mae'n addo bod yn barti mor dda fel ei bod hithau hefyd wedi penderfynu dod yr holl ffordd o Lundain. Wedyn, gyda'r nos, bydd cyngerdd yn cynnwys ugeiniau o leisiau talentog Cymru.

Ond nid dathlu agor y Cynulliad yn unig fyddwn ni, ond llawer, llawer mwy. O gael Cynulliad mae rhywbeth wedi digwydd i ni fel pobl. Rydym wedi darganfod ein hunain, wedi magu hyder, ac wedi sylweddoli bod gennym gymaint i fod yn falch ohono.

Teitl y cyngerdd heno yw 'Lleisiau Cenedl', ac mae'n deitl arwyddocaol. Cawn glywed lleisiau ugeiniau o artistiaid o bob math: Tom Jones, Shirley Bassey, Siân Phillips, Philip Madoc, Michael Ball, Dennis O'Neill, a llawer mwy. Yn ogystal â gwrando ar leisiau'r perfformwyr, mae'n bwysig ein bod yn gwrando hefyd ar leisiau pawb sydd wedi'n gwneud yr hyn ydym ni, a phawb sydd â chyfraniad i'n dyfodol ni.

Lleisiau'n gwleidyddion (a diolch eu bod nhw'n sôn am steil newydd o wleidydda a fydd yn osgoi llawer o'r cecru a'r ffraeo fu yn y gorffennol). Lleisiau'n pobl ifanc – mae'n bwysig iawn gwrando ar eu gobeithion nhw. Lleisiau'r merched, gan ddiolch eu bod bellach yn dweud eu dweud ym mhob cylch o'n bywyd. Lleisiau'n llenorion a'n beirdd. Ond peidiwn ag anghofio chwaith leisiau'n gorffennol: y rhai fu'n ymdrechu i ddiogelu'n bywyd a'n hiaith mewn capel ac Ysgol Sul a chymdeithas lên a steddfod, ymhell cyn bod sôn am gyfryngau modern. Beth am leisiau arloeswyr wedyn, yn enwedig y rhai a osododd seiliau addysg trwy gyfrwng y Gymraeg? Mae gennym ormod o ddyled o lawer i leisiau ddoe i'w dilorni a'u hanwybyddu.

Yn bwysicach na dim, gwyliwn nad ydym yn gwneud cymaint o sŵn ynghanol ein dathlu fel nad ydym yn clywed y 'llef ddistaw fain' – llais Duw a'n gwnaeth ni'n genedl ac a roddodd i ni'r gwerthoedd ysbrydol hynny fu'n gymaint rhan o'n hanes a'n cynhysgaeth. Mae mwy o angen nag erioed o'r blaen i ni wrando ar y llais dwyfol, dirgel. Hwn fedr ein helpu i wneud synnwyr o'n bywyd a'n bodolaeth a dangos i ni'r ffordd ymlaen.

26 Mai 1999

Codi Pontydd

Mae Joanna Lumley wedi cael syniad yn ei phen y dylid coffáu'r ddiweddar Dywysoges Diana trwy godi pont ar draws afon Tafwys a honno'n bont bedestraidd o wydr a dur gyda choed a pherthi yn tyfu arni. Gan fod Joanna'n troi mewn cylchoedd dethol ac wedi bod yn dipyn o fêts â Diana mae wedi llwyddo i ennill cefnogaeth rhai pobl o bwys i'w bwriad uchelgeisiol.

Beth bynnag sydd i'w ddweud o blaid neu yn erbyn ei chynllun, y mae iddo ryw werth symbolaidd gan ei fod yn ein hatgoffa pa mor bwysig yw codi pontydd yn y cyfnod sydd ohoni.

Bu Tony Blair wrthi'n brysur yng Nghynhadledd y Blaid Lafur yr wythnos ddiwethaf yn ceisio codi pontydd rhwng gwahanol garfannau o fewn ei blaid a rhwng ei blaid a'r etholwyr yn gyffredinol. Yr wythnos hon bydd William Hague yntau yn gwneud ei orau glas i gyrraedd at y miliynau sydd wedi cefnu ar y Blaid Dorïaidd er yr etholiad diwethaf.

O edrych ar gyflwr y byd, yn Nwyrain Timor, Gogledd Iwerddon, Kosovo, Chechnya a'r Dwyrain Canol, gwelwn fod pobl yn ymrannu'n fras rhwng y rhai sy'n ceisio codi pontydd a'r rhai sy'n benderfynol o'u chwalu. A Chwpan Rygbi'r Byd yn llenwi'r ffurfafen y mae mwy nag un wedi sôn am bwysigrwydd chwaraeon i'r dasg o ddwyn gwledydd y byd yn nes at ei gilydd.

Ond beth bynnag am ymdrechion gwleidyddion a chwaraewyr rygbi, y pontydd pwysicaf yw'r rhai yr ydych chi a minnau yn eu codi, neu yn eu dymchwel, yn ein hymwneud â'n gilydd ar lefel bersonol. Mae gair croes, agwedd biwis, feirniadol a hen dro gwael yn gallu ffrwydro pont sicr â llond trol o ddeinameit. Cariad, maddeuant a dyfalbarhad yw'r defnyddiau sydd eu hangen i godi pontydd rhyngom a phobl eraill.

4 Hydref 1999

Pobl Nid Rhifau

Pan dorrodd y newydd gyntaf am ddamwain erchyll Gorsaf Paddington bron i wythnos yn ôl, rhifau oedd yn cael sylw. 26 oedd y rhif cyntaf a gyhoeddwyd o'r nifer gafodd eu lladd. Ymhen ychydig oriau roedd y rhif wedi codi i 31, a chyn diwedd y dydd cawsom wybod bod, o bosib, gymaint â 50 ychwanegol mewn un cerbyd oedd wedi'i losgi'n ulw.

Ymhen tridiau roedd y rhifau wedi rhoi lle i enwau fel y daeth mwy o wybodaeth am y rhai a laddwyd. Tros y dyddiau diwethaf trodd yr enwau'n bersonau, a'r personau yn gymeriadau real – yn wŷr a gwragedd, yn dadau a mamau, yn blant, yn gariadon, yn frodyr ac yn chwiorydd. Simon Wood, gweithiwr elusen, a aeth o'i dŷ yn dawel rhag styrbio'i wraig a'i ddwy ferch fach oedd yn dal i gysgu. Juliet Groves, cyfrifydd, wedi cychwyn yn gynnar o gartre'i rhieni yn Swydd Caerloyw, lle bu'n bwrw'r Sul. Roger Brown, peiriannydd o Poplar, y dywedodd ei gariad amdano, 'Roedd yn ddyn da – y gorau yn y byd.' Ac wedyn roedd y blodau a'r negeseuon a adawyd wrth ymyl y rheilffordd, llawer ohonynt mewn ysgrifen plant: 'Lle'r wyt ti, Dadi, rydan ni'n dy garu di.'

Y cyfeiriadau personol yma sy'n argraffu arnom wir natur y trychineb, oherwydd pobl sy'n cyfrif, nid rhifau. Mae angen ein hatgoffa o hynny mewn oes pan mae cymaint o bwys yn cael ei roi ar ystadegau a rhifau, ar graffau a chyfrifon. Mae lle i ofni mai ffigyrau a chostau fu'n gyfrifol am yr oedi cyn gosod systemau diogelwch mwy effeithiol ar y rheilffyrdd.

Fedrwn ni ddim ond gobeithio y bydd ymwybod â natur bersonol trychineb Paddington – y tor calon, yr hiraeth, y gwacter ar aelwydydd, yr unigrwydd a'r dagrau – yn symbylu'r awdurdodau i roi pobl a'u diogelwch o flaen costau a chyfrifon. Dysgodd Iesu nad oes dim byd yn bwysicach yn y byd hwn nag urddas a gwerth personau. Ond dyna wers nad ydym eto wedi ei dysgu'n llawn.

11 Hydref 1999

Dwy Ferch Ifanc a Chymru

Merch ifanc o Gymraes ddwy ganrif yn ôl yn cerdded chwe milltir ar hugain yn droednoeth i chwilio am Feibl. Merch ifanc ym Mozambique ddoe yn rhoi genedigaeth i ferch fach ar frigau uchaf coeden uwchben y dilyw oedd wedi boddi ei chartref a'i phentref. Beth yw'r cysylltiad rhwng y ddwy?

Y Gymraes ifanc wrth gwrs oedd Mary Jones. Dau gan mlynedd yn ôl i eleni y gwnaeth hi ei thaith enwog i'r Bala i brynu Beibl oddi wrth Thomas Charles. Yntau wedyn yn dweud ei hanes hi mewn cyfarfod arbennig yn Llundain wrth apelio am Feiblau i Gymru. Ac fe gafodd ymateb. Meddai un gŵr oedd yno, 'Os i Gymru, pam nad i'r byd?' Y canlyniad oedd sefydlu'r Gymdeithas Feiblaidd Frytanaidd a Thramor i ddarparu Beiblau i bob rhan o'r byd.

Ddoe ar Ddydd Gŵyl Dewi roeddem yn dathlu'n hunaniaeth a'n hetifeddiaeth genedlaethol, yn gwneud hynny am y tro cyntaf ar ôl i ni gael Cynulliad, ac yn ymwybodol fod gwawr newydd obeithiol wedi torri ar Gymru. Ond o safbwynt Cristnogol fedrwn ni ddim dathlu'n cenedligrwydd a'n breintiau heb gofio am wledydd lle mae tlodi, dioddefaint a thrychinebau mawr yn darnio bywydau. Os i Gymru, pam nad i Chechnya? Pam nad i Mozambique?

Roedd y ferch a achubwyd o frigau'r coed gan hofrennydd ychydig funudau ar ôl i'w merch fach gael ei geni ymhlith yr ychydig ffodus. Mae miloedd eraill yn disgwyl ar ganghennau'r coed, ar ben eu cytiau bregus ac ar ambell lain o dir sydd eto heb ddiflannu dan ddŵr. Mae dros filiwn wedi eu gadael yn ddigartref a does gan neb eto syniad sawl mil sydd wedi boddi.

Heddiw bydd apêl arbennig yn cael ei darlledu ar ran trueiniaid

Mozambique. Os yw bywyd yn esmwyth i ni, os ydym ni'n mwynhau rhyddid a breintiau, pan nad y gwledydd tlawd? Pam nad y bobl sy'n llythrennol yn glynu gerfydd eu hewinedd wrth unrhyw beth sy'n eu cadw rhag llithro dan y tonnau?

2 Mawrth 2000

Ysbwriel Ein Hoes

I fyny'r ffordd o'n tŷ ni mae arwydd ac arno'r geiriau 'Safle Amwynderau Dinesig' – enw crand am domen sbwriel. Ond nid tomen yn union yw hi chwaith, ond rhes o sgipiau mawr i bobl y cylch daflu eu sbwriel i mewn iddynt. Wrth ochr y sgipiau mae yna res o flychau metal enfawr o wahanol liwiau, a thyllau ynddyn nhw. Un gwyrdd â thyllau crwn i dderbyn poteli; un brown â thyllau llai i dderbyn caniau, ac un glas â thyllau hirsgwar ar gyfer papurau newydd.

Beth sydd yn fy synnu yw pa mor brysur yw'r lle. Yn ddi-ffael bydd yno res o geir gyda'u cistiau ar agor a'u gyrrwyr yn disgwyl i ddadlwytho'u gwastraff. Arwydd o'n cymdeithas foethus yw ein bod yn prynu, yn defnyddio ac yn cael gwared ar gymaint o bethau. Does dim terfyn ar y pethau yr ydym yn barod i'w taflu.

Glywsoch chi echdoe fod adeilad yn ninas Hamburg sydd â thwll yn y wal i dderbyn babanod nad yw pobl eu heisiau nhw? Prin y medrwn i gredu fy nghlustiau pan glywais i'r eitem ar y radio. Ar ôl deall, canolfan iechyd yn ardal golau coch y ddinas sy'n gwneud y ddarpariaeth yma, a hynny oherwydd bod cymaint o fabanod newydd eu geni yn cael eu gadael mewn biniau sbwriel neu wrth ddrysau tai.

Un o effeithiau Cristnogaeth ar yr hen fyd Rhufeinig oedd rhoi terfyn ar yr arfer o dadau yn lladd plant dieisiau neu'n eu gadael mewn mannau cyhoeddus i rywun-rywun eu cymryd a'u magu i fod yn gaethion neu'n buteiniaid. Tybed nad ydym, mewn difrif, yn llithro'n ôl i baganiaeth annynol oes a fu?

Un bore roedd disgyblion Iesu yn dadlau ymhlith ei gilydd pwy ohonynt oedd y pwysicaf a phwy oedd yn teilyngu swydd uchel yn nheyrnas Dduw. Beth wnaeth Iesu ond cymryd plentyn bach a'i roi yn eu canol a dweud, 'Os ydych chi eisiau bod yn fawr mewn gwirionedd, rhaid i chi fod yn debyg i hwn.' I Iesu, y plentyn bach, y diniwed, y gwan a'r diymadferth sydd i gael y flaenoriaeth. Arwydd clir o ble rydym arni fel oes ac fel gwareiddiad yw'r ffordd rydym ni'n trin ein plant, ein henoed a phobl ddiymgeledd ein cymdeithas. Mae rhieni yn rhywle yn eu pryder a'u dagrau yn chwilio am eu plant. Y cwlwm cariad yna yw un o'r pethau gwerthfawrocaf mewn bywyd. Gwae ni os byddwn ni'n eu taflu nhw i'r naill ochr ymysg sbwriel ein hoes faterol.

9 Mawrth 2000

Ail-fyw Profiadau Ddoe

Doedd hi ddim yn hawdd eistedd i lawr neithiwr i baratoi pwt i'w ddweud y bore yma, oherwydd bu Dilys, fy ngwraig, a minnau yn ail-fyw digwyddiadau blwyddyn union yn ôl i neithiwr pan dreulion ni'n dau'r noson gyfan yn eistedd wrth erchwyn gwely fy mam yng nghyfraith yn yr ysbyty. Tua'r amser yma'r bore wedyn, bu farw. Do, bûm yn ail-fyw'r gorffennol. Rydym ni i gyd yn gwneud hynny pan fyddwn yn cofio digwyddiadau ddoe.

Ar nodyn hapusach, bûm rai oriau ynghynt mewn te parti yn dathlu pen-blwydd cylchgrawn y capel – *Shalom* – sy'n 25 mlwydd oed y mis hwn ac sydd wedi ymddangos bob mis yn ddi-dor ers hynny. Roedd hwnnw hefyd yn achlysur i ail-fyw'r gorffennol. Roedd yna ddathlu hefyd yn Southport – dathlu sefydlu'r comic *The Eagle* hanner can mlynedd yn ôl gan Marc Morris, ficer o'r ardal, oedd yn awyddus i weld cyhoeddiad addas i blant yn lle'r sothach oedd yn cyrraedd o America. Roedd yn gomic da hefyd ac yn wahanol i *Shalom* Capel y Groes darfu'r *Eagle* yn 1970, ond gwelodd rhai yn dda i gofio ac ail-fyw'r fenter flaengar honno.

Y dyddiau yma mae'r Pab ar ymweliad â'r Dwyrain Canol ac â'r llecynnau sy'n gysylltiedig â dechreuadau Cristnogaeth, ac eto er mwyn ailddarganfod y gorffennol. Nid hiraeth sentimental am oes a fu yw hyn, ond ffordd o gydnabod bod ddoe yn rhan hollbwysig o'n heddiw. 'Mae eisiau symud ymlaen,' meddech chi, 'mae hon yn oes newydd; does dim eisiau glynu wrth hen bethau.'

Arhoswch funud. A fyddech chi'n taflu eich *antiques* i ffwrdd? Mae hen ddodrefn a hen lestri a hen lyfrau yn mynd yn fwy gwerthfawr wrth fynd yn hŷn.

Pam felly rydym ni mor barod i daflu o'r neilltu ffydd a gwerthoedd ac argyhoeddiadau'r gorffennol? A yw'r rheiny'n llai pwysig na hen ddodrefn? Mae'r atgasedd a'r ymladd yn y Dwyrain Canol sy'n gefndir i ymweliad y Pab yn brawf pendant bod angen o hyd neges Iesu a ddaeth i'r byd 2000 o flynyddoedd yn ôl i'n dysgu sut i fyw mewn cariad a chymod â'n gilydd. Ei genadwri ef fu'n sail i bopeth da yn ein hanes a'n gwareiddiad ni ers hynny.

23 Mawrth 2000

Achub y Sêr Môr

'Pam mae cymaint o grefyddwyr yn grancs, dudwch?' Nid gofyn hynny i chi rydw i, ond dyna'r cwestiwn gefais i ddoe gan rywun oedd wedi ei syfrdanu gan hanes arweinydd gorffwyll y sect grefyddol honno yn Uganda lle cafwyd hyd i gannoedd o gyrff, naill ai wedi eu llofruddio neu wedi cyflawni hunanladdiad.

Mae'n debyg eu bod wedi disgwyl diwedd y byd ar droad y mileniwm a gan nad oedd hynny wedi digwydd, eu bod nhw, neu eu harweinydd, wedi penderfynu rhoi diwedd arnynt eu hunain. Os nad oedd byd newydd yn dod i gymryd lle'r byd llygredig hwn, yna roedd yn rhaid dianc ohono cyn gynted â phosibl.

Mae llawer ohonom yn ceisio dianc. Nid mewn ffordd mor erchyll efallai, ond medrwch ddianc i afael cyffuriau, neu alcohol, neu fynd ar fordaith i ben draw'r byd. Wedi'r cwbl, mae'r problemau o'n cwmpas mor enfawr fel eu bod y tu hwnt i'n gallu ni i wneud dim ynglŷn â nhw – trychineb Mozambique, cyflwr enbyd pobl Chechnya, tensiynau gwleidyddol a chrefyddol y Dwyrain Canol, methiant y broses heddwch yng Ngogledd Iwerddon.

Ble bynnag y trown mae problemau'r byd fel petaen nhw'n drech na ni. Beth yn y byd mawr fedrwn ni ei wneud? Dianc fel eithafwyr crefyddol Uganda? Ymgolli fel junkie yn ffantasïau canabis a heroin? Insiwleiddio'n hunain yn ein cyfoeth a'n moethusrwydd?

Dydd Sadwrn diwethaf yn y *Times* roedd gan y Rabbi Jonathan Sacks stori dda am hen ŵr yn cerdded traeth ac yn gweld dyn ifanc yn codi sêr môr o'r tywod a'u taflu i'r môr. 'Pam wyt ti'n gwneud hynna?' gofynnodd yr hen ŵr. 'Mae'r traeth yma'n filltiroedd o hyd ac mae yna filoedd o sêr môr ar y tywod. Pa wahaniaeth fedri di wneud?'

Cododd y gŵr ifanc seren fôr arall a'i thaflu i'r môr. 'Wel,' meddai, 'rydw i wedi gwneud gwahaniaeth i honna beth bynnag!'

Na, fedr yr un ohonom ddatrys pob problem, nac unioni pob cam dan haul, ond medrwn wneud rhywbeth fydd yn gwneud gwahaniaeth. Nid dianc yw'r ateb, na chymryd arnom nad yw'r problemau yn bod. Beth am edrych i lawr i weld a oes sêr môr wrth ein traed? Os oes, beth am eu codi a dechrau gwneud ychydig bach o wahaniaeth i'r hen fyd yma o'n cwmpas?

30 Mawrth 2000

Delwedd Newydd i Fyddin yr Iachawdwriaeth

'Na, dydw i ddim eisiau'ch arian chi. Chwilio am wraig ydw i!' Dyna oedd y geiriad o dan gartŵn yn y papur echdoe – cartŵn yn dangos swyddog o Fyddin yr Iachawdwriaeth a thun casglu yn ei law yn siarad â gwraig mewn tafarn. Doedd y cartŵn na'r geiriad ddim yn gwneud fawr o synnwyr heb i rywun ddarllen yr eitem oedd ar yr un dudalen. Wrth ddarllen gwelir bod Byddin yr Iachawdwriaeth wedi penderfynu llacio rhai o'i rheolau, gan gynnwys hen, hen reol yn dweud bod yn rhaid i swyddog briodi â swyddog arall, a hynny er mwyn i ŵr a gwraig allu cydweithio o fewn y weinidogaeth. Un o gyfres o newidiadau yw hwn sy'n ymgais i ddiweddaru rhywfaint ar ddelwedd y Fyddin.

Wrth gwrs, mae delwedd yn bwysig mewn crefydd, fel ym mhopeth arall. Fe sylweddolodd William Booth, sylfaenydd Byddin yr Iachawdwriaeth, hynny pan sefydlodd y mudiad 135 mlynedd yn ôl. Doedd o'i hun ddim yn or-hoff o iwnifforms a'r patrwm milwrol nes iddo weld eu bod nhw'n creu delwedd oedd yn ennill sylw pobl at eu gwaith a'u neges fel byddin.

Yr hyn oedd yn syndod i mi oedd fod rhai o'r papurau dyddiol trwm yn cymryd cymaint o ddiddordeb yng nghynlluniau ad-drefnu'r Fyddin. Roedd dwy ysgrif ac eitem olygyddol yn y *Times*, er enghraifft. Fedrwn i ddim eu dychmygu nhw yn cymryd y sylw lleiaf o gynlluniau y rhan fwyaf o enwadau llawer mwy eu maint. Wrth gwrs, roedd rhai o'r sylwadau'n nawddoglyd ac yn tueddu i wneud sbort am ben y bandiau, yr iwnifforms, y pregethu awyr-agored, a'r ymweliadau â'r tafarnau, ond o dan y cyfan roedd rhywun yn synhwyro parch real at fudiad sy'n dal i wneud cymaint i helpu pobl dan draed.

Yn wahanol i gymaint o'u beirniaid soffistigedig mae aelodau Byddin yr Iachawdwriaeth yn bobl gyffredin, ddirodres a di-lol yn mynegi ffydd fyw a diffuant. Yn fwy na dim, maen nhw'n gwbl ymroddedig yn eu help i'r rhai sydd ar ymylon cymdeithas ac ar waelod y domen – y rhai y mae'n well gan y rhan fwyaf ohonom ni gymryd arnom nad ydyn nhw'n bod. Ond maen nhw'n bod – ac maen nhw ar gynnydd hefyd – dyna ddagrau pethau mewn cymdeithas sydd â bwlch enfawr i lawr ei chanol hi rhwng y tlawd a'r cyfoethog. Tra bod aelodau Byddin yr Iachawdwriaeth yn llwyddo i gyrraedd y rhain, maen nhw'n llwyddo hefyd i gyfeirio pobl at ŵr di-lol, dirodres arall y dywedwyd amdano yntau iddo fynd o amgylch gan wneud daioni a bod yn ffrind i bechaduriaid.

1 Medi 2000

'Fed up' ac yn y Felan

Wn i ddim a ydy Saeson o ran natur yn fwy tueddol i deimlo'n ddiflas a rhwystredig na ni'r Cymry, ond ydych chi wedi sylwi mai geiriau Saesneg rydym ni'n eu defnyddio pan ydym ni yn y felan. Mae'r gair 'boring' wedi bod yn rhan o eirfa pobl ifanc ers blynyddoedd, ac ymadrodd sy'n gyffredin iawn yn ein sgwrs ni, bobl hŷn, ydy 'Dwi'n fed up!' Rydym ni'n mynd yn 'fed up' efo gwaith, yn 'fed up' efo pobl, yn 'fed up' efo'r brobem yma a'r broblem arall.

Mae teithwyr yn Ffrainc wedi mynd yn 'fed up' efo'r lorïwyr a'r gyrwyr tacsi sy'n tagu'r ffyrdd yn eu protest yn erbyn prisiau tanwydd. Mae'r papurau dyddiol yn 'fed up' efo'r Dôm yn crefu am fwy o arian eto. Mae Mo Mowlam wedi mynd yn 'fed up' efo gwleidyddiaeth ac wedi penderfynu gwneud rhywbeth amgenach. Mae'n siwr y bydd rhywun neu rywbeth wedi'ch gwneud chi a minnau hefyd yn 'fed up' cyn diwedd y dydd heddiw.

Mae yna ddau beth sydd yn achosi'r math yna o ddiflastod. Un yw'r pethau sy'n digwydd i ni sy'n drysu'n cynlluniau a'n gobeithion, ac mae'r rheiny fel arfer tu allan i'n rheolaeth ni. Yr ail beth yw'n hymateb ni i'r hyn sy'n digwydd, ac mae hwnnw'n dibynnu arnom ni ein hunain, ein hagwedd meddwl ac ar hynny o amynedd a gras a serennedd sydd ynom ni. Mae rhai a gollan eu limpyn ar y peth lleiaf, neu mi ddisgynnan dros eu clustiau i ddigalondid. Mae eraill wedyn sydd yn medru wynebu siom a diflastod yn dawel, yn rasol ac yn amyneddgar.

Roedd seiciatrydd yn y papur echdoe yn dweud wrthym ni beth i'w wneud pan ydym ni'n teimlo'n 'fed up'. Roedd ganddo ugain o gynghorion. Dyma rai ohonyn nhw – bwytewch ddarn o siocled tywyll (mae yna ryw gemegyn yn hwnnw sy'n ein helpu i ymlacio, medda fo); ewch allan am dro; ewch i gael sgwrs efo ffrind; gwrandewch ar y seiniau o'ch cwmpas chi yn yr awyr agored; ewch i ymweld â rhywle tawel, tangnefeddus; ewch ati i dacluso cwpwrdd; rhowch flodau ar eich desg neu ar fwrdd y gegin. Af i ddim trwy'r rhestr i gyd. Ydyn, maen nhw'n gynghorion digon syml, ond sylwoch chi eu bod nhw i gyd yn ffyrdd o'n troi ni allan ohonom ni'n hunain tuag at rywun neu rywbeth neu rywle arall?

Does dim sy'n ein gwneud ni'n fwy 'fed up' nag edrych i mewn i ni'n hunain a theimlo hunandosturi. Mae yna baradocs amlwg iawn yn nysgeidiaeth Iesu. Fe ddywedodd o mai wrth anghofio'r hunan y mae cael hyd i'r hunan, ac wrth feddwl am bobl eraill y mae canfod hapusrwydd.

8 Medi 2000

Hollywood yn dod i Rhyl

Echnos daeth enwogion o fri o bell ac agos, rhai o cyn belled â Hollywood, i dref y Rhyl, a hynny ar gyfer Premiere Prydeinig un o ffilmiau mwyaf Hollywood am eleni: *Me, Myself & Irene*. Y rheswm dros ddangos y ffilm am y tro cyntaf yn y Rhyl, o bobman, yw mai hogyn o'r dre ydy Paul Higginson, is-lywydd Twentieth Century Fox. Roedd yr achlysur yn destun syndod hyd yn oed i bapurau trymion Llundain.

I mi, wedi fy magu o fewn tafliad carreg i'r lle, roedd Hollywood yn dod i'r Rhyl bob nos Sadwrn pan oeddwn i'n hogyn ysgol. Uchafbwynt wythnos oedd dal y bws chwech, cyfarfod â'r mêts, crwydro'r Stryd Fawr i gyfeiriad y Prom, colli'n ceiniogau yn y bandits un-fraich cyn troi i mewn i gynhesrwydd myglyd yr Odeon neu'r Regal i wylio David Crockett yn amddiffyn yr Alamo, neu rowlio chwerthin at gampau digri Laurel and Hardy, neu ryfeddu at brydferthwch Katharine Hepburn.

Yna platiad o bysgod a sglodion cyn dal y bws deg am adre. Chaem ni ddim mynd ar gyfyl yr un dafarn; chlywsom ni erioed sôn am gyffuriau, a mater i chwilfrydedd a dychymyg yn unig oedd rhyw. Ond roedd yr ychydig oriau diniwed hynny yn dwyn yr anghyffredin i ganol y cyffredin, y rhyfeddol i ganol y cyfarwydd, gogoniannau Hollywood i foelni'r Rhyl. Roedd rhaid styrio bore wedyn i gyrraedd y capel erbyn deg a'r Ysgol Sul yn y pnawn.

Byd gwahanol, diwylliant gwahanol, iaith wahanol i iaith y sgrin arian. Eto, ddim mor wahanol chwaith. Yno fe ddysgom ni am y gŵr o Nasareth a deall ei fod yntau wedi dysgu pobl i weld yr anghyffredin yn y cyffredin. Soniodd am heuwr yn hau ei had, am fugail yn colli dafad, am fachgen drwg yn hel ei draed i wlad bell, am ryw ŵr yn cael ei fygio ar y ffordd o Jerwsalem i Jericho. Wrth sôn am y profiadau bob dydd hynny fe ddysgodd bobl beth oedd Teyrnas Dduw, fod gan Dduw gonsýrn am bobl ar goll, a'i fod yn barod i faddau i hogiau drwg oedd yn syrthio ar eu bai. Na, doedd dim byd crefyddol fel y cyfryw mewn mynd i'r Rhyl i'r pictiwrs ar nos Sadwrn, ond beth yw ystyr bod yn grefyddol ond ymdeimlo â dimensiwn ysbrydol, anweledig i bethau bob dydd – gweld daioni mewn cymwynasau bach caredig, gweld rhyfeddod yn wyneb plentyn bach, gweld sancteiddrwydd yn disgleirio trwy brydferthwch natur. Mae profiadau fel yna o fewn ein cyrraedd ni i gyd bob dydd, a thrwyddyn nhw nid Hollywood ond y nefoedd ei hun sy'n dod i'r Rhyl neu i ble bynnag rydych chi a minnau'n digwydd byw. Pwy a ŵyr, efallai y cewch chi gipolwg arno fo heddiw.

22 Medi 2000

Cadw'r Ffiniau

Mis yn ôl roeddem ni'n symud tŷ, a dyna fusnes yw mudo. Mae yna gant a mil o bethau i'w trefnu – beth i'w gadw a beth i'w daflu, beth i'w wneud â'r peth yma a'r peth arall, heb sôn am yr holl faterion ariannol a gweinyddol a chyfreithiol sy'n galw am sylw.

Yn ôl gweithredoedd y tŷ newydd, fi sy'n gyfrifol am gadw'r ffin rhyngom ni â phobl drws nesa ar un ochr, a'r cymdogion drws nesa yr ochr arall sy'n gyfrifol am gadw'r ffin rhyngddyn nhw a ni. Wrth gwrs, mi fydda i'n barod iawn i gydymffurfio â hyn, nid yn unig er mwyn taclusrwydd, ond oherwydd nad ydw i, ddim mwy na chwithau, am weld pobl ddieithr yn trampio dros ein lawnt newydd neu'n amharu ar ein preifatrwydd. Ond rydw i'n eithaf ffyddiog, o adnabod ein cymdogion newydd, na fydd y clawdd terfyn yn achos helynt o unrhyw fath.

A dyna yw'r gamp – cadw'r ffin heb greu gelyniaeth. Mae'r holl helyntion sydd wedi llenwi'r newyddion yr wythnos hon wedi bod ynglŷn â phobl yn ceisio diogelu ffiniau, ond hynny'n achosi atgasedd a therfysg – Protestaniaid yng Ngogledd Iwerddon yn gwrthwynebu i blant a rhieni gerdded trwy eu tiriogaeth i gyrraedd ysgol Babyddol; Iddewon a Phalestiniaid yn dal i ymladd dros ffiniau eu cynefin hwythau.

Yr un yw'r broblem yn y bôn, ac mae hi'n broblem enbyd o gymhleth. Ar y naill law mae cadw'r ffiniau yn bwysig. Mae gan bawb hawl i'w gynefin. Mae lle rydym ni'n byw a lle rydym ni'n perthyn, boed yn genedl, yn fro neu'n gartref preifat, yn rhan annatod o'r hyn ydym ni. Mae ein hunaniaeth ni ynghlwm wrth dir ac ardal a lle, wrth ddiwylliant, iaith a chrefydd. Y ffiniau sy'n dynodi amrywiaeth gyfoethog y ddynoliaeth ac yn marcio'r tiriogaethau yr ydym ni'n perthyn iddyn nhw.

Mae'r broblem yn codi pan mae amddiffyn ffiniau yn arwain at atgasedd, hiliaeth ac ymladd. Er bod crefydd yn cael y bai yn aml am greu ffiniau a meithrin atgasedd, y gwir yw mai crefydd sy'n ein herio ni i fyw'n gyfrifol ac yn frawdol yn y tyndra hwn rhwng cadw'r ffin a chadw'r heddwch.

7 Medi 2001

Presgripsiwn Iesu

Ydy'r llythrennau PTSD yn golygu rhywbeth i chi? Mae'n siŵr nad ydyn nhw ddim, os nad ydych chi'n digwydd bod yn seicolegydd. PTSD yw Post Traumatic Stress Disorder. Yn ôl yr ysgrif yn y papur ddoe, mae yna nifer fawr o bobl yn dioddef oddi wrth y cyflwr o ganlyniad i'r trychineb yn America yr wythnos ddiwethaf.

Ar ben hynny, mae yna bryder cyffredinol wrth i bobl ddisgwyl clywed sut a pha bryd y bydd yr Americanwyr – a Phrydain wrth eu sodlau nhw – yn lansio'u rhyfel yn erbyn terfysgaeth. Mae'r gair 'rhyfel', sydd wedi bod ar wefusau Bush a Blair ers dyddiau, yn codi arswyd arnom ni.

Mae effeithiau'r pryder yma i'w gweld mewn sawl cyfeiriad – cynnydd yn y nifer sy'n mynd at feddygon i gael rhywbeth i dawelu eu nerfau, pobl yn ofni hedfan, llai yn mynd i wylio pêl-droed a mynychu campfeydd, rheolwr tîm Lerpwl hyd yn oed yn datgan ei fod wedi colli blas ar y gêm; ac mae seicolegwyr yn sôn bod arwyddion o bryder torfol yn ymledu.

Rhywbeth personol yw pryder, yn effeithio ar feddwl ac ysbryd yr unigolyn, ac y mae gan bob un ohonom ni rywfaint o brofiad ohono. Fe all fod yn bryder ynglŷn ag arian, neu gyflwr iechyd, pwysau gwaith neu broblem deuluol, a'r pryder hwnnw'n ein cadw ni'n effro yn y nos ac yn hongian drosom ni fel cwmwl du yn ystod y dydd. Mae'n ddigon naturiol i ni, yn y cyflwr digalon yna, fynd at feddyg am help. Ond gaf i eich atgoffa chi o bresgripsiwn ar gyfer pryder a gynigiwyd gan Iesu o Nasareth. Dyma i chi rai pethau sydd ar ei bresgripsiwn o: 'Peidiwch â phryderu am yfory, digon i'r diwrnod ei drafferth ei hun.' Hynny yw, dysgwch fyw yn llawn yn y presennol. Mae llawer o'n pryderon ni'n codi oherwydd ein bod ni'n colli rhin a gwefr y foment bresennol. Dyma i chi beth arall: 'Ceisiwch yn gyntaf deyrnas Dduw a'i gyfiawnder ef.' Ystyr hynny yw, rhowch drefn ar eich blaenoriaethau. Rhowch y pethau pwysicaf yn gyntaf – gwerthoedd ysbrydol, cariad a gofal am ein gilydd, byw yn heddychlon – a pheidiwch â thrafferthu cymaint ynglŷn â'r manion bethau materol. Peth arall wedyn: 'Y mae eich Tad nefol yn gwybod beth sydd ei angen arnoch.' Mewn geiriau eraill, rhowch eich hun yng ngofal Duw. Os yw pryder yn eich blino chi heddiw beth am roi cynnig ar bresgripsiwn y Meddyg Mawr ei hun.

21 Medi 2001

Gwneud Fel Pawb Arall

'Cyfrwng a all ddwyn undod, heddwch a ffyniant economaidd i wledydd Ewrop.' Dyna ddywedodd y Pab am yr Ewro yn ei neges blwyddyn newydd. Dweud go fawr. Ond os yw'n iawn, mae hwnna'n rheswm cryfach na phum amod Tony Blair gyda'i gilydd dros i Gymru a Phrydain fabwysiadu'r arian newydd ar unwaith. Ddoe fe glywsom ni ailadrodd drosodd a thro'r dadleuon o blaid ac yn erbyn cydymffurfio â'r deuddeg gwlad Ewropeaidd arall sydd wedi cefnu ar eu hen arian ac wedi cofleidio'r newydd. Ond o'r holl ddadleuon o blaid, ac y mae nifer ohonynt, y wannaf ohonynt i gyd yw y dylai Prydain dderbyn yr Ewro am fod pawb arall yn gwneud. Mae hynny'n nodweddiadol o'n hagwedd tuag at gymaint o bethau. Cawn ein cyflyru i gydymffurfio a dilyn y dyrfa.

Dyna sy'n creu ffasiwn, yn enwedig mewn dillad a dodrefn a ffordd o fyw. Wnaiff hi mo'r tro i fod yn wahanol, ac mae bod yn henffasiwn, neu allan o ffasiwn, yn gwneud unrhyw un yn destun sbort a dirmyg. Dyna hefyd sy'n penderfynu beth sy'n dderbyniol fel ymddygiad moesol. Faint o bobl ifanc sy'n dadlau, 'Ond Dad, dyna mae pawb arall yn ei wneud.' A dyna, wrth gwrs, sy'n penderfynu beth sy'n 'cŵl' – barn y mwyafrif, a honno wedi'i chreu gan hysbysebion a phwerau masnachol.

Ond yr hyn a anghofiwn yw mai pobl ydym ni â'r hawl a'r urddas gennym i benderfynu'n gall drosom ein hunain beth sy'n iawn a beth sy'n chwaethus ac yn gyfrifol. Rwy'n hoff o'r stori fach honno am y bachgen ysgol oedd yn cael anhawster mawr i wneud symiau. O gofio'i fod yn byw ar ffarm mae ei athrawes yn meddwl am ffordd i'w helpu. 'Huw,' meddai, 'dychmyga fod gan dy dad ugain o ddefaid mewn cae. Mae un yn mynd trwy dwll yn y clawdd, faint sydd ar ôl?' 'Dim un,' meddai Huw. 'O diar,' meddai'r athrawes, 'dwyt ti'n dallt dim ar symiau!' 'Falle'n wir,' meddai Huw, 'ond rydw i'n dallt defaid!'

Defaid sy'n dilyn ei gilydd, ac mae yna dipyn go dda o dwpdra'r ddafad yn y natur ddynol. A ninnau ar ddechrau blwyddyn newydd mae'n werth gofyn pwy neu beth rydym ni am ei ddilyn i'r dyfodol. Y bobl orau rydw i wedi'u hadnabod yw'r rhai sy'n gwneud eu gorau i ddilyn gŵr ifanc o Nasareth a ddywedodd, 'Canlyn fi.' Mi fentra i ddweud, pe baem ni'n ymateb i'w wahoddiad byddai hon yn flwyddyn newydd dda mewn gwirionedd.

3 Ionawr 2002

Arweinwyr Da

Y bore o'r blaen roedd cartŵn yn y *Times* yn dangos gŵr mewn gwisg esgobol yn defnyddio'i fugeilffon i daro peli golff ar draws carped ei stydi; dau glerigwr yn ei wylio, a'r naill yn dweud wrth y llall, 'Mae'n amlwg fod yr archesgob yn paratoi ar gyfer ei ymddeoliad!' Erbyn hyn mae'r dyfalu drosodd, a sut bynnag y bydd o'n llenwi'i amser ar ôl rhoi heibio'i fagad gofalon, mae'r Archesgob George Carey wedi cyhoeddi y bydd yn ymddeol yn yr hydref. Roedd sawl ymddeoliad arall yn y newyddion ddoe – Dafydd Wigley, Cynog Dafis a Phil Williams – hwythau'n penderfynu rhoi'r gorau iddi. Ac fe fydd colled aruthrol ar eu holau, nid yn unig o fewn Plaid Cymru a'r Cynulliad ond o fewn gwleidyddiaeth yn gyffredinol. Mae rhai wedi awgrymu tybed a fydd y Frenhines hefyd yn rhoi'r ffidil yn y to ar ôl iddi ddathlu jiwbilî ei choroni.

Mae'r holl sôn am ymddeol a'r dyfalu pwy fydd yn olynwyr i'r rhai sy'n ymadael yn naturiol yn codi cwestiynau ynglŷn â natur arweinyddiaeth. Beth sy'n gwneud arweinydd da mewn byd neu eglwys? Ai person sy'n fwrlwm o syniadau newydd sbon? Ai un fydd yn gadarn a digyfaddawd, yn mynnu'i ffordd ei hun, costied a gostio? Ai rhywun saff, heb fod yn rhy flaengar, fydd yn cadw'r ddysgl yn wastad rhwng y gwahanol garfanau heb dramgwyddo neb? Mae un peth yn sicr, fedr yr un arweinydd, boed yn arweinydd plaid neu enwad, yn bennaeth cwmni neu'n brifathro ysgol, yn gapten tîm neu'n weinidog eglwys, lwyddo heb fedru ysbrydoli pobl eraill ac ennill eu cydweithrediad.

Nodwedd arweinydd da yw, nid ei fod yn mynnu cadw'r awdurdod yn ei ddwylo'i hun, ond ei fod yn sbarduno pobl eraill. Rhaid iddo fod yn alluogwr, yn un sy'n adnabod doniau pobl eraill ac yn rhoi cyfle iddynt ymarfer y doniau hynny. Rhaid iddo fod yn ostyngedig, oherwydd mae pob un gwirioneddol fawr yn berson diymhongar. Rhaid bod yn gymodwr hefyd, yn codi pontydd rhwng pobl ac yn eu hannog i gydymddwyn a chydweithio. Dyna rai, a dim ond rhai, o nodweddion yr arweinydd da. Dyna pam y mae pob teyrn, pob bwli, pob twyllwr, a phob un sy'n dalp o hunanbwysigrwydd, wedi methu erioed.

10 Ionawr 2002

Iris Murdoch

Dwy ffilm ddiweddar sydd wedi gwneud ffortiwn i'w cynhyrchwyr yw *Harry Potter* a *Lord of the Rings*. Efallai i chi fod ymhlith y degau o filoedd a aeth i'w gweld dros wyliau'r Nadolig a'r Flwyddyn Newydd. Roedd y naill fel y llall yn ein cludo, am ddwyawr neu dair, o rigolau undonog bywyd bob dydd i fyd afreal o ffantasi a hud a lledrith.

Yfory fe fydd ffilm arall, hollol wahanol, yn cael ei rhyddhau, sef *Iris* – ffilm sy'n portreadu blynyddoedd olaf y nofelydd a'r athronydd Iris Murdoch a'i dirywiad graddol wrth i glefyd creulon Alzheimer ei bwrw i dywyllwch anghofrwydd a dryswch meddwl. Mae'r ffilm yn seiliedig ar y gyfrol deyrnged iddi gan ei gŵr John Bailey fu'n ei hymgeleddu mor dyner dros y blynyddoedd. Kate Winslet sy'n chwarae rhan Iris fel gwraig ifanc, gyda Judi Dench yn ei phortreadu ym mlynyddoedd ei haeddfedrwydd a'i hafiechyd. Yn ôl yr adolygwyr mae'n gampwaith o gynhyrchiad, yn enwedig sensitifrwydd perfformiad Judi Dench. Meddai un oedd yn adnabod Iris Murdoch yn dda, 'Roeddwn fel petawn i'n gwylio Iris ei hun ar y sgrin.'

Yn sicr, nid yw'r ffilm yma'n ddihangfa oddi wrth realiti creulon bywyd ac afiechyd, ac eto y mae'n bortread o gariad a gofal a thynerwch sy'n trawsnewid y trist a'r poenus. Dyna'r thema sy'n ganolog i feddwl a gwaith Iris Murdoch. Teitl un o'i llyfrau athronyddol yw *The Sovereignty of Good*. Yn y gyfrol honno mae'n dweud nad oes dim dichon gwadu'r drwg sydd yn y byd na'r elfennau tywyllaf yn y galon ddynol. Ond yr hyn sy'n ein cadw rhag suddo i anobaith yw ymwybod â'r da a'r prydferth a'r aruchel. Wrth edrych allan ohonom ein hunain a chanoli ar y pethau hyfryd hudolus sydd o'n cwmpas cawn ein codi o afael anobaith a'r felan. Yn un o'i nofelau, *The Bell*, mae Dora, merch bruddglwyfus, fewnblyg yn sefyll yn y ffenest a'i gofidiau'n pwyso'n dunelli arni. Yn sydyn mae'n gweld gylfinir yn hofran yn yr awyr ac yn cael ei chyfareddu gan ei symudiadau gosgeiddig. Mewn eiliad mae popeth yn newid. Mae'n codi o'i synfyfyrio digalon, hunanol ac yn ymgolli yn yr olygfa o'i blaen. Dyma egwyddor sy'n ein dwyn ni'n agos iawn at galon y ffydd Gristnogol. Wrth anghofio'r hunan, wrth edrych allan oddi wrth ein pryderon mewnblyg at y da a'r dymunol oddi allan i ni y mae dysgu byw yn orchfygol.

17 Ionawr 2002

Newid Ein Milltir Sgwâr Ein Hunain

Pan bregethodd y Cardinal Murphy O'Connor o flaen y Frenhines yn Sandringham y Sul o'r blaen fe ddywedodd stori am bedwar teiliwr yng ngwlad Pwyl a'r pedwar yn cadw siopau yn yr un stryd. Rhoddodd un arwydd y tu allan i'w siop ac arno ei enw, ac oddi tano y geiriau Y Teiliwr Gorau yn y Dre. Dyma'r ail yn gosod arwydd y tu allan i'w siop yntau – ei enw, ac oddi tano Y Teiliwr Gorau yng Ngwlad Pwyl. Penderfynodd y trydydd nad oedd yn mynd i fod ar ei hôl hi, ac fe osododd yntau ei arwydd i fyny – ei enw, ac oddi tano Y Teiliwr Gorau yn y Byd. Sut roedd y pedwerydd teiliwr druan i wella ar hynny? Wel, fe roddodd hwnnw hefyd arwydd i fyny – ei enw, ac oddi tano Y Teiliwr Gorau yn y Stryd Hon. Na, nid achub y blaen ar y tri arall yn unig ond rhoi ei fys ar egwyddor bwysig, sef mai'r ffordd orau iddo'i brofi ei hun oedd trwy fwrw iddi yn ei gylch ei hun. Medrwn newid y byd i'r graddau yr awn ati i newid ein milltir sgwâr ein hunain.

Edwin Regan, Esgob Pabyddol Wrecsam, a ailadroddodd y stori yna mewn gwasanaeth undebol yn y dref hon nos Sul diwethaf i nodi'r Wythnos Weddi dros Undeb Cristnogol gan wneud y pwynt mai'r ffordd orau i weithio tuag at undod yw cydweithio a chlosio at ein gilydd yn ein tref a'n cylch ein hunain.

Does dim diben dweud y drefn am gyflwr y byd heb ein bod yn gwneud ein gorau glas i wella pethau yn yr union fan lle'r ydym. Er gwaethaf pob rhybudd mynnodd trueiniaid Goma oedd wedi ffoi i osgoi'r llosgfynydd oedd wedi dinistrio rhan helaeth o'u dinas – fe fynnon nhw fynd yn ôl i'w cartrefi i achub yr hyn oedd yn weddill o'u heiddo ac i atgyweirio neu ailadeiladu eu tai. 'Fan hyn mae 'nghartref i; yma rwyf i'n perthyn!' meddai un hen ŵr tu allan i weddillion ei dŷ. Roedd ef ynghyd â channoedd tebyg iddo yn barod i ymroi i atgyweirio eu darn bach eu hunain o'r ddinas. Does dim yn mynd i newid er gwell ar raddfa gwlad na chyfandir na byd heb ein bod ni'n barod i ddechrau yn ein stryd ein hunain. Os na fedrwn ni ddod â heddwch i'r byd; os na fedrwn ni wneud dim i ddatrys yr anghydfod gorffwyll rhwng Iddewon a Phalestiniaid; os na fedrwn ni ddod â chymod i Ogledd Iwerddon, fe fedrwn gymodi ymhlith y bobl sydd o'n cwmpas ni – yn ein cartrefi neu'n cymdogaeth neu'n gwaith.

24 Ionawr 2002

Y Ni a Nhw

Rydw i'n cofio poster rai blynyddoedd yn ôl ac arno lun o deigr urddasol ffroenuchel yr olwg. O dan y llun y geiriau, 'I used to be conceited, but now I'm perfect!' A dyna roi bys ar elfen yn y natur ddynol sy'n gyfrifol am gymaint o helyntion yn y byd ac yn ein perthynas ni â'n gilydd.

Wrth gwrs ni fyddai'r un ohonom ni'n meiddio dweud ar goedd ein bod ni'n berffaith, ond rydym yn amharod iawn i gydnabod ein bod ni ar fai hefyd pan fydd pethau'n mynd o chwith. 'Does a wnelo fi ddim byd â'r peth!' 'Dydw i ddim wedi gwneud dim byd!' ' Nid fy nghyfrifoldeb i yw hyn!' Dyna'r amddiffyniad bob tro. A dyna i bob pwrpas oedd cynnwys araith yr Arlywydd Bush ar gyflwr yr Undeb yn Washington y noson o'r blaen. Roedd yr iwfforia a'r bonllefau o gymeradwyaeth rhwng bob yn ail frawddeg wrth iddo sôn am wrhydri America yn brwydro yn erbyn terfysgwyr drwg a pheryglus y byd gyfystyr â dweud, 'Rydym ni'n bobl wych, maen nhw'n ddihirod drwg a pheryglus! Rydym ni i'n canmol, maen nhw i'w condemnio!'

Roedd ei eiriau'n hollol wahanol i'r hyn a ddarllenais i'n ddiweddar gan Americanwr arall. Meddai hwnnw, 'Rydym ni bobl America yn bobl ffeind, caredig a chalon gynnes. Rydym yn ei chael hi'n anodd iawn credu y byddai'n llywodraeth ni byth yn gwneud dim byd drwg. Rydym ni'n sefyll dros ryddid a thegwch a democratiaeth, a phetaem ni'n cael rheoli'r byd i gyd byddai hynny'n beth gwych i bawb. Wn i ddim sut mae chwalu'r myth peryglus hwn.'

Rhag i neb feddwl fy mod yn ymosod yn benodol ar America, ga i brysuro i ddweud ein bod ni i gyd yn tueddu i rannu'r un syniad amdanom ni ein hunain. Rydym ni'n iawn a phawb arall sy'n anghywir. Pobl eraill sy'n gyfrifol am derfysgaeth a thrais, nid ni. Ac eto, ni sy'n gyfrifol am ganiatáu i gyfoeth y byd fod yn nwylo lleiafrif yn y gorllewin ac felly'n caniatáu hefyd i filiynau eraill fyw mewn tlodi enbyd. A does dim byd yn meithrin dicter a therfysg yn fwy nag annhegwch o'r fath.

Ar hyn o bryd mae ymchwiliad yn cael ei gynnal eto i'r hyn a ddigwyddodd 30 mlynedd yn ôl ar y Sul Gwaedlyd (Bloody Sunday) yn Ionawr 1972 yng Ngogledd Iwerddon. Y ffaith nad oes neb wedi bod yn barod i gydnabod ei fai am y trychineb enbyd hwnnw sydd wedi arwain at flynyddoedd o anghydfod ac wedi costio cannoedd ar gannoedd o fywydau. Stori Gardd Eden sydd yma eto: Adda'n rhoi'r bai ar Efa, ac Efa'n rhoi'r bai ar y sarff. Yr un o'r ddau yn barod i dderbyn cyfrifoldeb.

31 Ionawr 2002

Chwarae'n Troi'n Chwerw

Mae pob rhiant yn gwybod fel mae chwarae ymhlith plant yn medru ffrwydro'n sydyn yn ffrae ddigon milain. Fel yna mae plant. Ond, gwaetha'r modd, fel yna mae rhai pobl mewn oed hefyd. 'Mae'r chwarae'n troi'n chwerw a'r gwin yn troi'n sur; / Mae'r wên yn troi'n ddagrau a'r wefr yn troi'n gur.' Ac nid canu am blant y mae Caryl ond am bobl hŷn ddylai wybod yn well.

Ddoe fe gawsom enghraifft drist a brawychus o chwarae'n troi'n enbyd o chwerw wrth i haid o hwliganiaid fynd yn wyllt ulw ar strydoedd Moscow; un person yn cael ei ladd, dros gant yn cael eu hanafu ac eiddo yng nghanol y ddinas yn cael ei ddifrodi. A'r rheswm am yr helynt? Am fod Rwsia wedi colli'i gêm yn erbyn Japan yng ngornest Cwpan y Byd. Gêm wedi mynd mor bwysig fel bod ei chanlyniad wedi peri anhrefn ac anfadwaith. Dyna i chi arwydd clir o oes wedi drysu ei blaenoriaethau ac wedi colli ei gwerthoedd. Nid yn unig fod gêm wedi ennill y fath bwysigrwydd, ond mae'r gwrthwyneb hefyd yn wir – mae pethau pwysig wedi mynd yn gêm.

Mae problem cyffuriau wedi mynd allan o reolaeth yn llwyr am fod pobl wedi mynd i chwarae â bywyd ac â iechyd. Mae cynnydd enfawr mewn achosion o ysgariad am ein bod ni wedi mynd i drin priodas fel gêm, a chwarae â hapusrwydd a dyfodol teulu a phlant. Roedd erthygl yn yr *Observer* ddoe yn sôn am y cynnydd mewn afiechydon peryglus ymhlith pobl ifanc am eu bod nhw'n chwarae'n anghyfrifol â rhyw.

Os ydym ni i chwarae unrhyw gêm yn iawn mae'n rhaid wrth reolau a threfn a disgyblaeth. Mae'r un peth yn wir hefyd os ydym ni i fyw bywyd yn iawn. Mae yna reolau ar gyfer byw. Maen nhw i'w canfod yn Y Deg Gorchymyn ac yn nysgeidiaeth Iesu. Rydw i'n credu y cawn ni lawer gwell hwyl ar fusnes byw, nid wrth chwarae â'r rheolau hynny, ond wrth eu cadw nhw.

10 Mehefin 2002

Padre Pio

Ddoe fe deithiodd cannoedd o filoedd o bobl o bob rhan o Ewrop i Rufain a dod yn un swydd i anrhydeddu gŵr o'r enw Francesco Forgione, fu farw bron i ddeugain mlynedd yn ôl. Pwy oedd hwnnw, meddech chi? Na, nid pêl-droediwr na chanwr pop na seren ffilm ond gwerinwr syml o gefndir tlawd a aeth yn fynach ac a fabwysiadodd yr enw Padre Pio.

Oherwydd ei fywyd syml, dylanwad ei gymeriad sanctaidd a'r honiad iddo gyflawni nifer o wyrthiau iacháu, penderfynodd y Pab Ioan Paul ei ganoneiddio, hynny yw ei gyhoeddi'n sant. O bosib fod y broses o gydnabod person fel sant yn swnio'n ddieithr ac yn od i lawer ohonom ni, ond i mi mae'n gwneud mwy o synnwyr gwneud Padre Pio yn sant na bod y Frenhines yn gwneud Mick Jagger yn Syr. Rydw i'n barod i dderbyn tystiolaeth pobl fel Graham Greene, y nofelydd, a'r Archesgob Murphy-O'Connor sydd wedi mynegi eu hedmygedd mawr o'r gŵr yma a fu'n gryn ddylanwad arnyn nhw.

Y rheswm mae'r Pab yn ei roi am ei ganoneiddio yw ei fod am osod model gerbron pobl heddiw o fywyd da, gwerth ei ddilyn. Rydym ni'n byw mewn oes sy'n efelychu modelau llawer iawn salach. Mae yna filoedd sy'n tybio mai'r peth agosaf i saint heddiw ydy Beckham a Posh Spice!

A beth am y bachgen deuddeg oed hwnnw a siafiodd ei dalcen y dydd o'r blaen er mwyn gwneud ei hun yn debycach i Sven-Göran Eriksson? I mi mae rhywbeth cwbl grotésg mewn gwneud duwiau o bêl-droedwyr sy'n ennill degau o filiynau o bunnoedd mewn byd lle mae wyth gan miliwn o bobl yn newynu.

Symlrwydd, gostyngeiddrwydd a thosturi Padre Pio a'i debyg yw'r unig fodelau sy'n debyg o'n sbarduno ni i greu byd mwy cyfiawn. Cofiwn ei fod yntau wedi efelychu model rhagorach fyth, a hwnnw eto'n werinwr o gefndir tlawd ac o bentref di-nod, sef Iesu o Nasareth.

17 Mehefin 2002

Amod Siarad Doeth

Hanes Robyn Léwis, yr Archdderwydd newydd, gawsom ni neithiwr ar y rhaglen deledu *Portreadau*, a rhaglen dda oedd hi hefyd. Wrth sôn am ei gyfnod fel ymgeisydd seneddol, fe ddywedodd Robyn Léwis na fedrai o byth bythoedd fod wedi eistedd yn dawel ar y meinciau cefn yn gwrando ar bwysigion yn siarad lol. 'Mae gen i un gwendid,' meddai, 'fedra i ddim goddef ffyliaid yn llawen!'

Mae gen i bob cydymdeimlad ag o. Mae'n anodd i ddyn ddal ei dafod o glywed pethau twp yn cael eu dweud a'u penderfynu. Rhaid i bob un ohonom ni benderfynu pa bryd i siarad a pha bryd i gadw'n dawel. Y dydd o'r blaen fe dynnodd Cherie Blair nyth cacwn i'w phen oherwydd sylwadau digon diniwed a wnaeth hi am Balestiniaid ifainc yn cyflawni hunanladdiad. Rhan o broblem y Dwyrain Canol yw fod llawer iawn gormod o bobl yn cymryd ochr – naill ai'n huawdl eu cefnogaeth i'r Israeliaid neu'n mynegi cydymdeimlad â'r Palestiniaid.

Y gwir yw fod y naill ochr fel y llall yn ymddwyn yn hollol farbaraidd a didostur, heb rithyn o barch at fywyd dynol a llai fyth o synnwyr cyffredin i weld nad yw dial a thalu'r pwyth yn ôl yn cyflawni dim ond gwneud y sefyllfa'n ganmil gwaeth.

Mae'r un peth yn wir am anghydfod rhwng unigolion. Peth peryglus ydy mynd i draethu a chynghori heb yn gyntaf fod wedi gwrando ar y ddwy ochr fel ei gilydd. Cyn dweud dim mae'n bwysig bod yn dawel i feddwl, i ystyried, ie, ac i weddïo.

Eleni mae Cymdeithas y Cyfeillion, neu'r Crynwyr, yn 350 mlwydd oed. Maen nhw o'r cychwyn wedi rhoi lle amlwg i dawelwch – tawelwch yn eu haddoliad a thawelwch yn y galon. Meddai un

Crynwr amlwg yn ddiweddar, 'Dim ond allan o dawelwch mewnol y medrwn ni siarad yn ddoeth ac yn fuddiol.' Cyngor da i bob un ohonom ni ar ddechrau wythnos newydd.

24 Mehefin 2002

Pwy yw'r Bobl Posh?

Roeddwn i wedi meddwl erioed mai gair dilornus oedd y gair *posh*, yr un fath â'r gair Cymraeg *crach* neu *grachach*, i ddynodi'r bobl hynny sydd am roi'r argraff eu bod yn grandiach ac yn well eu byd na'r rhelyw ohonom.

Erbyn hyn mae wedi dod yn air y mae rhai pobl yn ei chwennych ac yn wir yn ei hawlio iddynt eu hunain yn unig. Yn ôl pob sôn mae Victoria Beckham, *Posh Spice*, o'i chof yn lân am fod tîm pêl-droed Peterborough United yn defnyddio'r gair ar grysau, sgarffiau a nwyddau eraill, a hynny oherwydd mai *The Posh* fu llysenw'r tîm ers dauddegau'r ganrif ddiwethaf. Ond, na, meddai Victoria, rydw i'n fwy *posh* na chi.

Ers i'r *Spice Girls* ddod yn fyd-enwog yng nghanol y nawdegau ac iddi gael ei hadnabod fel Posh Spice, mae'n mynnu mai hi, a hi yn unig, sydd â'r hawl i'r enw. Aeth mor bell â dwyn achos cyfreithiol yn erbyn Peterborough United. Ond y gwir yw bod y gair yn llawer hŷn na thîm pêl-droed na'r un seren bop. Un ddamcaniaeth ynglŷn â'i darddiad yw iddo ddynodi teithwyr oedd yn ddigon cefnog i dalu am y cabanau drutaf ar longau'n morio i'r India ac yn ôl, sef *Portside Out, Starboard Home* – P.O.S.H.

Beth bynnag am hynny, mae yna rywbeth yn bechadurus o wrthun yn y syniad fod rhywrai yn dymuno cael eu hystyried yn uwch ac yn well na neb arall. Mewn byd lle mae newyn ac AIDS yn sgubo ar draws gwledydd Affrica, terfysgaeth yn darnio bywydau yn y Dwyrain Canol, ac Arlywydd America a'i fysedd yn cosi i ollwng bomiau ar Irac, dymuniad y rhan helaethaf o bobl y byd yw cael yr hawl syml i fyw yn rhydd o ormes a thlodi ac afiechyd. Nid trwy geisio bod yn grandiach na phobl eraill y mae canfod urddas a bod yn rhywun, ond trwy fod yn ddigon gostyngedig a thosturiol i geisio lles y rhai sy'n llai ffodus na ni.

'Pwy bynnag sydd am fod yn flaenaf,' meddai Iesu, 'rhaid iddo fod yn olaf o bawb ac yn was i bawb.' Byddai *Posh Spice* yn llawer gwell eilun i bobl ifanc pe bai hi, fel y gweddill ohonom, yn dysgu'r wers syml nad ar lwybr *poshrwydd*, ond ar lwybr gwasanaeth y mae canfod gwir fawredd.

8 Tachwedd 2002

Chwilio Pob Ystafell Ddirgel

Echdoe cafodd Kofi Annan, Ysgrifennydd y Cenhedloedd Unedig, lythyr, ynghynt na'r disgwyl, gyda marc post Irac. Ie, Saddam Hussein, yn dweud ei fod am ganiatáu i dîm o arolygwyr fynd i mewn i Irac i ymchwilio i'w storfa arfau. Er iddo, ar yr un pryd, fynnu nad oedd ganddo ddim i'w guddio ac nad ef ond George Bush yw'r bwgan mawr a'r bygythiad i heddwch y byd.

Dywedwch fod yr arolygwyr yn cael rhwydd hynt i wneud eu gwaith ac yn canfod nad oes gan Irac ddim tomennydd cudd o arfau niwclear a chemegol wedi'r cwbl, mae yna le i ofni y bydd bygythiad rhyfel yn parhau. Oherwydd nid chwilio am arfau yw'r angen pennaf, ond chwilio cymhellion – chwilio i galonnau, ac mae angen gwneud hynny ar bob ochr.

Beth yw prif gymhelliad America, tybed? Ai cael eu dwylo ar feysydd olew cyfoethog y Dwyrain Canol? A beth yw agenda Saddam Hussein? Ai profi ei hun yn fath o Feseia i'r gwledydd Arabaidd yn herio dylanwad affwysol y Gorllewin? Wyddom ni ddim, oherwydd pethau cudd a chymhleth yw cymhellion. Maent yn gymysg â rhagfarnau, atgasedd, uchelgais a hunan-les. Ond wrth ymchwilio gonest i galonnau yn hytrach nag i storfeydd arfau yr ydym yn fwy tebygol o ddod o hyd i wreiddiau rhyfel a therfysg. A rhag fy mod i'n swnio'n hunangyfiawn ac yn rhoi'r bai i gyd ar arlywyddion a gwleidyddion, mae'n bwysig fy mod i, a chwithau, yn gwneud yr ymchwiliad mewnol hwn.

Ymhell cyn dyddiau seicoleg fodern roedd Williams Pantycelyn wedi gweld pwysigrwydd treiddio i waelodion enaid a chalon er mwyn dadwreiddio'r elfennau drwg a dinistriol hynny sy'n gwneud cymaint o lanast o'n bywydau. Meddai Williams:

Chwilia, f'enaid, gyrrau 'nghalon,
Chwilia'i llwybrau maith o'r bron,
Chwilia bob ystafell ddirgel
Sydd o fewn i gonglau hon;
Myn i maes bob peth cas
Sydd yn atal nefol ras.

Dyna bennill y byddai'n dda i George Bush, Saddam Hussein, Tony Blair, chi a minnau a phawb arall ei gweddïo hi'n gyson. Ac nid ei gweddïo'n unig, ond gweithredu arni hefyd.

15 Tachwedd 2002

Bwrw'n Pleidlais

Bydd gosod croes o fewn sgwâr ar ddarn bach o bapur (neu ddwy groes i fod yn fanwl gywir) yfory yn weithred syml fydd yn costio dim i ni a chymer hi ddim mwy nag ychydig funudau o'n hamser. Eto, bwrw'n pleidlais ydy'r weithred bwysicaf a mwyaf hanfodol yn yr holl broses ddemocrataidd.

Dros y canrifoedd mae pobl wedi ymgyrchu, wedi dioddef, wedi eu carcharu, wedi marw, wedi rhyfela, wedi eu halltudio, wedi colli eu cartrefi, wedi dadlau ac wedi aberthu mewn pob math o ffyrdd er mwyn ennill yr hawl syml yma i osod croes ar bapur i ddewis pwy sydd i'w harwain ac i lywodraethu drostyn nhw. Yn ail hanner y bedwaredd ganrif ar bymtheg collodd miloedd ar filoedd o werin Cymru eu tyddynnod am eu bod yn mynnu hawl i bleidleisio heb ymyrraeth. Carcharwyd y 'suffragettes' am iddynt ymgyrchu i ennill y bleidlais i ferched.

Y pryder sy'n cael ei fynegi yw mai ychydig fydd yn troi allan i bleidleisio yfory, a bydd niferoedd isel yn codi'r cwestiwn o ddyfodol y Cynulliad. Mewn geiriau eraill gellir colli rhywbeth a lladd rhywbeth trwy wneud dim. Gandhi a ddywedodd flynyddoedd yn ôl mai'r ffordd orau i sicrhau llwyddiant drygioni yw i bobl dda wneud dim – dyna agwedd meddwl sy'n mynegi ei hun mewn termau fel, 'Does dim ots gen i!' 'Beth sydd a wnelo fi â'r peth?' 'Does gen i ddim diddordeb!'

Does dim byd mwy peryglus na difaterwch. Difaterwch sy'n cau eglwysi a chapeli ac yn gyfrifol am dranc llawer o fudiadau a chymdeithasau gwirfoddol yn ein cymdeithas.

Elfen hollbwysig mewn ffydd go iawn yw'r parodrwydd i dorchi llewys a gweithio. Nid yw bwrw pleidlais yn galw am lawer iawn o ymdrech nac o chwys, ond y mae'n gwbl hanfodol os nad ydym am golli'n democratiaeth. Yn enw popeth, pleidleisiwch!

30 Ebrill 2003

Y Gystadleuaeth Fwyaf Oll

Mae'r dyddiau nesa'n addo bod yn un sbloet o gystadlu, dathlu a mwynhau – o Gaerdydd i Gorea, o Balas Buckingham i bartïon stryd ar hyd a lled y wlad. Hyd yma dydy'r bygythiad o law, na pherfformiad cwla tîm Lloegr yn erbyn Sweden ddoe, na thân mewn tŷ bach yn y palas, wedi mennu dim ar benderfyniad pobl i ymuno yn y sbort. Gobeithio'n wir mai dyna fydd yn digwydd. Dyna'n siŵr ydy'n dymuniad ni i Eisteddfod yr Urdd wrth i blant heidio i Gaerdydd o bob rhan o Gymru i gystadlu ac i flasu'r profiad o fod yn rhan o ŵyl fawr genedlaethol wych.

Fe fydd oriau o gemau pêl-droed o Gorea bell yn fwynhad pur i selogion Cwpan y Byd wrth iddyn nhw setlo o flaen eu setiau teledu efo'u caniau lager a'u bagiau creision.

Er na fydda i ddim yng nghyngerdd pop y Frenhines heno, dydw i ddim yn gwarafun o gwbl i edmygwyr Paul McCartney, Cliff Richard a Shirley Bassey, sydd am ymuno yn y sbri, wneud hynny. Pawb at y peth y bo, ddyweda i.

Ond os bydd cystadlu ar faes pêl-droed, ar lwyfan eisteddfod ac ar lawnt palas yn dod â hwyl a mwynhad i filoedd, mae yna gystadlu gwahanol iawn, cystadlu milain a pheryglus, yn digwydd ar y ffin rhwng India a Pakistan. Yn y ddwy wlad yna mae pobl yn byw gyda'r posibilrwydd dychrynllyd o ryfel niwclear allai ddifa cannoedd o filoedd ohonyn nhw.

Mae'r sefyllfa argyfyngus yna, fel pob sefyllfa arall o dyndra ac anghydfod yn y byd, yn ein hatgoffa ni nad oes yr un wlad eto wedi ennill y gystadleuaeth a osodwyd gan ryw hen broffwyd ddwy fil a hanner o flynyddoedd yn ôl, sef curo cleddyfau'n geibiau a gwaywffyn yn grymanau. Pan enillith rhywun y gystadleuaeth honno, yna mi fydd gennym ni rywbeth i'w ddathlu mewn gwirionedd.

3 Mehefin 2003

Mewn Jyngl yn Awstralia

Waeth i mi gyfaddef fy nhwpdra ddim, ond tan ganol yr wythnos ddiwethaf roeddwn i dan yr argraff mai enw Saesneg am yr afon Iorddonen oedd Jordan. Pan glywais fod yna ferch o'r enw Jordan, a rhai eraill, mewn jyngl yn Awstralia ac yn ysu am gael dianc oddi yno dyma bwyso botwm y set deledu i gael golwg ar y rhaglen yr oedd pawb yn sôn amdani, *I'm a Celebrity, Get Me Out of Here!* Pam roedd y fath griw o adar brith yn 'celebs', wn i ddim: un wedi bod yn y jêl, un arall yn rhegwr huawdl, un arall yn ohebydd ar y teulu brenhinol, dau arall wedi bod yn gantorion pop, a'r ddywededig Jordan yn adnabyddus fel model a hynny yn rhinwedd y ffaith fod ganddi fronnau anferth – nid cynnyrch natur, ond canlyniad llawdriniaeth gosmetig, os gwelwch yn dda.

Roedd disgwyl i'r rhain gyflawni pob math o gampau ych-y-fi fel bwyta pryfed genwair a chocrotsis, mwytho nadroedd a gorwedd mewn bedd llawn o lysnafedd. Roeddent yn gwneud hynny yn y gobaith o gael eu hethol gan y gwylwyr yn frenin neu'n frenhines y jyngl. Yr un a ddaeth i'r brig neithiwr oedd Kerry McFadden sy'n briod â Brian o'r grŵp enwog Westlife.

Pe bai Sigmund Freud yn 'dweud ei ddweud' y bore 'ma byddai'n mynnu bod ymlafnio ag anghysur y jyngl yn fath o symbol o'r ymlafnio â'r jyngl sydd o fewn pob un ohonom ni – y gymysgfa ryfedd ac ofnadwy o ofnau a rhagfarnau, o gymhellion dryslyd, o ofergoelion, a phob math o dueddiadau a nwydau aflan. Dyna'r pethau sydd fel drain a mieri a thyfiant gwyllt yn lladd cymeriad ac yn llygru'r bwriadau gorau. Sut mae delio â'r jyngl mewnol yma? Na, fedrwn ni ddim dianc rhag hwn, na'i ddofi na'i wareiddio ar ein pennau ein hunain. Mae yna adnod hyfryd yn y Beibl sy'n sôn am y coedwigoedd yn llawenhau 'a holl goed y maes yn curo dwylo'. Wyddoch chi pam? Am fod Duw wedi dod i waredu ei bobl – i roi trefn ar y jyngl!

10 Chwefror 2004

Dysgu Anffyddiaeth

Echdoe, ar dudalen flaen yr *Observer* roedd cartŵn yn dangos athro ysgol yn mynd am ei ddosbarth gyda nodiadau o dan ei gesail ar gyfer gwers mewn atheistiaeth, ac meddai, 'Roeddwn i wedi meddwl erioed mai criw o baganiaid oedd 3C!' Roedd y cartŵn yn cyd-fynd ag eitem yn sôn am adroddiad sy'n argymell i ysgolion ddysgu anffyddiaeth yn ogystal â chrefydd, a hynny oherwydd bod cyn lleied o bobl erbyn hyn yn mynychu lleoedd o addoliad.

Mae'n werth cofio bod y polau piniwn diweddar i gyd yn dangos bod tua 75 % o bobl Prydain yn dweud eu bod yn credu yn Nuw, hyd yn oed os nad ydynt yn addoli ar y Sul. Beth bynnag, does gan grefydd ddim byd i'w ofni o gael ei hastudio ochr yn ochr ag atheistiaeth. Methodd 75 o flynyddoedd o bropaganda gwrthgrefyddol ffyrnig â dinistrio crefydd pobl Rwsia.

Y gwir yw bod atheistiaeth yn llawn cymaint o ffydd ag yw Cristnogaeth neu unrhyw grefydd arall. Fel nad oes dim modd profi bod Duw yn bod, does dim modd profi chwaith nad ydyw'n bod. Cymryd cam mewn ffydd mae'r anffyddiwr a'r Cristion fel ei gilydd. Byddai astudio atheistiaeth, fel astudio crefydd, yn cynnwys astudio ymhlygiadau'r naill safbwynt fel y llall. Nid mater o wadu bodolaeth Duw yn unig yw atheistiaeth. Yn dilyn o hynny mae'n golygu hefyd nad oes dim dimensiwn arall i fodolaeth ond y byd materol o'n cwmpas, nad yw dyn yn ddim amgenach nag anifail clyfar, nad oes dim gorwelion tragwyddol i fywyd, dim gwaredwr, dim nefoedd, dim cynhaliaeth na gobaith oddi allan.

Yn y bôn mae'r gwahaniaeth rhwng cred ac anghred yn fwy na gwahaniaeth barn. Mae'n wahaniaeth cwbl ymarferol. Mae gan y credadun rywun i bwyso arno, un i'w gynnal a'i gadw mewn bywyd ac angau. Does gan yr anghredadun neb. Dyna'r dewis: Duw neu ddim. Gan fod y dewis mor dyngedfennol â hynny mae'r naill ochr fel y llall yn haeddu cael eu hastudio'n ofalus, yn drwyadl ac yn deg.

17 Chwefror 2004

Dioddefaint Crist

Maen nhw'n dweud nad oes y fath beth â chyhoeddusrwydd gwael. Os yw hynny'n wir, yna mae ffilm newydd Mel Gibson, *The Passion of the Christ*, fydd yn cael ei rhyddhau yfory yn America yn sicr o fod yn llwyddiant ysgubol – yn ariannol beth bynnag. Mae'r beirniaid wedi bod yn ei dweud hi'n hallt am y ffilm – ei bod yn dreisgar a chreulon yn ei phortread o ddioddefaint Iesu, a'i bod yn debyg o ennyn ysbryd gwrth-Semitaidd oherwydd mai'r Iddewon sy'n cael y bai am farwolaeth Iesu. Hyd nes y bydd cyfle i weld y ffilm mae'n amhosibl penderfynu a oes sail i'r feirniadaeth yma.

Os yw'r portread yn gyson â'r Efengylau, go brin y gellir ei gyhuddo o wrth-Semitiaeth. Y pwynt a wneir yn y Testament Newydd yw mai'r ddynoliaeth gyfan fu'n gyfrifol am farwolaeth Iesu – Iddewon, Rhufeiniaid, Groegiaid, cenedl-ddynion – pawb. Ac yn arbennig tri dosbarth o bobl: gwleidyddion gormesol fel Herod a Pilat, crefyddwyr cibddall fel yr archoffeiriad, a gwerin anwadal ddihidio fel pobl Jerwsalem. Pan fydd y tri dosbarth yna'n cefnogi'i gilydd, mae yna groeshoelio'n digwydd – mae yna ryfela a therfysgaeth a thrais a phobl ddiniwed yn cael eu lladd.

Rydym wedi gweld, ac yn dal i weld, y ffactorau hyn ar waith heddiw, yn Irac, yn Israel, ym Mae Guantanamo, ac mewn llawer lle arall. Cwestiwn cân enwog Paul Robeson oedd, 'Were you there when they crucified my Lord?' A'r ateb, wrth gwrs, oedd fy mod i yno – nid fi yn llythrennol, ond pobl debyg i mi ac i chwithau.

Nid Iddewon na Rhufeiniaid yn unig, ond pobl fel ni sy'n cau'n llygaid i ormes gwleidyddion, i hunanoldeb a thwyll crefyddwyr eithafol, ac i ragfarnau a gwamalrwydd pobl gyffredin. Wedi dweud hynny, mae'r Crist hwn ar y groes yn dal i'n cywilyddio ni, ac ef hefyd sy'n dangos i ni ffordd amgenach: ffordd dra rhagorol ei gariad ei hun.

24 Chwefror 2004

Dymchwel y Muriau

Mae gen i adref garreg neu yn hytrach ddarn o goncrid oedd yn wreiddiol yn rhan o Wal Berlin. Mae gen i hefyd lun ohonof fy hun efo cŷn a morthwyl yn torri'r darn allan o'r wal. Fe ddigwyddodd hynny dros bedair blynedd ar ddeg yn ôl. Ar y pryd roedd ysbryd gobeithiol yn lledu dros y byd wrth i'r Llen Haearn ddymchwel a'r Rhyfel Oer ddod i ben.

Gan fod mur apartheid yn Ne Affrica hefyd yn cael ei dynnu i lawr roeddem ni i gyd yn hyderus fod cyfnod y gwahanfuriau wedi darfod. Ond erbyn hyn wele godi wal arall, y tro hwn i wahanu Israeliaid a Phalestiniaid oddi wrth ei gilydd.

Wrth adeiladu'r wal mae Ariel Sharon a'i lywodraeth wedi dod o dan feirniadaeth y byd cyfan a dydd Gwener diwethaf dyfarnodd y Llys Iawnderau Dynol yn yr Hague fod y wal yn anghyfreithlon. Ateb Sharon yw mai ei fwriad yw amddiffyn ei bobl rhag ymosodiad.

Ond dydy wal byth yn amddiffyniad; i'r gwrthwyneb, mae'n symbol o ormes ac o annhegwch ac felly'n her i deroristiaid ac yn gwahodd ymosodiad. Wrth gwrs bod ffiniau'n bod – ffiniau rhwng cenhedloedd, ieithoedd a hiliau – ond gwae ni os trown ni'r ffiniau'n waliau.

Yn ddiweddar fe welais i ddau gymydog wrthi'n torri i lawr wrych 'lilandi' trwchus oedd wedi tyfu rhyngddynt. Roedd hynny'n arwydd i mi fod y ddau yn ddigon o ffrindiau ac yn deall ei gilydd yn ddigon da i wneud i ffwrdd â'r gwrych.

Cofiais am eiriau Dorothy Sayers a ddywedodd fod digon o le i ni i gyd ar y ddaear ond nad oes digon o le i'r muriau sy'n ein gwahanu. Yr her i bob un ohonom ni yw gwneud ein gorau glas i fwrw i lawr bob gwahanfur sy'n bod rhwng cenhedloedd, hiliau a chrefyddau a rhyngom ni a'n gilydd yn ein bywyd bob dydd.

14 Gorffennaf 2004

Dwylo'r Meddyg Dawnus

Yn y *Guardian* echdoe roedd cartŵn clyfar yn dangos Tony Blair fel llawfeddyg yn golchi gwaed oddi ar ei ddwylo ac yn defnyddio dau fath o sebon – un o'r enw Hutton a'r llall o'r enw Butler. Tu ôl iddo roedd arwydd yn rhybuddio yn erbyn 'Dodgy Irac Dossier Super-Bug'. Ac meddai'r Prif Weinidog, 'Pa mor aml mae'n rhaid i mi olchi fy nwylo o hyn i gyd?'

Yn yr un papur roedd eitem am Eglwys Gadeiriol Anglicanaidd Lerpwl sydd yn dathlu ei chanmlwyddiant eleni. Can mlynedd yn ôl i echdoe y gosodwyd y garreg sylfaen gan y Brenin Edward VII. Bob tro y bydda i'n troi i mewn i'r Gadeirlan enfawr mi fydda i'n gwneud pwynt o fynd i weld y gofeb i'r llawfeddyg adnabyddus Syr Robert Jones, y meddyg esgyrn disglair y mae ei enw'n gysylltiedig ag Ysbyty Gobowen.

Daeth Robert Jones i amlygrwydd yn ystod ac yn union ar ôl y Rhyfel Byd Cyntaf am iddo ddyfeisio dulliau newydd ac effeithiol o drin milwyr oedd wedi'u hanafu. Mae'r gofeb yn ei ddangos yn trin claf, a'r hyn sy'n tynnu eich sylw yw ei ddwylo – dwylo main, celfydd yn mynegi tynerwch, gofal a dawn iacháu.

Mae yna lawer iawn o ddwylo yn y byd sy'n darnio a dinistrio a lladd. Maen nhw wrthi'n brysur yn Irac, yn Swdan, yn y Dwyrain Canol a llawer man arall.

Y cwestiwn yw, sut mae troi dwylo sy'n malu a dinistrio yn ddwylo sy'n cyfannu ac iacháu? Yn sicr nid wrth olchi'n dwylo ac ymwrthod â chyfrifoldeb y mae gwneud hynny, ond yn hytrach trwy efelychu rhai fel Robert Jones a'i debyg.

Bob dydd mae llu o bobl ffeind yn gwneud eu rhan i wella clwy, i wneud cymwynas, i weini cysur. Yna daw ein dwylo ni yn ddwylo Crist, y Meddyg mawr ei hun.

21 Gorffennaf 2004

Enaid Cenedl

Mae'r ras am y Tŷ Gwyn wedi cychwyn. Echdoe yng Nghonfensiwn y Democratiaid yn Boston, Massachusetts, gyda chefnogaeth Bill Clinton, Al Gore, Howard Dean a nifer o bwysigion eraill fe fabwysiadwyd John Kerry fel yr ymgeisydd Democrataidd am yr arlywyddiaeth. Yn ei araith ymosododd John Kerry yn hallt ar bolisi tramor George Bush a'i griw gan hawlio eu bod nhw, wrth ymosod ar Irac, wedi anwybyddu'r Cenhedloedd Unedig, wedi colli cefnogaeth gwledydd Ewrop, wedi chwarae i ddwylo'r teroristiaid ac wedi creu llu o elynion iddyn nhw eu hunain ar draws y byd.

Addunedodd John Kerry y byddai o'n codi pontydd â gwledydd eraill, yn cydweithio â'r Cenhedloedd Unedig, yn adennill parch tuag at America yn y byd, ac yn adfer enaid y genedl. Dyna i chi sylw diddorol. Beth yw ystyr sôn am enaid cenedl? A ninnau ar drothwy'r Eisteddfod Genedlaethol fe fyddwn ni'n cael ein hatgoffa yr wythnos nesaf o gyfoeth ein llên a'n cerddoriaeth, o'n diwylliant a'n hiaith a'n hunaniaeth fel cenedl.

Ond beth am enaid Cymru? Ei henaid yw ei hymlyniad hi wrth ei hetifeddiaeth Gristnogol, wrth werthoedd moesol ac ysbrydol, wrth ffydd a chred, wrth gapel neu eglwys ac addoli, wrth gonsýrn am heddwch a chyfiawnder a chymod rhwng pobl.

Gan mlynedd yn ôl i'r mis hwn fe ysgrifennodd Emrys ap Iwan y geiriau yma: 'Cofiwn mai crefydd ac nid diwylliant a geidw'r byd rhag boddi yn ei ddrygioni ei hun. Gall pobl fod yn feirdd, yn gerddorion ac yn feistriaid ar yr holl gelfyddydau, ond di-fudd yw eu doniau heb iddynt fod a'u bryd hefyd ar garu a gwasanaethu Duw.'

Hwyrach nad yw pob un ohonoch chi'n cyd-fynd ag Emrys ap Iwan, ond os oes y fath beth ag enaid cenedl rydw i'n siŵr ei fod o'n o agos i'w le.

28 Gorffennaf 2004

Ble Mae Duw?

Yn ôl pob sôn fuo 'na erioed drychineb naturiol mor enfawr â'r un sydd wedi taro Indonesia, Thailand, yr India a Sri Lanka a gwledydd eraill dros y dyddiau diwethaf.

Fel y mae nifer y rhai sydd wedi'u lladd yn cynyddu o awr i awr mae'r galar, y tor calon a'r dryswch yn ymledu ar draws y gwledydd. Un o'r cwestiynau sy'n codi yw, 'Ble mae Duw?' 'Pam mae Duw yn caniatáu i drychineb fel hyn ddigwydd?'

Does dim ateb hawdd i'r cwestiwn a does yr un ohonom ni'n rhydd o'r amheuon sy'n codi yn ei sgil. Mae un peth yn siŵr, fedrwn ni ddim meddwl am Dduw fel rhyw fath o reolwr cosmig yn pwyso botymau i achosi daeargryn fan hyn, tonnau anferth fan draw, a haul a thywydd teg yn rhywle arall.

Mae'r syniad ei fod yn anfon trychinebau fel rhyw fath o gosb yn gwbl erchyll. Na, rhaid wynebu'r ffaith fod yna ochr dywyll i natur fel mae 'na ochr dywyll i'r natur ddynol. Fe ddywed Genesis fod Duw wedi creu y byd a gweld mai da oedd. Da ie, ond nid perffaith yn yr ystyr o fyd heb boen, na heintiau, na stormydd, na thrychinebau naturiol. Fel y mae hollt yn y natur ddynol rhwng y drwg a'r da sydd ynom ni fel pobl, mae hollt hefyd yn y byd naturiol, rhwng y dymunol a'r dinistriol, rhwng yr hardd a'r hyll.

Ond trwy'r cyfan, cariad ydy Duw, yn ein herio i ymateb i holl brofiadau bywyd, gan gynnwys ei drychinebau, mewn cariad a thosturi. Dywedodd un diwinydd fod gweithredu cariad yn bwysicach na cheisio datrys problemau ffydd.

Os ydy'r trychineb hwn yn ysgwyd eich ffydd chi a minnau, na hidiwn. Dewch i ni fynd ati i ymateb yn ysbryd cariad i wneud popeth fedrwn ni i helpu trueiniaid y trychineb. Yn barod, mae'r ymateb yn codi uwchlaw rhaniadau cenedl, hil a chrefydd wrth i bobl rannu yng ngalar ei gilydd ac ymroi i helpu ei gilydd. Yn y fan yna y mae Duw ar waith.

29 Rhagfyr 2004

Addysg ac Argyhoeddiad

Un o ryfeddodau natur yw'r enfys, a gan ei bod hi'n ymddangos fel arfer ar ôl storm neu gawod drom mae pobl ers cyn co' wedi gweld yr enfys fel arwydd o obaith ac o gychwyn newydd. Roedd hi'n briodol iawn felly mai 'Enfys' oedd ffugenw Harriet Petty, enillydd Medal y Dysgwyr yn Eisteddfod yr Urdd ddoe.

Cwta bedair blynedd yn ôl y symudodd teulu Harriet o Southampton i Dreffynnon, Sir y Fflint ond erbyn hyn mae hi a'i chwaer, ei thad a'i mam yn dysgu'r Gymraeg.

Arwydd o obaith i Gymru ac i ddyfodol y Gymraeg yw fod yna filoedd tebyg iddyn nhw yn ymroi i ddysgu'r iaith ac yn frwd i'w harfer a'i hybu. Yn ei beirniadaeth dywedodd Nia Parry fod y cystadleuwyr i gyd nid yn unig wedi meistroli'r Gymraeg ond eu bod hefyd yn dangos argyhoeddiad o bwysigrwydd yr iaith ac yn meddu ar frwdfrydedd i'w defnyddio. Mae yna wahaniaeth rhwng dysgu iaith a meithrin argyhoeddiad ynglŷn â'i gwerth a'i phwysigrwydd.

Mae'r hyn sy'n wir am iaith yn wir am werthoedd ac am ffydd. Echdoe, yng Ngŵyl y Gelli, bu cryn drafod ar boblogrwydd y bandiau garddwrn, 'Gwnawn Dlodi yn Hanes'.

Roedd rhai yn dadlau nad ydy gwisgo'r bandiau yn ddim ond ffasiwn neu ffad dros dro ac mai'r hyn sy'n bwysig ydy'r argyhoeddiad a'r ymroddiad i ymgyrchu i gael gwared ar dlodi.

Dydy hi chwaith ddim yn ddigon dysgu am Dduw ac am gynnwys y Beibl. Rhaid i'r dysgu arwain at argyhoeddiad ac at ymrwymiad i ddilyn ffordd Iesu Grist. Y bobl a chanddyn nhw argyhoeddiadau cryf a chreadigol ynglŷn â'r pethau sydd o bwys ydy'r rhai sy'n ffurfio enfys o obaith yn y byd sydd ohoni. Dewch i ni wneud yn siŵr ein bod ni yn eu plith nhw.

1 Mehefin 2005

Y Llyfr Peryglus

Y mudiad sy'n gyfrifol am osod Beiblau mewn gwestai, mewn ysbytai ac mewn carchardai ydy'r Gideoniaid. Mae llawer un mewn ystafell westy unig neu'n ofnus mewn ysbyty wedi cael help a chysur o'r Beiblau yma.

Ond yn ddiweddar mae rhai o swyddogion ysbytai Caerlŷr wedi awgrymu y gall fod y Beiblau yn tarfu ar bobl o grefyddau eraill; mae rhai wedi mynd mor bell â dweud bod perygl eu bod yn cario haint MRSA.

Glywsoch chi erioed y fath hurtwch? Hwyrach y dylid rhoi rhybudd iechyd ar bob Beibl, fel sydd ar becynnau sigaréts – 'Gall hwn niweidio'ch iechyd!'

Ond o feddwl, efallai fod yna rywfaint o wir yn y peth. Ystyriwch o ddifrif: mae'r Beibl yn dweud wrthym ni am ymwadu â ni ein hunain. Mewn oes sy'n rhoi'r pwyslais i gyd ar les yr hunan mae hwnna'n ddweud peryglus iawn.

A beth am y geiriau, 'Gwerth y cwbl sydd gennyt a dyro i'r tlodion'? Dyna i chi ffwlbri peryglus os bu un erioed, pan ydym ni i gyd yn gwybod mai byw i hel pres sy'n bwysig.

Perygl mawr arall ydy y gall y Beibl eich gyrru chi ar eich gliniau i weddïo. Rydym ni'n gwybod bod pobl sy'n gwneud pethau fel yna'n dechrau mynd yn rhyfedd!

Na, mae hwn yn llyfr peryglus ofnadwy. Os digwydd i chi gael eich hun mewn ysbyty neu mewn ystafell unig mewn gwesty a ffeindio copi o hwn yn y drôr, beth bynnag wnewch chi, peidiwch â'i agor na'i ddarllen. Sticiwch at y *Sun* neu *Take a Break*, mae'r rheiny'n llawer saffach – os nad ydych chi wrth gwrs yn barod i gael eich styrbio a'ch herio a phrofi newid sylfaenol yn eich bywyd a'ch gwerthoedd.

8 Mehefin 2005

Suddo i Ddyledion

O'r holl bethau bisâr a glywyd am Michael Jackson a'i giamocs yn ystod ei achos llys, y rhyfeddaf i gyd oedd deall ei fod dros ei ben a'i glustiau mewn dyled, hyd at 200 miliwn o ddoleri.

Sut yn y byd mawr y mae un person yn medru suddo i ddyled mor anferthol, wn i ddim. Yn ôl pob sôn mae cyfanswm dyledion pobl yn y wlad yma dros 30 biliwn o bunnoedd, a hynny oherwydd gorddefnyddio cardiau credyd.

Mae'r ysfa i wario, i brynu, i fenthyg, i gael y peth yma a'r peth arall wedi mynd yn obsesiwn ac wedi gyrru miloedd o bobl i bwll o ddyled na fedran nhw ddim dringo allan ohono.

Mae'r hyn sy'n wir am unigolion hefyd yn wir am wledydd – gwledydd sydd yn methu codi allan o grafangau tlodi am fod cymaint o'u hadnoddau yn mynd at ad-dalu benthyciadau ar logau trwm i wledydd cefnog y Gorllewin.

Diolch am bawb, gan gynnwys Bob Geldof a Tony Blair, sy'n ymgyrchu i berswadio gwledydd yr G8 i ddileu dyledion gwledydd tlawd Affrica ac i hyrwyddo masnach deg. Ydy, mae mynd i ddyled ariannol yn rhywbeth sy'n llorio pobl ac yn dinistrio'u bywydau.

Ond mae yna fath gwahanol o ddyled sy'n cyfoethogi bywyd, sef dyled foesol ac ysbrydol – i rieni ac athrawon da, i ffrindiau sy'n driw i ni, i anwyliaid sy'n gofalu amdanom ni, i bobl y mae eu bywyd a'u hesiampl yn ysbrydoliaeth i ni.

Dyledwyr i'n gilydd ydym ni bob un, a dyledwyr i Dduw sy'n ein caru ac yn rhoi ystyr a gwefr i'n byw. Dyma ddyled na fedrwn ni ddim, ac nad oes dim disgwyl i ni, ei thalu'n ôl, dim ond ei chydnabod a'i mwynhau.

15 Mehefin 2005

Syniad Mawr Sydd Wedi Newid y Byd

Ar hyn o bryd mae cyfres o raglenni ar Sianel 5 ar y thema Syniadau Mawr Sydd Wedi Newid y Byd. Neithiwr roedd Tony Benn yn trafod democratiaeth. Wythnos yn ôl y testun oedd Cristnogaeth a'r cyflwynydd oedd Desmond Tutu.

Syniad canolog Cristnogaeth, meddai Tutu, yw 'Cerwch eich gelynion'. Yr unig ffordd i oresgyn atgasedd a gelyniaeth yw trwy garu a maddau a pheidio â dial.

Dyna'r syniad sydd wedi llywio gweinidogaeth Tutu dros y blynyddoedd, a'r un syniad sydd wedi cadw pobl dduon De Affrica rhag dial ar bobl wyn ar ôl creulondeb enbyd apartheid.

Affricanwr arall sydd o'r un meddwl â Tutu yw John Sentamu, Esgob Birmingham, sydd newydd ei ddyrchafu'n Archesgob Efrog. Pan oedd yn gyfreithiwr ifanc yn Uganda cafodd Sentamu ei garcharu a'i guro'n ddidrugaredd gan 'thugs' Idi Amin.

Llwyddodd i ffoi i Brydain ac yma penderfynodd fynd i'r weinidogaeth, a hynny er mwyn hybu ei gred angerddol mai'r unig ffordd i oresgyn y math o elyniaeth a brofodd yn Uganda yw trwy gymryd dysgeidiaeth Iesu ar garu gelyn yn gwbl o ddifrif.

Ar hyn o bryd mae deddf newydd yn cael ei chyflwyno i Dŷ'r Cyffredin – deddf yn erbyn ennyn atgasedd crefyddol. Ond dydy deddf ddim yn medru rheoli ymddygiad.

Cyflwr meddwl a chalon ydy atgasedd, cyflwr mewnol, tywyll a dieflig.

Yr unig beth fedr gael gwared o dywyllwch ydy goleuni, ac mi fedr pob un ohonom ni fod yn belydryn o gariad a maddeuant yn ein bywyd bob dydd, dim ond i ni gredu mai hwn ydy'r 'Syniad Mawr' a all newid y byd.

22 Mehefin 2005

Nid Ystadegau Ond Pobl

Rydw i'n sylwi mai'r cyfieithiad Cymraeg sydd yn cael ei ddefnyddio am y cardiau ID arfaethedig y bu Tŷ'r Cyffredin yn eu trafod ddoe yw 'cardiau adnabod'. Eto adnabod yw'r union beth na fydd neb yn medru'i wneud o edrych ar y cardiau. Bydd y dechnoleg fodern biometrig yn cadw gwybodaeth am ein hoed, ein cyfeiriad, ein gwaith, ein harian a hyd yn oed lliw ein llygaid ac argraff ein bysedd, a hynny i gyd ar ddotiau bach, a bydd pwy bynnag fydd yn darllen yr wybodaeth yma yn dysgu llawer amdanom ni, ond fyddan nhw ddim mymryn nes at ein hadnabod ni.

Roedd y bleidlais neithiwr yn dangos pa mor gryf yw'r gwrthwynebiad i'r cynllun: llawer yn gofidio am y gost, eraill yn poeni am y bygythiad i ryddid a hawliau dynol. Ond fy mhryder pennaf i yw bod y syniad yn un cam arall tuag at ein trin ni fel ffigyrau ac ystadegau yn hytrach na fel personau. Mae ceiswyr lloches yn cael eu hanfon yn ôl i Zimbabwe i gael eu harteithio a'u carcharu a'u lladd, a hynny am fod yr awdurdodau yn eu gweld nhw nid fel pobl, gyda'u storïau trist a'u hofnau, ond fel ffigyrau ar dargedau.

Pe bai arweinwyr yr G8 yn gweld tlodion Affrica nid fel ystadegau i'w gostwng dros bymtheng mlynedd ond fel mamau a thadau a phlant, mi fydden nhw'n ymateb ar fyrder i'w cyflwr a'u hangen. Adnabod pobl, nid trin ystadegau, sy'n bwysig. Roeddwn i'n adnabod llawfeddyg rai blynyddoedd yn ôl fyddai'n ei dweud hi'n hallt wrth nyrsys fyddai'n cyfeirio at gleifion fel 'yr hernia yng ngwely 5', neu'r 'pendics yng ngwely 6'. Iddo fo person oedd pob un, nid rhif na chyflwr meddygol. Nid trwy gardiau ID y down ni i adnabod ein gilydd, ond trwy roi amser a sylw i'n gilydd, trwy wrando a siarad a deall a chydymdeimlo – yn fwy na dim, trwy weld pobl fel plant i Dduw ac fel brodyr a chwiorydd i ninnau.

29 Mehefin 2005

Gwerth Llyfrau

O fewn tafliad carreg i'r stiwdio yma yn Wrecsam y mae bedd Morgan Llwyd, y llenor a'r arloeswr crefyddol. Morgan Llwyd a ddywedodd yn un o'i ysgrifau, 'Mae llyfrau fel ffynhonnau – ohonynt daw ymborth i'r meddwl a'r enaid.'

Pa well dyfyniad ar gyfer heddiw, Diwrnod y Llyfr, pan fydd llu o weithgareddau yn tynnu sylw at bwysigrwydd llyfrau a darllen? Heddiw bydd gwobrau Llyfr y Flwyddyn yn cael eu dyfarnu i'r gyfrol orau yn y Gymraeg a'r Saesneg ym maes ysgrifennu creadigol, a bydd awduron yn ymweld ag ysgolion a siopau llyfrau a bydd cyfle i blant a phobl hŷn eu cyfarfod a'u holi. Ond pam mae llyfrau'n bwysig?

Maen nhw'n diddanu, yn addysgu, yn porthi dychymyg, yn cyflwyno gwybodaeth newydd ac yn estyn ein gorwelion a'n profiadau. I mi, prif gyfraniad llyfrau yw eu bod yn agor meddyliau – i syniadau gwahanol, i ddiwylliannau gwahanol ac i bobl sy'n edrych ar y byd yn wahanol iawn i ni.

Dydy hynny ddim yn golygu llyncu'n ddigwestiwn bopeth a ddarllenwn. Rhaid darllen pob llyfr yn feddylgar ac yn feirniadol; rhaid meddwl dros yr hyn yr ydym yn ei ddarllen, ei gloriannu a'i fesur a'i bwyso. Dyna yw gwefr a gogoniant darllen: nid yn unig y mae'n agor y meddwl, mae'n ei finiogi a'i herio a'i ymestyn.

Dydw i ddim yn ymddiheuro o gwbl am ddweud mai'r llyfr pwysicaf oll yw'r Beibl: llyfr y llyfrau. A gan fod y Beibl yn gynnyrch oes wahanol i'n hoes ni, rhaid darllen y Beibl hefyd yn feddylgar ac yn feirniadol.

O wneud hynny gwelwn ei fod yn fwy na'r un llyfr arall, yn ffynnon sy'n ymborth i'r meddwl a'r enaid. Nid llyfr y flwyddyn yw hwn, ond llyfr pob blwyddyn a phob cyfnod.

2 Mawrth 2006

Chwalu Muriau Jericho

Un o storïau mawr yr Hen Destament yw stori cwymp muriau Jericho. Ar sain yr utgorn, ac yn dilyn bloedd uchel o blith yr Hebreaid, cwympodd y muriau. Pwynt y stori yw mai Duw, nid dyn, sy'n rhoi buddugoliaeth.

Echdoe cwympodd rhai o furiau Jericho eto, nid trwy rym Duw y tro hwn, ond trwy rym tanciau'r Israeliaid. Mae cefndir a ffeithiau'r ymosodiad ar garchar Jericho yn aneglur iawn, ond beth bynnag yw'r gwir, arweiniodd gweithred yr Israeliaid at ymateb ffyrnig a threisgar o du'r Palestiniaid.

A dyma enghraifft drychinebus arall o'r modd y mae ymddygiad gormesol o'r naill ochr yn arwain at ymateb treisgar eithafol o'r ochr arall. Trais yn esgor ar drais; eithafiaeth yn arwain at fwy o eithafiaeth; gormes o un ochr yn arwain at fomio a lladd o'r ochr arall. Mae'r patrwm yn parhau hyd syrffed. Trwy'r cyfan mae dau beth hollol sylfaenol ar goll.

Yn gyntaf, does dim arwydd o awydd gwirioneddol i hybu heddwch. Doedd chwalu muriau â thanciau, nac ymateb trwy ymosod a dinistrio, yn sicr ddim yn gyfraniad at greu cymod.

A'r ail beth yw diffyg ystyriaeth o beth fydd canlyniadau unrhyw weithred neu unrhyw bolisi. Cyn gwneud neu ddweud dim mae'n bwysig ein bod yn gofyn, a yw'r weithred yma'n mynd i wneud pethau'n well neu'n waeth?

A yw dweud y peth-a'r-peth yn mynd i greu gelyniaeth neu'n mynd i arwain at well dealltwriaeth?

Oes, mae angen bwrw i lawr unrhyw furiau sy'n rhannu ac yn

darnio'r byd, ond nid trwy ddefnyddio tanciau na bomiau mae gwneud hynny, ond trwy weithredu amynedd, maddeuant a chariad ac estyn dwylo cyfeillgarwch tuag at eraill.

16 Mawrth 2006

Creadaeth a Gwyddoniaeth

Mae llawer iawn o ddadlau wedi bod yn ddiweddar a ddylai ysgolion ddysgu creadaeth – *creationism* – sef y fersiwn Feiblaidd am ddechreuad y byd, ochr yn ochr â damcaniaeth esblygiad Charles Darwin. Na, meddai llawer o wyddonwyr. Syniad anwyddonol yw creadaeth nad oes dim lle iddo o gwbl mewn addysg fodern.

Echdoe ymunodd yr Archesgob Rowan Williams yn y ddadl gan ochri, coeliwch neu beidio, gyda'r gwyddonwyr. Pwynt Rowan Williams oedd mai gwyddoniaeth ddylid ei ddysgu mewn gwers wyddonol, a bod ystyried y Beibl fel llyfr gwyddonol yn gwneud cam dybryd â'i gynnwys. Mae hynny'n berffaith wir.

Pwynt yr hanes yn nechrau Llyfr Genesis yw, nid fod y byd wedi'i greu yn llythrennol mewn saith diwrnod, ond mai Duw – nid siawns, na hap na damwain – a ddaeth â'r byd a'r bydysawd i fod.

Wrth gwrs, does dim modd profi hynny'n wyddonol, ond does dim modd ei wrthbrofi chwaith.

Y cwestiwn mawr yw, sut mae esbonio rhyfeddod a chyfoeth a chymhlethdod cywrain y byd a'r bydysawd? A yw'r cyfan yn gynnyrch damwain neu siawns gosmig, neu a oes meddwl a chynllun Creawdwr y tu ôl i'r cyfan?

Yn ôl un gwyddonydd Cristnogol mae credu mai trwy siawns y daeth y byd i fod fel derbyn bod gwynt wedi chwythu trwy iard scrap a sticio darnau o fetel gyda'i gilydd a gwneud Rolls Royce! Os mai mater o hap a damwain oedd dechreuad y byd yna mater o hap a damwain hefyd yw bywyd a'n bodolaeth ninnau.

Ond os mai gweithred Duw doeth, sanctaidd, oedd creu'r byd, yna yr un Duw doeth a sanctaidd sy'n rhoi ystyr a gwerth i'n bywyd ni. Pa esboniad sy'n ymddangos y mwyaf tebygol i chi?

23 Mawrth 2006

Teithio Tuag At Ein Gilydd

Oherwydd y streic fawr echdoe roedd y ddau dwnnel o dan afon Merswy ar gau a bu'n rhaid i mi deithio i Lerpwl ac yn ôl ar ffordd arall, dros bont Runcorn. Gan fod miloedd o deithwyr eraill yn gorfod defnyddio'r un ffordd achosodd hynny dagfeydd hir ac anhwylus. Ynghanol y dagfa roeddwn yn gwrando ar drafodaeth ar Radio 4 am yr angen i dorri i lawr ar y carbon deuocsid sy'n cael ei chwydu i'r amgylchfyd gan drafnidiaeth, ac yn arbennig gan awyrennau.

Erbyn hyn rydym yn cymryd yn ganiataol y medrwn ni, a bod hawl gennym, deithio'n hwylus a chyflym o le i le, o wlad i wlad ac o gyfandir i gyfandir. Eto dydym ni ddim yn nes at deithio i'r cyfeiriadau hynny sy'n bwysig mewn gwirionedd.

Rydym yn araf iawn yn dysgu teithio tuag at ein cyd-ddynion. Mae rhagfarn ac ofn yn gwahanu du a gwyn, tlawd a chyfoethog, Arab ac Iddew, Mwslim a Christion.

Clywsom eto ddoe am yr argyfwng enbyd sy'n wynebu tlodion Somalia oherwydd prinder bwyd a dŵr, ond yn waeth na dim oherwydd bod carfannau arfog yn ymosod ar y lorïau sy'n cludo cymorth i'r anghenus. Mae mamau a phlant bach yn llwgu i farwolaeth oherwydd methiant pobl i deithio tuag at ei gilydd mewn tosturi a chymorth ymarferol.

Rydym yn araf iawn hefyd yn dysgu teithio i mewn i'r hunan, i ddyfnder ein heneidiau a'n personoliaeth. Ar y daith honno yr ydym yn dod i ddeall ac adnabod cymhlethdod ein natur ein hunain. Gwenallt a ddywedodd:

Fe fyddi di, ddyn, yn trefnu cymdeithas,
ac yn ceisio datrys problemau di-ri,
ond ni weli di'r anhrefn sydd ynot dy hunan,
ac mai'r broblem gonglfaen ydwyt ti.

Ddaw dim trefn ar ein bywyd, a go brin y byddwn o ddefnydd i bobl eraill chwaith, heb i ni'n gyson fynd ar y daith boenus ond pwysig hon tuag at adnabod ein hunain.

30 Mawrth 2006

Y Wialen Fedw

Pan oeddwn i'n hogyn roedd yna hen gnawes yn byw yn ein tŷ ni a'i gwaith hi oedd cadw trefn arnom ni'r plant. Er mor bwysig oedd ei chyfrifoldebau hi, doedd hi ddim yn cael ei thalu. Doedd hi ddim yn cael ei bwydo chwaith oherwydd roedd hi'n bwysig iddi fod yn denau ac yn ystwyth i fedru gwneud ei gwaith yn effeithiol. Roedd hi'n byw yn y lle rhyfeddaf – yn hongian oddi ar ddau fachyn uwchben y lle tân. Mae ei henw hi'n ddigon cyfarwydd i lawer ohonoch chi sy'n gwrando. Ie, y wialen fedw.

Roedd gen i ofn y gnawes flin honno am fy mywyd. Nid fy mod wedi cael ei blas hi erioed; roedd y bygythiad yn ddigon i sicrhau y byddwn i'n cerdded y llwybr cul, pe na bai ond am awr neu ddwy.

Echdoe fe wrthododd Tŷ'r Arglwyddi gefnogi mesur fyddai'n ei gwneud yn drosedd i niweidio plant trwy eu taro, a hynny am y byddai deddf o'r fath yn amhosibl ei gweithredu. Ond deddf neu beidio mae'r syniad o daro plentyn bach diamddiffyn yn gwbl wrthun. Fe ddaw amser pan fydd y plentyn hwnnw yn aros ei gyfle, pan fydd yn hŷn ac yn gryfach, i dalu'n ôl ac i ddechrau curo eraill. Mi fentra i mai plentyn wedi'i guro a'i gam-drin yw pob bwli, boed ar iard yr ysgol neu ar y stryd fawr yn hwyr y nos. Mi fentra i hefyd mai dyna pam y lladdwyd Andrew Ross yn Abergele.

Oes, mae angen disgyblaeth, ond mae curo plentyn yn arwydd o fethiant ac yn ychwanegiad peryglus at y diwylliant o drais sydd yn gymaint rhan o'n cymdeithas.

Os oes angen alltudio'r hen wialen fedw, mae angen hefyd alltudio'r gwn, y bom a'r roced, nwy gwenwynig, ffrwydron tir ac offer poenydio. Yn fwy na hynny, mae angen alltudio pob meddwl cas, dialgar a chreulon. Sail hyn yw'r egwyddor sy'n crynhoi holl ddysgeidiaeth Iesu yn y Bregeth ar y Mynydd: 'Pa beth bynnag y dymunwch i eraill ei wneud i chwi, gwnewch chwithau felly iddynt hwy.'

7 Gorffennaf 2006

Goleuni a Chysgod

Mewn rhaglen deledu echnos cafwyd hanes pedwar ar ddeg o ddynion tân gafodd eu harbed pan ddisgynnodd ail dŵr y Ganolfan Fasnach yn Efrog Newydd ar yr unfed ar ddeg o Fedi bum mlynedd yn ôl.

Er iddyn nhw gael eu cau mewn lle tywyll, cyfyng am oriau, fe ddaeth gwaredigaeth pan dywynnodd pelydryn o haul trwy'r rwbel a'r cymylau o lwch i'r union fan lle'r oedden nhw'n llochesu. Roedd y golau hwnnw fel arwydd gwyrthiol.

Dydd Llun nesaf, fe fydd hi'n bum mlynedd union ers y trychineb enfawr hwnnw. Bore Llun nesaf hefyd, ym Mangor, bydd angladd yr arlunydd dawnus, poblogaidd, Syr Kyffin Williams. Y tro cyntaf i mi glywed Kyffin Williams yn siarad, fe ddywedodd hyn, 'Dawn yr arlunydd yw nid gwybod sut i drin lliwiau, ond sut i drin golau a chysgod.'

Mae'r sylw yna yn dweud llawer am ei waith ef ei hun. Cynnil iawn yw ei ddefnydd o liwiau, ond fe wyddai i'r dim sut i gyfleu cadernid moel creigiau Eryri, bythynnod cefn gwlad a chymeriadau gwerinol trwy gyferbynnu cysgod a golau ym mhob golygfa. Yn ôl y rhai oedd yn ei adnabod roedd ei baentiadau yn adlewyrchu ei brofiadau mewnol personol. Fe wyddai o am brofiadau tywyll – am ddigalondid, iselder a'r felan – ac yr oedd y cysgodion yn ei ddarluniau yn cyfleu'r teimladau lleddf hynny.

Ond fe wyddai hefyd am brofiadau hyfryd – am fwynhau harddwch y byd a charedigrwydd pobl – ac felly doedd dim un darlun heb ei olau. Y golau oedd yn ei alluogi i wneud synnwyr o'r cysgodion. Mae'r hyn sy'n wir am waith yr arlunydd yn wir hefyd am fywyd. Fe wyddom ni i gyd am gysgodion ac am ddyddiau tywyll. Y gamp yw edrych i gyfeiriad y golau, y profiadau da – cariad, cyfeillgarwch, ffydd a chwmni Duw. Fe welwn ni wedyn fod yna lawer iawn mwy o oleuni mewn bywyd nag sydd yna o dywyllwch.

6 Medi 2006

Siarad a Gwrando

Yn ddiweddar deuthum ar draws y geiriau yma mewn hen gylchgrawn o ganol y ganrif cyn y ddiwethaf: 'Rhoddodd Duw i ni bob un ddwy glust ac un tafod, er mwyn i ni wrando mwy a siarad llai!' Yn sicr does dim taw ar ein siarad ni – ar sgwrsio a thrafod a phwyllgora ac areithio a phregethu a darlithio a darlledu a hel clecs a chlebran a chynghori. Ond faint o wrando sy'n digwydd cyn i ni fynd ati i draethu sy'n gwestiwn arall.

Yn ystod y dyddiau diwethaf rydym ni wedi clywed oriau o siarad o lwyfannau cynadleddau'r pleidiau gwleidyddol. Ddoe fe gafwyd araith wironeddol wych gan y Prif Weinidog yn dadansoddi'r sefyllfa wleidyddol ac yn rhoi cyfeiriad i'w blaid i'r dyfodol. Roedd hyd yn oed ei wrthwynebwyr amlycaf yn canmol ei berfformiad. Do, fe siaradodd yn dda. Ond beirniadaeth ar Tony Blair a glywir yn gyson yw ei fod yn gwrthod gwrando. Roedd miloedd wedi gorymdeithio trwy Fanceinion dydd Sadwrn i alw ar y Llywodraeth i roi'r gorau i'r rhyfela yn Irac ac Afghanistan.

Mae'r mwyafrif helaeth o bobl ac o lywodraethau'r byd yn credu mai camgymeriad enfawr oedd ymosod ar Irac.

Eto, roedd araith Tony Blair yn dangos nad oedd yn bwriadu gwrando arnyn nhw. Ar y llaw arall, rhaid ei ganmol o am wrando ar y rhai a fu'n pledio achos tlodion Affrica.

Rhag i neb feddwl fy mod i'n ymosod ar wleidyddion yn unig, gaf i ddweud bod yr un peth yn wir am bob un ohonom ni yn ein siarad a'n trafod a'n sgwrsio bob dydd. Mae'n bwysig ein bod ni'n gwrando ar ein gilydd, yn gwrando ar ein cydwybod, ac yn gwrando ar lais a gair Duw.

Rydw i am orffen efo adnod: 'Fy mab, os derbynni fy ngeiriau a gwrando arnynt, byddi'n deall meddwl yr Arglwydd ac yn tyfu mewn doethineb.'

27 Medi 2006

Creu Amgylchfyd Glân

Yn ôl pob sôn digon di-stŵr oedd diwrnod cyntaf y gwaharddiad ar ysmygu mewn mannau cyhoeddus, a hyd yn oed ysmygwyr cadarn yn ddigon eangfrydig i gydnabod na ddylai pobl eraill orfod dioddef effeithiau mwg ail-law. Un cam bach yw hwn, ond cam pwysig, tuag at greu amgylchfyd glanach ac iachach.

Mae hynny'n dasg enfawr gan fod gwyddonwyr yn ein rhybuddio bod y blaned gyfan mewn perygl oherwydd llygru a gwenwyno ar raddfa fyd-eang. Diolch am bob cam sy'n cael ei gymryd i wella'r sefyllfa.

Roedd ffrind i mi'n dweud fel y byddai ei fam erstalwm yn aml yn gorfod golchi dillad ddwywaith ar fore Llun i gael gwared â smotiau duon a ddisgynnai o fwg gweithfeydd cyfagos ar y dillad glân. Cofiai fynd i Lundain yn y pumdegau a mynd ar goll oherwydd y smog. Mae pethau wedi gwella rhywfaint o ran ein hamgylchfyd naturiol, ond mae gennym lawer iawn o waith i'w wneud i greu amgylchfyd glanach yn foesol ac yn ysbrydol. Un peth yw cael gwared â mwg sigaréts.

Beth am fwg atgasedd, rhagfarn a hiliaeth, trais a chreulondeb? A ninnau yn yr Wythnos Fawr mae'n werth cofio i gymaint o wahanol bobl ychwanegu at y twyll a'r casineb a yrrodd Iesu i'r groes.

Mae angladd y Tad Paul Bennett heddiw yn ein hatgoffa o'r trais sydd ar gynnydd yn ein cymdeithas. Oes, mae gennym i gyd y dasg o wrthweithio dylanwad elfennau dinistriol ac ymroi i greu amgylchfyd o gariad a thangnefedd. Beth feddyliwch chi o'r geiriau yma gan ryw ŵr doeth?

Pan fo cariad yn y galon, mae prydferthwch yn y cymeriad.
Pan fo prydferthwch yn y cymeriad, mae cytgord yn y cartref.
Pan fo cytgord yn y cartref, mae cyfiawnder yn y gymdeithas.
Pan fo cyfiawnder yn y gymdeithas, mae trefn ar y genedl.
Pa fo trefn ar y genedl, mae heddwch yn y byd.

Ie, gan ddechrau yn ein calonnau ein hunain medrwn i gyd gyfrannu at greu amgylchfyd iach, cytgord rhwng pobl a heddwch yn y byd.

3 Ebrill 2007

Gwerthu Storïau

'Arian yw Gelyn Gwirionedd'. Dyna oedd pennawd erthygl mewn papur newydd ddoe oedd yn gresynu at benderfyniad y Weinyddiaeth Amddiffyn i ganiatáu i'r pymtheg o forwyr a ryddhawyd o Iran werthu eu storïau i'r cyfryngau. Roedd pawb yn falch fod y pymtheg wedi eu rhyddhau, yn enwedig gan i hynny ddigwydd o ganlyniad i drafod diplomyddol call, nid bygythion o ddial ac ymosod. Roedd lle i obeithio y byddai'r trafod yn parhau a gwell perthynas ag Iran yn datblygu o ganlyniad.

Ond dros y dyddiau diwethaf mae'r stori wedi troi'n sur – y pymtheg wedi cwyno'n gyhoeddus am y modd y cawsant eu trin, a'r hawl wedi ei roi iddynt werthu eu storïau i'r wasg tabloid. Do, fe gawson nhw brofiadau annymunol a brawychus. Does neb yn gwadu hynny. Ond o werthu eu storïau bydd y rheiny wedyn yn cael eu gwyrdroi a'u defnyddio yn y rhyfel propaganda yn erbyn Iran a bydd hynny'n creu drwgdeimlad a gelyniaeth unwaith eto. Yn hanes y Pasg mae sôn am gymeriad a werthodd ei stori i elynion Iesu, a hynny am ddeg darn arian ar hugain. Defnyddiwyd stori Jwdas Iscariot yn y propaganda yn erbyn Iesu. O ganlyniad cafodd ei ddal, ei fflangellu a'i groeshoelio.

Yn rhy hwyr gwelodd Jwdas iddo wneud clamp o gamgymeriad, ac yn ei gywilydd a'i euogrwydd lladdodd ei hun. Trasiedi Jwdas yw iddo farw cyn clywed stori fwy o lawer, stori am fedd gwag ac atgyfodiad. Honno yw'r stori y bu Cristnogion led-led y byd yn ei dathlu dros y Pasg; nid yn ei gwerthu, ond yn ei rhannu'n rhad ac am ddim. Nid stori am rywbeth a ddigwyddodd ddwy fil o flynyddoedd yn ôl yn unig mohoni, ond stori sy'n berthnasol heddiw: am gariad yn goresgyn casineb, maddeuant yn dileu euogrwydd, am obaith, am dangnefedd a chymod. O wrando ar y stori hon a'i chredu mi fedrwch chi a minnau ganfod rhywbeth llawer iawn amgenach nag arian. Medrwn ganfod dechrau newydd a bywyd newydd.

10 Ebrill 2007

Trysor yn y Llofft Sbâr

Welsoch chi hanes y bensiynwraig Jean Preston a fu farw ychydig yn ôl a hithau'n berchen dau lun a werthwyd y dydd o'r blaen am £1.7 miliwn? Am flynyddoedd, wedi iddi ymddeol o'i gwaith fel llyfrgellydd yn Rhydychen, bu'n byw mewn tŷ bychan, dwy ystafell i fyny a dwy i lawr, a'i hamgylchiadau'n ddigon tlodaidd. Dim ond ar ôl iddi farw y canfuwyd bod y lluniau ar wal ei llofft sbâr yn waith yr arlunydd enwog Fra Angelico. Mae'n drist meddwl am wraig oedrannus yn byw mewn cyni a hithau, heb wybod hynny, yn berchen ffortiwn.

Eto mae hynny'n gallu bod yn wir am lawer ohonom ni. Nid fod gennym ddarluniau gwerthfawr yng nghorneli'r atig – does gen i ddim, beth bynnag – ond bod gennym gymaint o bethau gwerthfawr nad ydym yn sylweddoli eu gwerth. Un o'r pethau gwerthfawr ydy iechyd. Mae llawer un fyddai'n rhoi ei geiniog olaf i gael corff iach a meddwl clir. A phrydferthwch natur o'n cwmpas. A'r cyfoeth sydd mewn llên a cherddoriaeth a chelfyddyd.

A beth am ffrindiau? Rydw i'n cofio mynd i ymweld â hen wreigen fach annwyl ar ei phen-blwydd yn 90 oed. Dyna lle'r oedd hi a dwsinau o gardiau o'i chwmpas, blodau ac anrhegion o bob math dros y lle; a hithau'n wên i gyd yn dweud, 'Rydw i'n teimlo mai fi yw'r wraig gyfoethocaf yn y byd!' Roedd hi'n cyfrif ei chyfoeth mewn ffrindiau.

Er yr holl bethau erchyll sy'n digwydd mae'n bwysig cofio bod llawer mwy o ddaioni yn y byd nag sydd o ddrygioni; llawer mwy o bethau hyfryd nag sydd o bethau cas. Y cyfoeth mwyaf i gyd yw cael rhywun sy'n werth credu ynddo ac yn werth ei ddilyn. Iesu Grist yw hwnnw. Ef sy'n ein dysgu i weld y cyfoeth ym mhob peth hardd a da. Peidiwch â phoeni am drysorau yn yr atig, ewch ar ôl y cyfoeth arall yma.

24 Ebrill 2007

Grym Gwn a Grym Gweddi

Yn ystod y tridiau diwethaf gwelsom filwyr yn ymosod yn ffiaidd ar y protestwyr heddychlon yn Burma. Saethwyd pobl gyffredin, llusgwyd cannoedd o fynachod o'r mynachlogydd a'u curo'n ddidrugaredd. Un o'r disgrifiadau mwyaf brawychus oedd o ddau filwr yn curo mynach i farwolaeth tra oedd yn gweddïo. Roedd hynny yn ein hatgoffa o stori sydd yn y Testament Newydd am labyddio'r merthyr Cristnogol cyntaf, Steffan. Meddai'r hanes, 'Wrth iddynt ei labyddio, (sef ei ladd â cherrig y pryd hynny), yr oedd Steffan yn galw ar enw'r Arglwydd.' Yn ei farwolaeth ef a marwolaeth y mynach dienw yn Rangoon gwelwn ddau bŵer ar waith – arfau dinistriol, boed y rheiny'n gerrig neu'n ynnau, a gweddi.

Grym arfog y gormeswr a grym anweledig y gweddïwr. Pobl y gynnau a phobl gweddi. Y gwrthdaro rhwng y ddau bŵer yma yw hanes y ddynoliaeth. Ar un olwg mae pŵer y gynnau yn ymddangos yn llawer iawn cryfach na phŵer gweddi, ond dim ond dros dro. Rhoddodd mynachod heddychlon Burma a'u gweddïau taer gychwyn i fudiad na fydd dim dichon ei atal.

Yn 1989 roedd grŵp yn cyfarfod i weddïo mewn eglwys yn Leipzig yn Nwyrain yr Almaen. O'r grŵp hwnnw y cododd yr ymgyrch enfawr a lwyddodd i chwalu gormes Comiwnyddiaeth. Mae dedfryd hanes bob amser o blaid pobl y weddi. Lladdwch chi'r rhain ac fe ddaw eraill i gymryd eu lle. Sathrwch nhw fan hyn ac fe godan nhw fan draw. Erlidiwch nhw ac maent yn cynyddu. Carcharwch nhw ac maent yn canu.

Y dewis sy'n wynebu pob mudiad, pob plaid a phob unigolyn yw dilyn athroniaeth y gwn neu athroniaeth y weddi. Rwyf yn hollol sicr mai ar lwybr gweddi – llwybr cymod, heddwch a chariad – y mae gobaith y byd. Dewch i ni yn ysbryd ac yng nghwmni mynachod Burma ddewis y llwybr hwnnw a'i gerdded yn ffyddiog.

1 Hydref 2007

Lle i Bawb

Am ganrifoedd bu eglwys Llandeilo Fach, neu Llandeilo Tal y Bont, yn sefyll ar lan afon Llwchwr ar gyrion Pontarddulais. Ugain mlynedd yn ôl, a'r adeilad wedi dechrau dadfeilio, penderfynwyd tynnu'r eglwys i lawr a'i hailgodi yn Amgueddfa Werin Cymru, Sain Ffagan. Dyna i chi fenter enfawr oedd yn golygu rhifo'r cerrig er mwyn eu hailosod yn eu mannau cywir wrth godi'r eglwys ar ei safle newydd. Bellach fe agorwyd yr adeilad ar ei newydd wedd fel enghraifft o eglwys fechan Gymreig o'r Canol Oesoedd gyda murluniau hynod lliwgar oddi mewn, fel oedd yr arfer yn y cyfnod hwnnw.

Mae'r gwaith gorffenedig yn ddigon o ryfeddod. Meddyliwch o ddifrif am y gwaith manwl o farcio a rhifo pob carreg unigol. Roedd i bob un ei lle ac roedd angen pob un o fewn yr adeilad cyfan. Dyna i chi ddarlun o beth yw eglwys mewn gwirionedd: cymuned o bobl a lle o'i mewn i bawb a phawb yn cyfrif.

Dyna ddarlun hefyd o gymdeithas wâr – pob unigolyn o werth, pob un a'i gyfraniad, pob un yn rhywun. O fewn cymdeithas felly y mae lle i'r hen a'r ifanc, y du a'r gwyn, y melyn a'r brown, y tlawd a'r cyfoethog, y dysgedig a'r annysgedig, neb yn cael ei gam-drin, neb yn cael ei ddibrisio.

Gŵr oedd y diweddar R. Gwynn Davies, Waunfawr, a wnaeth gymaint i'n hatgoffa bod lle i'r anabl a'r rhai dan anfantais o fewn ein cymdeithas a bod ganddynt eu cyfraniad unigryw i'w wneud. Ie, dyna'r ddelfryd – lle i bob carreg a phob carreg yn ychwanegu at gadernid yr adeilad.

Mae'r Testament Newydd yn sôn am ddilynwyr Crist fel 'meini

bywiol' a dim ond wrth weld a derbyn ein gilydd fel meini byw, a phob un yn werthfawr ac yn unigryw, y llwyddwn i adeiladu cymdeithas deg a dedwydd.

15 Hydref 2007

Dwy Wlad

Y dydd o'r blaen fe gyhoeddodd yr Arlywydd Trump ei fwriad i symud Llysgenhadaeth America o Tel Aviv i Jerwsalem. Wrth ddweud hynny roedd i bob pwrpas yn datgan mai prifddinas Israel, ac Israel yn unig, oedd Jerwsalem. Fe arweiniodd hynny at brotestiadau ffyrnig ar ran y Palestiniaid ac fe gyhuddwyd Trump o beryglu'r heddwch bregus sy'n bod rhwng y ddwy ochr.

Problem waelodol Israel yw bod dwy genedl yn rhannu'r un wlad. Dyna hefyd yw cefndir stori'r Nadolig. Meddai'r hanes: 'Ac yr oedd yn y wlad honno fugeiliaid yn aros yn y maes, ac yn gwylied eu praidd liw nos ... ', geiriau sy'n awgrymu'n gynnil fod mwy nag un wlad yn bod y Nadolig cyntaf hwnnw, fel sydd yn Israel heddiw. Roedd gwlad y bugeiliaid a'r angylion, gwlad o lawenydd a thangnefedd, o faban bach yn cael ei eni a bugeiliaid syml yn cael mynd i'w weld.

Ond roedd yna wlad arall yn bod, sef gwlad Herod a'i filwyr; gwlad o greulondeb a thrais, o ladd y diniwed a'u gyrru ar ffo; gwlad o ddychryn, wylofain a dagrau.

Mae'r ddwy wlad yn bod heddiw. Mae mamau a phlant bach yn cael eu lladd wrth y cannoedd ar y ffin rhwng Burma a Bangladesh; mae eraill yn llwgu i farwolaeth yn yr Yemen, ac eraill wedyn yn dioddef mewn rhyfela gwaedlyd yn y Congo.

Rhaid, er hynny, beidio â cholli golwg ar y wlad arall – gwlad y bugeiliaid, gyda'i haddewid o dangnefedd ymhlith pobl o ewyllys da, a'r cyhoeddiad fod rhywun cwbl arbennig wedi'i eni, un sy'n Waredwr ac yn Arglwydd, yn cynnig i'r byd ffordd amgenach na ffordd trais a rhyfela. Nid lleoliad llysgenhadaeth Donald Trump sy'n bwysig, ond lleoliad y Crist hwn. Y ffordd orau o ddathlu gŵyl ei eni ef yw trwy osod ein hunain o fewn ei wlad o, gwlad o dangnefedd, o gariad at gyd-ddyn ac o lawenydd go iawn.

20 Rhagfyr 2007

Mae Amryw Byd Ohonom

Mae'n siŵr eich bod wedi clywed y stori am y dyn a aeth i dacluso'r atig a dod o hyd i ffrâm aur, gywrain, a meddwl ei fod wedi ffeindio darlun gwerthfawr. Gan fod llwch a baw blynyddoedd dros y gwydr y peth cyntaf roedd yn rhaid ei wneud oedd ei lanhau. Wrth fynd ati i sychu'r gwydr a chael gwared â'r llwch be welai ond ei wyneb ei hun! Nid darlun oedd y ffrâm ond drych!

Heddiw yw diwrnod cyntaf y Grawys – Dydd Mercher Lludw – a phrif ddiben y cyfnod yma o hyn hyd at y Pasg yw'n helpu ni i edrych o ddifrif arnom ein hunain er mwyn gweld pa fath o ddarlun welwn ni. Y broblem yw bod yna fwy nag un darlun i'w weld. Ydych chi'n cofio geiriau T. H. Parry-Williams?
Mae amryw byd ohonom yn fy nghlai,
Blithdraphlith oddi mewn, pob un a'i gri ...

Mae'r ymgeiswyr am yr arlywyddiaeth yn America yn gwario miliynau o ddoleri i geisio cyflwyno darlun ffafriol ohonynt eu hunain er mwyn ennill pleidleisiau. Mae gennym i gyd ddarlun cyhoeddus o'n hunain, ac rydym yn awyddus i hwnnw fod yn dderbyniol, yn atyniadol, yn cŵl. Ond wedyn mae yna ddarlun arall nad oes neb ond ni ein hunain yn ei weld. Dydy hwnnw ddim llawn mor ddymunol, oherwydd gwyddom am y beiau a'r gwendidau sydd ynom ni – pethau sy'n codi cywilydd arnom ni, na fyddem ni am i neb arall eu gweld.

Wedyn mae yna ddarlun arall na fedrwn ni mo'i weld ac na fedr neb arall mo'i weld chwaith – sef ochr anweledig, anhysbys o'n personoliaeth sy'n gorwedd yn ddwfn yn ein hisymwybod. Yno mae elfennau tywyll, cyntefig – hen ofnau, hen ragfarnau, hen gymhellion hyll, hen reddfau milain cas. Mae'r rheiny'n berwi i'r wyneb weithiau ac yn creu llanast. Dyna pam mae yna sôn yn ystod y Grawys am edifeirwch. Edifeirwch yw'r sychu llwch oddi ar y darlun, cydnabod nad ydym ni ddim yr hyn ddylem ni fod, rhoi heibio'n hunanbwysigrwydd, y teitlau a'r trimins, y statws a'r swyddi. Mae'n broses boenus, ond yn greadigol hefyd – proses sy'n adfer y llun ac yn gam tuag at ein gwneud yn well pobl.

6 Chwefror 2008

Rhodd Enbyd Bywyd

Saunders Lewis biau'r llinell ryfeddol, 'Rhodd enbyd yw bywyd i bawb.' Mae rhodd yn rhywbeth yr ydym yn ei dderbyn gan rywun arall, ac yn ei werthfawrogi am y rheswm syml mai rhodd ydyw. Os mai rhodd yw bywyd, mae hynny'n golygu ei fod o werth amhrisiadwy: yn rhodd enbyd, a chyfrifoldeb ynghlwm wrtho i'w fyw yn llawn ac yn gyfrifol.

Dyna pam mae clywed am golli bywyd, yn enwedig bywydau ifanc, yn enbyd o drist. Dros y Sul bu farw Sion Evans, gweithiwr ieuenctid yng Ngholeg y Bala, o ganlyniad i ddamwain. A Kodjo Yenga, 16 oed, yn cael ei ladd liw dydd yn Llundain echdoe gan griw o bobl ifanc yn gweiddi, 'Daliwch o! Lladdwch o!' Mae'n ein dychryn ni i glywed hanesion fel hyn am rodd werthfawr bywyd yn cael ei cholli.

Tristwch mwy fyth yw clywed am gymaint o bobl ifanc yn cyflawni hunanladdiad. Roedd y rhaglen *Casualty* ar deledu BBC nos Sadwrn yn dangos meddyg ifanc, Ruth Winters, yn gwneud amdani ei hun am iddi wneud camgymeriad wrth drin claf, gorflino oherwydd oriau hir o waith caled, a methu closio at bobl eraill a gwneud ffrindiau. Beth am yr holl ieuenctid o ardal Pen-y-bont ar Ogwr a mannau eraill sydd wedi cymryd eu bywydau eu hunain a neb yn gwybod pam? Dim ond bod awgrym o ryw ddylanwad peryglus ar y we yn eu denu i wneud hynny.

Tybed ai rhan o'r rheswm am y trasiedïau yma yw bod y syniad o fywyd fel rhodd werthfawr Duw wedi mynd yn gwbl ddieithr, a bod bywyd wedyn yn troi'n faich, a byw'n mynd yn boendod – y rhodd yn colli'i sglein? Canlyniad hynny yw byw yn hunanol, ac anghofio'r paradocs sydd ar ganol y ffydd Gristnogol, mai wrth golli bywyd y mae ei ganfod – colli yn yr ystyr o rannu'r rhodd enbyd, ryfeddol yma â phobl eraill – rhannu cyfeillgarwch a gofal a chariad, a hwyl, gyda phawb o'n cwmpas ni. Fel yna mae cadw'i ffresni a'i sglein.

13 Chwefror 2008

Pen-blwydd CND

Yn y City Hall yn Llundain cynhaliwyd cyfarfod i ddathlu penblwydd mudiad CND a sefydlwyd hanner can mlynedd yn ôl i'r penwythnos diwethaf yn Chwefror 1958.

Erbyn hyn mae enwau nifer o'r sylfaenwyr wedi mynd yn angof – pobl fel y Canon John Collins o Gadeirlan Sant Paul, Bertrand Russell yr athronydd, J. B. Priestley y nofelydd, Michael Foot y gwleidydd, Donald Soper y pregethwr Wesle, a nifer o rai eraill. O dan eu harweiniad nhw a'u tebyg tynnwyd miloedd ar filoedd i'r ymgyrch ddiarfogi niwclear. Un o'r pethau cyntaf iddyn nhw ei drefnu oedd ymdaith o Lundain i Aldermaston – taith a gymerodd bedwar diwrnod o gerdded soled ac a ddenodd 8,000 o gerddwyr.

Milwyr fyddai'n martsio fel arfer, a martsio i ryfel. Peth newydd a chyffrous oedd gweld pobl yn eu miloedd yn gorymdeithio dros heddwch. Buan y sylweddolodd y wasg, y gwleidyddion, yr heddlu a'r wlad yn gyffredinol fod mudiad heddwch newydd, nerthol wedi ymddangos. Galwad CND oedd ar i Brydain osod esiampl i weddill y byd trwy gymryd y cam cyntaf tuag at ddiarfogi.

Beth bynnag oedd y dadleuon o blaid neu yn erbyn y polisi hwnnw, does dim dwywaith i CND gyflawni dau beth hollbwysig. Dysgodd bobl beth fyddai canlyniadau erchyll rhyfel niwclear. Dangosodd i wleidyddion fod cannoedd o filoedd o bobl trwy'r wlad fyddai'n gwrthwynebu unrhyw syniad o ddefnyddio arfau niwclear. Nid pawb, wrth gwrs, allai fartsio i Aldermaston neu unrhyw le arall ond does dim rhaid gwneud hynny. Mae bywyd i gyd yn ymdaith ac fe all pob un ohonom fod yn rhan o'r ymdaith fyd-eang o blaid heddwch, dim ond i ni yn ein bywyd bob dydd siarad a gweithredu a meddwl ac ymddwyn yn heddychlon yn ein hymwneud â'n gilydd.

Dywedodd rhyw ŵr doeth, 'Os oes tangnefedd yn y galon, mae cytgord yn y cartref; os oes cytgord yn y cartref mae trefn ar y gymdeithas; os oes trefn ar y gymdeithas mae heddwch yn y byd.'

20 Chwefror 2008

Iselder Creadigol

Un o'r cyflyrau dynol mwyaf poenus yw iselder ysbryd: y cyfuniad o bryder, o anhapusrwydd dwfn, o dyndra mewnol, o ymdeimlad o anobaith ac o suddo i'r felan. Rydym i gyd yn gwybod rhywbeth am iselder, ond i'r rhan fwyaf ohonom mae'n gyflwr sy'n mynd heibio'n weddol gyflym a'r ysbryd yn codi unwaith eto. I eraill mae'n troi'n gyflwr llawer mwy difrifol fel bod angen help a thriniaeth seiciatryddol arnynt.

Y dydd o'r blaen cyhoeddwyd cyfrol gan seiciatrydd amlwg, Dr Paul Keedwell, yn dadlau bod i iselder le pwysig yn y profiad dynol. Mae'n gweithredu fel rhybudd fod angen i'r corff a'r meddwl gael ysbaid i orffwys ac ymlacio. Mae'n gweithredu hefyd fel sbardun yn gyrru person yn ôl i'w waith gyda mwy fyth o egni a brwdfrydedd. I brofi ei bwynt mae'n cyfeirio at nifer o bobl greadigol fyddai'n mynd trwy gyfnodau o iselder ac yna'n dod allan ohonynt yn llawn bwrlwm ac afiaith – pobl fel John Stuart Mill, Van Gogh, Winston Churchill a nifer o rai eraill.

Yn y ddrama ddogfen ar Jennie Eirian Davies ar S4C neithiwr cafwyd portread ardderchog o wraig fyrlymus, weithgar, gynhyrchiol. Eto gwyddai'n iawn am gyfnodau o ddigalondid ac o golli hyder. Yn y rhaglen clywyd ganddi'r geiriau, 'Dioddefaint yw'r grym mwyaf creadigol ym myd natur.'

Chwarter canrif yn ôl dywedodd Jennie Eirian yr hyn a ddywedodd Paul Keedwell yn ei lyfr newydd yr wythnos ddiwethaf. Yr hyn sy'n anodd, wrth gwrs, yw gweithio trwy'r cyfnodau tywyll cyn i niwl yr iselder godi. Clywsom ddoe ddiwethaf nad yw rhai tabledi fel Prozac fawr o help mewn gwirionedd. Ond mae help i'w gael. Mae dysgu ymlacio'n help, rhannu gofid â ffrindiau, mynd am dro, gwrando ar gerddoriaeth, gwrando ar alwad y corff a'r meddwl am lonydd a seibiant. Mae'r Beibl yn ein hatgoffa bod rhywun arall hefyd y medrwn ni droi ato: 'Bwrw dy faich ar yr Arglwydd, ac fe'th gynnal di.'

27 Chwefror 2008

Y Gwasanaeth Iechyd Cenedlaethol

Fe fydd pob un ohonom wedi dweud 'Helo' wrth sawl un yn ystod y dydd heddiw. Mae 'Helo' yn un o nifer o eiriau sy'n tarddu o'r hen air Eingl-Sacsonaidd 'hale' sy'n rhoi i ni eiriau Saesneg eraill fel 'hail', 'whole', 'health' a 'holy'. Pan ddywedwn ni 'Helo' wrth rywun yr ydym ni'n dymuno iddyn nhw iechyd, hapusrwydd, bendith a llawnder bywyd. Mae hynny'n agos iawn at y syniad Beiblaidd fod iechyd ac iechydwriaeth yn perthyn yn glòs i'w gilydd.

Mae iechyd, ac felly gofal meddygol a phob peth sy'n cyfrannu at iechyd corff a meddwl, yn hawliau dynol sylfaenol. Ar 5 Gorffennaf fe fyddwn yn dathlu pen-blwydd y Gwasanaeth Iechyd Cenedlaethol. 60 mlynedd yn ôl cyhoeddodd llywodraeth y dydd y byddai'r Gwasanaeth Iechyd newydd yn darparu gofal meddygol i bawb yn ddiwahân – yr hen a'r ifanc, y tlawd a'r cyfoethog – a hynny'n rhad ac am ddim. Byddai'r gwasanaeth yn cael ei ariannu gan drethdalwyr ac yn rhyddhau pobl o ofidiau ariannol yn ystod cyfnodau o salwch.

Prif bensaer y cynllun arloesol hwn oedd Aneurin Bevan a lwyddodd i'w lansio er gwaethaf gwrthwynebiad llawer iawn o feddygon, y Blaid Dorïaidd gyfan, rhai papurau newydd dylanwadol a hyd yn oed rhai sgeptigiaid yn ei blaid ei hun. Mae'n anodd i ni heddiw sylweddoli cymaint o wahaniaeth a wnaeth hyn i filoedd ar filoedd o bobl. Bu fy nhad i farw o glefyd y galon yn hanner cant oed yn 1946 – dwy flynedd cyn cychwyn y Gwasanaeth Iechyd. Un cof sydd gen i yw nid yn unig y gofid oherwydd dirywiad ei iechyd ond y pryder am sut oedd talu biliau'r meddyg.

Egwyddor sylfaenol Nye Bevan oedd fod gan bob person yr hawl i ofal meddygol ac na ddylai neb gael ei gosbi'n ariannol oherwydd iddo ddigwydd mynd yn sâl. Diolch am y ddarpariaeth unigryw hon, a dewch i ni ymrwymo i wneud popeth o fewn ein gallu i'w diogelu i'r dyfodol. Dyma rywbeth sydd ar ganol llwybr y genhadaeth a ymddiriedodd Iesu i'w ddilynwyr, sef pregethu'r newyddion da ac iacháu'r cleifion.

3 Gorffennaf 2008

Ar Ymylon Cariad

Ffilm sydd ar hyn o bryd yn teithio'r sinemâu yw *The Edge of Love*, sy'n bortread o berthynas gythryblus Dylan Thomas â'i wraig Caitlin a'i hen gariad Vera Phillips. Matthew Rhys sy'n chwarae Dylan Thomas ac yn gwneud hynny'n feiddgar fywiog.

Mae Caitlin a Vera'n gyfeillion, ond maen nhw'n gwybod yn iawn am gampau rhywiol Dylan efo nifer o ferched, yn ogystal â nhw'u dwy. Dydy ffyddlondeb, cyfrifoldeb at ei wraig, parch tuag ati a gofal amdani yn golygu dim iddo. Mae'r ddau yn ffraeo'n gyson ac weithiau yn ymosod yn ffyrnig ar ei gilydd.

Am wn i mai dyna yw arwyddocâd teitl y ffilm, Ymylon Cariad. Er ei holl anturiaethau carwriaethol, ac er iddo sôn am gariad yn nifer o'i gerddi, dydy o, mewn gwirionedd, ddim yn gwybod ystyr y gair.

Mae gwir gariad yn golygu ymrwymiad, ffyddlondeb diwyro i berson arall ac awydd i geisio'u lles a'u hapusrwydd. Ond doedd pethau felly yn golygu dim i Dylan Thomas. Mae yna le i ofni ein bod ni i gyd, i ryw raddau, yn byw ar ymylon cariad.

Mae gwledydd yr G8 yn cyfarfod yn Siapan ac wedi addunedu unwaith eto i helpu tlodion y byd, ond eu hanes nhw bob tro yw anghofio'n fuan am eu haddewidion. Chwarae ar yr ymylon yw peth felly. Mae Gordon Brown a'i lywodraeth yn uchel eu cloch yn condemnio Robert Mugabe a'i ymddygiad gormesol, ond ar yr un pryd yn mynnu bod 11,000 o ffoaduriaid o Zimbabwe yn cael eu gyrru yn ôl i'r wlad beryglus honno, y rhan fwyaf i wynebu carchar, artaith a marwolaeth. Mae hynna'n waeth na chwarae ar yr ymylon – mae'n rhagrith pur. Neges ganolog Iesu o Nasareth yw fod cariad yn rhywbeth i'w gymryd yn gwbl o ddifrif ac i'w weithredu yn ein perthynas â phawb, hyd yn oed gelynion. Dyma bŵer sydd yn goresgyn casineb, yn maddau beiau, yn codi pontydd, yn creu cymod rhwng pobl. Wnaiff hi mo'r tro chwarae ar ymylon hwn.

10 Gorffennaf 2008

Salem Cefncymerau

Can mlynedd yn ôl i eleni roedd artist ifanc ecsentrig yn crwydro Gogledd Cymru ar gefn ei feic pan ddigwyddodd daro ar Gwm Nantcol a chapel bach Salem a oedd, meddai, fel pe bai'n gwenu arno yn yr heulwen gynnar.

Curnow Vosper oedd yr arlunydd. Aeth ati i berswadio rhai o hen bobl yr ardal – Siân Owen, Laura Williams, Mary Rowlands ac Elin Edwards, Tŷ Capel – i wisgo gwisgoedd traddodiadol Cymreig er mwyn iddo beintio darlun a fyddai, yn ei dyb o, yn eicon o fywyd gwerinol cefn gwlad Cymru.

Ymddangosodd y darlun, *Salem*, am y tro cyntaf mewn arddangosfa yn yr Academi Frenhinol yn Llundain yn 1908 ac fe'i prynwyd gan yr Arglwydd Leverhulme ar gyfer ei oriel ddarluniau yn Port Sunlight, ac yno y mae i'w weld hyd heddiw. Ymhlith y cymeriadau sydd wedi'u portreadu y mae bachgen bach cringoch yn eistedd o dan y cloc – yr unig blentyn yn y llun. Ei enw oedd Evan Lloyd.

Ond nid fo oedd y dewis cyntaf i fod yn y darlun, ond ei gefnder, Evan Rowlands. Y broblem oedd fod Evan Rowlands yn methu eistedd yn llonydd. Byddai'n codi ac yn crwydro ac yn dringo dros y seddau, nes i'r arlunydd yn y diwedd golli ei amynedd, ei yrru adref a mynnu cael ei gefnder, Evan Lloyd, i eistedd yn ei le.

Mae dysgu bod yn llonydd yn bwysig – mae'n falm i gorff, meddwl ac enaid. Nid eistedd yn llonydd yn y capel, ond ymdawelu – tawelu'r corff, ie, ond tawelu'r meddwl hefyd.

Fe wyddom ni i gyd am y meddyliau gwibiog, yr ofnau tywyll a'r rhagfarnau cas sy'n corddi ein meddyliau. Fe wyddom ni hefyd am y beiau, yr amheuon a'r siniciaeth sy'n blino'n hysbryd.

Beth am i ni greu Salem dawel ynom ein hunain – lle i droi i ymlonyddu, i wrando ar Dduw, i weddïo ac i ganfod heddwch a nerth i ddal ati.

17 Gorffennaf 2008

Y Ffordd Hir i Ryddid

Deunaw mlynedd yn ôl, ar 11 Chwefror 1990, y dydd y cafodd ei ryddhau ar ôl 27 mlynedd yn y carchar, dywedodd Nelson Mandela wrth dyrfa enfawr yn Cape Town, 'Rwy'n eich cyfarch yn enw heddwch, democratiaeth a rhyddid – rhyddid i bawb.' Roedd gwên ar ei wyneb a doedd dim arlliw o ysbryd dialgar yn ei eiriau. Ar y pryd roedd yn 71 oed. Dydd Gwener diwethaf, a'r wên lydan honno'n dal ar ei wyneb, fe ddathlodd Mandela ei ben-blwydd yn 90 oed.

Dros y blynyddoedd bu'n symbol byw o ryddid, cyfiawnder a chymod ac yn ysbrydoliaeth i filoedd. Yn ei hunangofiant mae'n dweud mai taith hir yw'r daith tuag at ryddid. Er iddo gael ei ryddhau o garchar ac er i bobl dduon De Affrica gael eu rhyddhau o ormes apartheid, yr hyn a gafwyd, meddai, oedd y rhyddid i fod yn rhydd. Hynny yw, mae gwir ryddid yn golygu mwy na chael gwared o gadwyni haearn a chyfreithiau creulon; rhaid cael gwared hefyd ar ragfarn, eiddigedd, atgasedd a phopeth sy'n caethiwo pobl oddi mewn ac yn gwenwyno'u perthynas â'i gilydd. Mae cyrraedd at y rhyddid yna'n daith hir, a dyna arwyddocâd teitl ei hunangofiant, *Long Road to Freedom*. Mae'n daith y mae pob un ohonom ni'n gorfod ei cherdded.

Mewn cyferbyniad llwyr ag ysbryd Nelson Mandela mae Radovan Karadzic wedi bod yn gaeth ers blynyddoedd i'r hen, hen atgasedd sydd wedi gwahanu Serbiaid a Bosniaid, ac yn gaeth hefyd i'r ofn sydd wedi peri iddo guddio tu ôl i'w locsyn hir. A beth sydd wrth wraidd y trywanu brawychus ar strydoedd Llundain a mannau eraill ond caethiwed pobl ifanc i gyffuriau, i alcohol, i ddiwylliant gangiau, i'r awydd i geisio ymddangos yn galed. Rhywbeth mewnol ydy gwir ryddid a rhywbeth y mae'n rhaid i bob un ohonom ni chwilio amdano fo. Pen-blwydd hapus i Nelson Mandela a boed i'w esiampl a'i ddylanwad barhau am flynyddoedd eto. Mae gennym ni i gyd gymaint i'w ddysgu oddi wrtho.

24 Gorffennaf 2008

Cyfrif Ein Dyddiau

Yn niwedd Gorffennaf 2008 fe fu nifer ohonom ni'n dathlu Priodas Aur dau uchel iawn eu parch yn ardal Wrecsam, sef y Parch. John Curig a Mrs Gwyneth Thomas. Am hanner can mlynedd bu John a Gwyneth nid yn unig yn cynnal ei gilydd a'u teulu mewn cariad a gofal, ond hefyd nifer fawr o bobl o fewn eu heglwysi ac yn y gymdogaeth. Diolch amdanyn nhw a gobeithio y cânt flynyddoedd lawer eto o fywyd priodasol dedwydd.

Mis yn ôl roedd ffrind arall i ni yn dathlu ei phen-blwydd yn 91 oed, ac y mae wedi llenwi ei blynyddoedd â chariad a gwasanaeth a llawenydd. Ac felly y dylai hi fod. Mae 50 mlynedd yn gyfnod hir, a 90 mlynedd yn hirach eto!

Mae cofio hynny yn gwneud i ni sylweddoli mor enbyd o drist fu llofruddiaeth Catherine Mullany a'r ymosodiad ar ei gŵr Ben ar ynys Antigua. Pythefnos yn unig o fywyd priodasol gawson nhw. Roedd y naill yn feddyg a'r llall yn ffisiotherapydd a gallen nhw fod wedi rhoi cymaint o help i filoedd o gleifion dros y blynyddoedd, ond rhoddwyd diwedd creulon ar eu bwriadau gan fwledi a gwn.

A beth am y ferch fach dair blwydd oed o Brestatyn, Meg Burgess, a laddwyd pan ddisgynnodd wal arni? Beth ydy tair blynedd mewn cymhariaeth â 91 mlynedd? Mae ceisio gwneud synnwyr o drychinebau o'r fath y tu hwnt i'n hamgyffred ni. Fedrwn ni wneud dim ond gweddïo dros y teuluoedd yn eu galar, ac y mae gweddïo yn help. Fel arall, yr unig wers wela i o feddwl pa mor anghyfartal ydy bywyd – rhai yn byw i wth o oedran ac eraill yn cael eu torri i lawr ym mlodau eu dyddiau – ydy fod amser yn werthfawr, pob darn ohono, pob munud, pob awr, pob dydd a phob blwyddyn. 'Dysg ni i gyfrif ein dyddiau,' meddai'r Salmydd. Ystyr hynny yw gweud yn fawr o'n dyddiau – cofio mai rhodd Duw ydyn nhw i'w gwerthfawrogi, eu mwynhau a'u byw i'r ymylon.

31 Gorffennaf 2008

Terfysgwr Normal

O'r holl luniau brawychus a welwyd ar y teledu a'r papurau newydd o'r ymosodiad teroristaidd ar Mumbai, yr un a gododd ddychryn ar y rhan fwyaf ohonom ni oedd o ŵr ifanc yn cerdded yn dalog i'r orsaf rheilffordd, yn edrych yn union fel pe bai ar ei ffordd i ddal trên i'w waith neu i'w gartref neu i ymweld â ffrindiau. Doedd o ddim yn edrych fel terfysgwr, ond fel dyn ifanc normal – bag ar ei gefn a threnyrs am ei draed. Dim ond o syllu'n fanwl ar y llun y gwelech chi fod ganddo wn o dan ei gesail, ac yn ôl yr hanes roedd ei bocedi yn llawn o 'grenades'. O fewn dau funud o dynnu'r llun roedd wedi saethu deg o bobl ddiniwed yn farw ac wedi anafu llawer mwy.

Ym mhapurau ddoe cawsom wybod mai ei enw yw Azam Amir Kasab, un ar hugain oed o dde'r Punjab. Na, dydym ni ddim yn disgwyl i deroristiaid edrych fel pobl normal, cyffredin. Petai o'n anghenfil hyll a chyrn yn tyfu o'i ben fe fuasem ni'n gwybod wedyn ei fod o'n greadur dieflig. Ond nid rhywbeth ar yr wyneb ydy drygioni. Mae o'r golwg, yn ddwfn yn y meddwl ac yn berwi yn y galon. Rhan o'r broblem yw ein bod ni heddiw yn rhoi cymaint o bwyslais ar ddelwedd allanol – ar edrych yn trendi a ffasiynol – ac yn anghofio mai ansawdd cymeriad oddi mewn sy'n bwysig.

Mae'n amlwg fod Azam Kasab yn un o gannoedd o wŷr ifanc Islamaidd sy'n cael eu dylanwadu gan ideoleg wenwynig atgas a'u dysgu i gasáu, i ymosod ac i ladd. Mae yna rybudd i ni yn hyn. Pwy neu beth sydd yn dylanwadu arnom ni ac ar ein plant a'n pobl ifanc? Oes gennym ni werthoedd ac egwyddorion oddi mewn i lywio'n bywyd?

Ddoe oedd Sul cyntaf yr Adfent – cychwyn tymor pan fyddwn yn dathlu dyfodiad Iesu Grist i'r byd, nid ei ddyfodiad ddwy fil o flynyddoedd yn ôl yn unig, ond y ffaith ei fod yn dod heddiw i geisio lle yng nghalonnau pobl. Beth sy'n well i gadw pob atgasedd ac ysbryd treisgar o'r galon na'i llenwi â chariad, addfwynder a thangnefedd Iesu?

1 Rhagfyr 2008

Pontio Gwahanol Fydoedd

Un o'r llyfrau sy'n gwerthu orau ar hyn o bryd ydy *Dreams from My Father*, sef hunangofiant Barack Obama. Mae'n gyfrol gwerth ei darllen, yn dangos bod yr Arlywydd etholedig yn ddyn dawnus, deallus ac yn llenor coeth – pur wahanol i'w ragflaenydd di-glem!

Yr hyn sy'n dod i'r amlwg yn y llyfr yw fod Obama yn ddyn sy'n pontio nifer o wahanol fydoedd. A'i fam yn wyn a'i dad yn ddu mae'n pontio rhwng dwy hil. A'i fam yn Americanes a'i dad yn Affricanwr mae'n pontio dau gyfandir. A'i dad yn dod o bentref tlawd yn Kenya ac Obama ei hun, oherwydd ei addysg a'i lwyddiant, wedi dod ymlaen yn y byd, mae'n pontio'r agendor rhwng tlawd a chyfoethog. A rhai o deulu ei dad yn Fwslemiaid a'i fam ac yntau'n Gristnogion mae'n pontio dwy grefydd.

Mae un peth yn sicr, mae angen arweinwyr ar hyn o bryd sydd â'r gallu ganddyn nhw i ddeall a goresgyn y rhaniadau sy'n bygwth darnio'n byd ni.

Ers trychineb 9/11 rydym ni wedi gweld y byd yn polareiddio – rhwng gwledydd cyfoethog, gwastrafflyd y Gorllewin a gwledydd tlawd y Trydydd Byd sy'n suddo'n ddyfnach i dlodi; rhwng seciwlariaeth filwriaethus sy'n gwneud ei gorau glas i ddiddymu crefydd, a ffwndamentaliaeth Islamaidd dreisgar a ffwndamentaliaeth Gristnogol ddisynnwyr George Bush a Sarah Palin a'u tebyg, sy'n rhan o achos y llanast yn Irac a'r Dwyrain Canol.

'A fo ben bid bont' meddai'r hen air. Sail yr egwyddor honno ydy'r hyn rydym ni'n ei ddathlu bob Nadolig, sef bod y baban a anwyd ym Methlehem hefyd yn pontio gwahanol fydoedd – byd dyn a byd Duw, byd treisgar Herod a byd tangnefeddus yr angylion, byd y tlawd a'r digartref a byd cyfiawnder a thegwch. Mae pob pont yn gallu uno a chymodi, yn enwedig felly yr un a godwyd ym Methlem Jwda gynt.

15 Rhagfyr 2008

Canu'r Halelwia

Ddoe fe wnaed hanes ym myd canu poblogaidd wrth i ddwy fersiwn o'r un gân ddod i'r brig yn y siartiau, sef addasiad Alexandra Burke o *Hallelujah* a hefyd recordiad y diweddar Jeff Buckley o ddechrau'r nawdegau. Fe gyfansoddwyd y gân yn wreiddiol gan Leonard Cohen. Ar *Dechrau Canu Dechrau Canmol* yn ddiweddar fe ganodd Shân Cothi addasiad Cymraeg ohoni.

Does dim dwywaith, mae hi'n gân hudolus yn dod i gresendo mewn *Halelwia* orfoleddus. Mae'r gair *Halelwia* yn mynd â ni'n ôl ganrifoedd lawer i Salmau'r Hen Destament, a'i ystyr yn syml ydy 'Molwch yr Arglwydd'. Yn ôl Cohen ei hun mae'r gân yn ddathliad hiraethus o gariad a gollwyd.

Nid peth hawdd ydy dathlu a diolch ynghanol colled. Mae yna lawer un yn ein cymdeithas wedi dioddef colledion trwm yn ddiwedddar; llawer wedi colli'u gwaith wrth i siopau a busnesau fynd i'r wal; miloedd yn debygol o golli'u cartrefi oherwydd iddyn nhw fethu talu morgeisi; a llawer iawn wedi colli anwyliaid trwy farwolaeth. Mae colledion o'r fath yn llawer mwy dwys yr adeg yma o'r flwyddyn.

Byrdwn y gân *Halelwia* yw fod yna bethau y gellir diolch amdanyn nhw hyd yn oed ynghanol profiadau anodd bywyd – atgofion melys, caredigrwydd a chymorth ffrindiau, a sylweddoli y gallai pethau fod yn waeth.

Dair canrif yn ôl fe gafodd hen Biwritan o'r enw Matthew Henry ei fygio gan ladron pen-ffordd. Dyma ysgrifennodd o yn ei ddyddiadur y noson honno: 'Mae gen i lawer i ddiolch amdano. Diolch na ddigwyddodd dim byd tebyg i mi o'r blaen. Er i'r lladron gymryd fy mhres, diolch na ddaru nhw gymryd fy mywyd. Ac er iddyn nhw gymryd popeth oedd gen i, diolch nad oedd hwnnw'n ddim llawer. A diolch mai nhw ddaru ddwyn oddi arna i, nid fi oddi arnyn nhw!' Oes, mae modd diolch ynghanol tristwch colledion. Trwy'r cwbl mae modd canu *Halelwia.*

22 Rhagfyr 2008

Dirgelwch y Drwg a'r Da

Roedd y Rhodd Mam erstalwm yn dweud bod yna ddau fath o blant – plant da a phlant drwg. Ond y dirgelwch yw beth sy'n gwneud rhai plant yn ddrwg a rhai yn dda? Ydyn nhw'n cael eu geni'n dda neu'n ddrwg? Ai etifeddeg, ai genynnau, sy'n penderfynu sut ydym ni'n ymddwyn wrth dyfu? Neu ai amgylchfyd, dylanwad cartref ac ysgol a chymdeithas, sy'n ein gwneud yr hyn ydym ni?

Mae'n hen, hen gwestiwn, a chwestiwn gododd ei ben eto o ganlyniad i'r ymosodiad ffiaidd ar ddau fachgen bach naw a deg oed ym mhentref Edlington ger Doncaster, a hynny gan ddau fachgen, dau frawd, a hwythau ond yn ddeg ac un ar ddeg oed, y ddau yn dod o gefndir tlodaidd a heb ddylanwad rhieni cyfrifol a chartref sefydlog.

A dyna ni'n dod at graidd y broblem. Dylanwadau yn bennaf sy'n mowldio cymeriad ac ymddygiad plant. Diolch am rieni da sy'n gwneud eu gorau glas i roi gwerthoedd i'w plant a dysgu iddynt y gwahaniaeth rhwng da a drwg. Roedd un gweithiwr cymdeithasol yn dweud mai trysor mwyaf pob plentyn yw rhieni da, ond y mae angen help a chefnogaeth arnyn nhw.

Mae Vincent Nichols, Archesgob Pabyddol Westminster, wedi dweud bod angen adfer y bartneriaeth rhwng cartref, ysgol ac eglwys – partneriaeth sydd, i raddau helaeth, wedi torri i lawr. Rydym yn clywed bellach am rieni'n ymosod yn gorfforol ar athrawon ysgol ac yn mynnu bod Joni bach yn angel bach di-fai.

Ni ŵyr llawer am na chapel nac Ysgol Sul erbyn hyn, ond fe fedrwn i gyd helpu i wella'r sefyllfa, i greu amgylchfyd iach fydd yn dylanwadu er gwell ar ein plant a'n pobl ifanc. Fe ddywedwn i mai un ffordd o wneud hynny yw eu harwain at un a wyddai'n dda am ddyfnder drygioni a chreulondeb dynol, ond un sydd hefyd â'r ddawn i droi pobl ddrwg yn bobl dda, sef Crist y Pasg.

9 Ebrill 2009

Rhyfeddod Pont Llangollen

Prynhawn Sadwrn diwethaf sefydlwyd y Parch. Robert Parry, Birmingham, yn weinidog newydd Capel y Groes, Wrecsam. Wrth groesawu Robert a dymuno'n dda iddo fe gyfeiriodd Glyn Williams, ysgrifennydd yr eglwys, at saith rhyfeddod Cymru a nodi bod y rhan fwyaf ohonyn nhw yng nghyffiniau Wrecsam a gogledd-ddwyrain Cymru. Ydych chi'n eu cofio nhw? Pistyll Rhaeadr, Coed Yw Wrtyn, Tŵr Eglwys Wrecsam, Clychau Gresffordd, Ffynnon Gwenffrewi, Yr Wyddfa (olréit, rydw i'n cyfaddef nad ydy'r Wyddfa yn perthyn i ni!) a Phont Llangollen.

Yr wythnos hon fe fydd Pont Llangollen yn fwrlwm o bobl yn eu gwahanol wisgoedd cenedlaethol, yn rhodianna a dawnsio, yn canu a sgwrsio mewn nifer fawr o wahanol ieithoedd. Heddiw yw diwrnod cyntaf yr Eisteddfod Ryngwladol.

Beth bynnag feddyliwn ni am saith rhyfeddod traddodiadol Cymru, mae Eisteddfod Llangollen yn sicr yn un o ryfeddodau'r Gymru fodern. Wedi'i sefydlu ar ôl yr Ail Ryfel Byd bu'n pontio rhaniadau cenedlaethol, hiliol, crefyddol ac ieithyddol ers dros hanner can mlynedd ac y mae'n dal i wneud hynny.

Un o'r pethau sy'n digwydd mewn rhyfel yw ffrwydro a dinistrio pontydd i atal symudiadau'r gelyn ac i bellhau pobl oddi wrth ei gilydd. Diolch am bob cyfrwng sy'n codi pontydd ac yn hyrwyddo cymod. Gobeithio y bydd cyfarfod arweinwyr yr G8 yn ymroi i godi pont masnach deg rhwng tlodion y byd a'r gwledydd cyfoethog. Ond nid gwaith pobl eraill yn unig ydy codi pontydd.

Oes yna rywrai yr ydych chi a minnau wedi ymddieithrio oddi wrthyn nhw neu wedi ffraeo efo nhw? Os oes, mae angen mynd ati efo brics a mortar maddeuant, cyfeillgarwch a chymwynasgarwch i adeiladu pont tuag atyn nhw. Rydym ni'n cofio'r hen air, 'A fo ben (hynny yw, os ydym ni'n amcanu at fod yn rhywun ac at wneud rhywbeth gwerth chweil), bid bont.'

5 Gorffennaf 2009

Te Parti Mawr America

Mae pawb ohonom yn gwerthfawrogi gwahoddiad i de parti, i ddathlu rhyw achlysur hapus, i fwynhau bwyd blasus a chael hwyl yng nghwmni ffrindiau. Ond dros y dŵr yn America mae yna De Parti o fath gwahanol na fyddwn i ddim am ymuno ag ef dros fy nghrogi.

Heddiw a hithau'n lecsiwn yn yr Unol Daleithiau mae pobl y Te Parti wedi bod yn ymgyrchu'n galed i geisio ennill mwyafrif o seddau i Weriniaethwyr yn y Senedd a Thŷ'r Cynrychiolwyr a hynny er mwyn rhwystro'r Arlywydd Barack Obama rhag parhau â'i bolisïau economaidd. Cyfuniad yw'r rhain o bobl busnes cefnog, rhai o'r adain dde eithafol a ffwndamentalwyr crefyddol.

Mae gan bawb, wrth gwrs, yr hawl i'w safbwyntiau gwleidyddol gwahanol ac nid pawb sy'n gefnogol i bolisïau Obama.

Ond mae'n ymddangos i mi fod i garfan o bobl fynd ati'n fwriadol i danseilio ei awdurdod a'i rwystro rhag ceisio datrys y problemau economaidd sy'n wynebu'r wlad yn wrthnysig, a dweud y lleiaf.

Na, dydy Obama ddim eto wedi medru cyflawni'r cyfan o'i addewidion, ond gobeithiaf y bydd yn ennill digon o gefnogwyr heddiw i fedru parhau â'i fwriadau.

Mae yna stori am ryw weinidog yn gwylio adeiladwyr wrthi'n codi tŷ newydd. Roedd mab bychan y pensaer wrth law a dyma'r gweinidog yn dechrau tynnu ar y bychan trwy gymryd arno gweld bai ar y gwaith. Meddai'r bychan, i amddiffyn ei dad, 'Ond Mr Jones dydy dad ddim wedi gorffen eto!'

Dydy Barack Obama ddim wedi gorffen eto chwaith a dylai gael cyfle i wneud hynny. Dydy Duw ddim wedi gorffen eto chwaith ac mae angen cydweithwyr arno yn y gwaith o wella'r byd yma.

2 Tachwedd 2010

Creu'r Gymdeithas Fawr

Rhai blynyddoedd yn ôl clywsom lawer am yr angen i greu'r Gymdeithas Fawr (*The Big Society*). Os deallais y syniad yn iawn mae angen i ni i gyd wneud yr hyn a fedrwn i gyfrannu at ein cymdogaethau lleol trwy fod yn gymwynasgar a charedig, trwy gefnogi mudiadau gwirfoddol a helpu'r gwan a'r bregus.

Ond rhaid i ni'n gyntaf ddeall beth a olygwn wrth 'gymdeithas'. Perthynas â phobl sy'n creu cymdeithas, ac y mae llawer o wahanol fathau o gymdeithas a'r rheini fel cylchoedd neu grwpiau o fewn ei gilydd. Y cylch lleiaf, a'r agosaf atom, yw'r *teulu*. Dyna gymdeithas y rhai sy'n annwyl i ni – ein rhieni, ein brodyr a'n chwiorydd a'n plant.

Ond rhaid i'r teulu agor allan i gylch mwy, sef ein *cymdogaeth*. O fewn y cylch hwnnw y mae ein cymdogion, ein cydnabod, ein cyd-weithwyr a'n cyfeillion.

Mae'r cylch yna eto yn agor allan i gylchoedd mwy – cylch *crefydd* yw un, ein capel, ein heglwys, ein cynulleidfa, ein henwad. O fewn cylch crefydd y mae rhai ohonom wedi profi'r dylanwadau a'r bendithion mwyaf. Ond rhaid i'r cylch yna wedyn fod yn agored i gylch mwy, neu bydd crefydd yn mynd yn sectyddol ac mewn perygl o ynysu pobl oddi wrth ei gilydd – yn Gristnogion a Mwslemiaid, Pabyddion a Phrotestaniaid, y cadwedig a'r colledig.

Mae crefydd go iawn, ar y llaw arall, yn agor allan i gylch mwy eto, sef y gymdeithas *fyd-eang* – y ddynoliaeth gyfan o bob lliw a llun ac iaith a chenedl. Dyna yw'r gymdeithas fawr. Er mor werthfawr yw'r gwahanol gylchoedd, ac er mor bwysig yw bod yn gymwynasgar a helpu eraill yn lleol, rhaid i ni hefyd fedru torri allan o bob cylch cyfyng caeëdig o gymdeithas, a gweddïo gyda'r emynydd, 'Rho imi weld pob mab i ti yn frawd i mi, O Dduw.'

9 Tachwedd 2010

Seiliau Bywyd

Ychydig ddyddiau wedi i mi gael fy ngeni ysgrifennodd ewythr i mi lythyr yn fy nghroesawu i'r byd, er i flynyddoedd fynd heibio cyn i mi fedru darllen y llythyr hwnnw.

Cefais fy atgoffa o hynny o ddarllen teyrnged i'r Arglwydd William Rees-Mogg a fu farw ar drothwy'r flwyddyn newydd a deall iddo yntau ysgrifennu llythyr at ei fab newydd-anedig yn 1966. Dywedodd wrth y bychan beth oedd y pethau y dylai seilio'i fywyd arnynt. 'Mae Duw yn bwysig,' meddai, 'mae gwaith creadigol yn bwysig, mae cariad a phrydferthwch a meithrin ewyllys da yn bwysig.' Sais breintiedig oedd Rees-Mogg, yn gynnyrch ysgol fonedd a Rhydychen, er i hen daid iddo hanu o Forgannwg. Dringodd yn ifanc i fod yn olygydd un o bapurau newydd pwysicaf y wlad gan ymgyrchu dros degwch, rhyddid a pharch at gyd-ddyn beth bynnag oedd ei gefndir neu liw ei groen.

Roedd ei lythyr at ei fab bychan yn dangos beth oedd seiliau ei fywyd a'i gymeriad. Mae seiliau'n bwysig. Wrth ddymuno Blwyddyn Newydd Dda i'n gilydd rydym yn dymuno y bydd pawb yn canfod hapusrwydd a phopeth da yn y dyfodol.

Ar yr un pryd rydym yn ymwybodol o drasiedïau a cholledion a'r pethau ffiaidd sy'n digwydd o'n cwmpas – dyn da yn cael ei lofruddio ar ei ffordd i'r eglwys noson cyn Nadolig, merch ifanc yn cael ei threisio mewn bws yn yr India ac yn marw o'i hanafiadau, a therfysgwyr yn gosod bomiau o dan geir yng Ngogledd Iwerddon.

Er i ni arswydo at bethau o'r fath, ac i wleidyddion ac arweinwyr ddweud y drefn amdanynt, symptomau ydynt o ddiffyg seiliau moesol ac ysbrydol ein cymdeithas. Y peth gorau y medrwn ni ei ddymuno i'n gilydd yw i Dduw, cariad, prydferthwch ac ewyllys da fod yn seiliau cadarn i'n bywyd ac i'n perthynas â'n gilydd yn ystod y flwyddyn newydd hon.

3 Ionawr 2012

Drws Blwyddyn Newydd

Ymhlith y cardiau a ddaeth i ni dros y Nadolig yr oedd un â llun drws ar ei flaen – gwaith yr arlunydd Sandra Webb o Ddinbych, a hwnnw'n llun o ddrws ei chartref ei hun. Mae ganddi nifer o luniau hynod o ddrysau tai ac adeiladau hanesyddol tref Dinbych.

Mae rhywbeth addas iawn yr adeg yma o'r flwyddyn mewn darlun o ddrws. Drws caeëdig gafodd Mair a Joseff ym Methlehem, ond ar ddechrau blwyddyn mae yna ddrws agored o'n blaenau a rhaid i ni gamu dros y rhiniog. Wyddom ni ddim beth fydd yn ein cyfarfod yr ochr arall i'r drws. Yn fwy na thebyg, cymysgfa o brofiadau melys a chwerw, da a drwg, digwyddiadau hapus a thrist. 'Ai hyfryd ddydd, ai nos dymhestlog ddaw?' yw cwestiwn yr emynydd.

Pan fyddwn ni'n dymuno Blwyddyn Newydd Dda i'n gilydd, yr hyn a wnawn yw dweud ein bod ni'n gobeithio y daw'r flwyddyn newydd â llond gwlad o hapusrwydd i ni a chyn lleied â phosib o dristwch a phryder. Eto rydym yn gwybod yn iawn na fydd gennym ni reolaeth ar beth a ddaw. Yr hyn y bydd gennym ni reolaeth arno fydd y modd y byddwn ni'n ymateb i'r amrywiaeth o brofiadau a gawn o ddydd i ddydd.

Fe ddywedodd Jonathan Sacks, y Prif Rabbi, mewn ysgrif y dydd o'r blaen fod yna rai pethau fedr droi blwyddyn newydd yn Flwyddyn Newydd Dda – tri pheth a ddylai nodweddu'n hymateb ni i'r hyn a ddaw, y da a'r drwg. Yn gyntaf bod yn ddiolchgar. Mae'n bwysig medru gweld a gwerthfawrogi'r bendithion a'r breintiau sy'n dod i ni bob dydd. Yn ail bod yn gariadus, bod yn garedig, yn gymwynasgar ac yn ffeind yn ein hagwedd at bobl, nid grwgnach a gweld bai byth a hefyd. Yn drydydd gweddïo, sef atgoffa'n gilydd bob dydd nad ydym ar ein pennau ein hunain, ond bod yna rywun mwy na ni yn gwmni i ni ar ein taith. O roi'r tri pheth yna ar waith rydw i'n eithaf ffyddiog y medrwn ni fwynhau Blwyddyn Newydd Dda mewn gwirionedd.

4 Ionawr 2012

Edrychwch ar y Sêr

Mae yna hen, hen eglureb y mae pregethwyr wedi ei defnyddio dros y blynyddoedd sy'n sôn am forwr ifanc ar fordaith yn gorfod dringo'r mast am y tro cyntaf i ollwng yr hwyliau i lawr. Wrth ddringo'n uwch ac yn uwch y mae'n dychryn drwyddo o edrych i lawr a gweld y môr yn berwi.

Mae'r morwyr hŷn yn ei weld mewn trafferthion ac yn gweiddi, 'Drycha ar y sêr, ac nid ar y môr.' Wedi i'r gwyddonydd byd-enwog Stephen Hawking gyrraedd ei 70 oed rhoddodd ddarlith i grŵp o wahoddedigion. Dywedodd pa mor bwysig oedd edrych i fyny a rhyfeddu at ysblander ac eangderau'r ffurfafen. 'Edrychwch i fyny ar y sêr,' meddai, 'nid i lawr ar eich traed. Byddwch yn chwilfrydig. Ceisiwch wneud synnwyr o fywyd ac o'r byd o'ch cwmpas.' Nid sôn am ei waith fel gwyddonydd yn unig yr oedd, ond am y modd y llwyddodd i ddygymod â'r clefyd creulon, motor neurone.

21 oed ydoedd pan ganfuwyd bod y clefyd arno ac y mae wedi byw am 50 mlynedd, y rhan fwyaf o'r amser mewn cadair olwyn, gan ddibynnu ar beiriant electronig i gyfathrebu â phobl eraill. Er hynny y mae, dros y blynyddoedd, wedi cyflawni gwaith arloesol a dod yn un o wyddonwyr disgleiriaf y byd. Llwyddodd trwy fod yn bositif ei agwedd a gwrthod cael ei lorio gan ddigalondid a hunandosturi.

Mae edrych i fyny yn bwysig i ni i gyd – codi'n golygon oddi wrth ein poenau, ein pryderon, ein methiant a'n siom (y pethau sy'n bygwth ein tynnu i lawr a'n llethu) – ac ymateb yn ffyddiog i bob her a phob sefyllfa.

Anogaeth gyson y Beibl yw i ni edrych i fyny at Dduw. Un o'r pethau sy'n ein gwneud ni'n fodau dynol ac nid yn anifeiliaid yw'r gallu i edrych y tu hwnt a thu draw i'n cyfyngiadau ein hunain, a gweld bod i fywyd ddimensiwn ysbrydol a bod nerth i'w gael i oresgyn ac i ddal ati, beth bynnag a ddaw.

11 Ionawr 2012

Teimladau

Mae rhai yn feirniadol iawn fod y ffilm *The Iron Lady* – ffilm sy'n portreadu Margaret Thatcher yn ei henaint a'i dryswch – yn cael ei dangos a hithau'n dal yn fyw. Mae nid yn unig yn anfri arni hi, meddai'r beirniaid, ond hefyd ar bob un sy'n dioddef o ddementia a chlefyd Alzheimer.

Er hynny, mae pawb yn gytûn fod portread Meryl Streep o'r hen wraig ffwndrus yn llithro i afael dryswch meddwl, ac o'r cyn Brif Weinidog haearnaidd yn ei hanterth, yn wirioneddol wych. Does dim dwywaith nad oedd hi yn ei dydd yn gymeriad cadarn, digymrodedd, di-droi'n-ôl. Dyna hefyd oedd ei gwendid ac achos ei chwymp yn y diwedd.

Yn y ffilm mae Margaret Thatcher, yr hen wraig, yn ymateb yn ffyrnig i un o'i gofalwyr sy'n gofyn iddi sut mae'n teimlo. 'Teimlo?' meddai. 'Pam mae pawb yn gofyn i mi sut dwi'n teimlo? Nid teimladau sy'n bwysig, ond syniadau, meddyliau, argyhoeddiadau a'r rheini'n arwain at weithredu.' A dyna'n union pam y cafodd ei galw'n ddynes haearn. Ond byd oer, caled, didostur fyddai byd heb deimladau.

Sut bobl fyddem ni heb y ddawn i deimlo – i deimlo llawenydd yng nghwmni ffrindiau, i gydymdeimlo â rhai mewn tristwch a gofid, i werthfawrogi prydferthwch natur, i ryfeddu at yr hardd a'r cain, i ymgolli mewn cerddoriaeth aruchel, i ymserchu yn ein hanwyliaid, i garu, i dosturio, i brofi gwefr byw? Ac allan o'n teimladau y mae'n meddyliau a'n syniadau yn deillio.

Dywedodd Alex Salmond y dydd o'r blaen nad mater cyfansoddiadol a gwleidyddol yn unig yw annibyniaeth i'r Alban, ond mater o deimlad Albanwyr tuag at eu gwlad a'u hunaniaeth fel pobl. Allan o'r ymdeimlad o'r sanctaidd ac agosrwydd Duw mewn gweddi a distawrwydd y mae ffydd a chred yn deillio. Nid gwendid ydy teimladrwydd ond cyfrinach llawenydd a gwir gryfder.

18 Ionawr 2012

Yr Ysfa i Ddial a Chosbi

Wn i ddim beth amdanoch chi, ond rydw i'n teimlo i'r byw dros Francesco Schettino, capten y llong bleser *Costa Concordia*. Ie, mi wn i'n iawn fod pobl yn ei gyhuddo o fod yn gyfrifol am y trychineb a hawliodd fywydau cymaint o deithwyr, heb sôn am y rhai sy'n dal ar goll.

Ym marn nifer o lygad-dystion bu'n esgeulus, yn anghyfrifol ac yn anfaddeuol o araf yn trefnu i gael teithwyr oddi ar y llong. Yn waeth na dim fe adawodd y llong ei hun ymhell o flaen nifer o'r teithwyr, yn wahanol iawn i gapten y *Titanic* gan mlynedd yn ôl i eleni a aeth i lawr gyda'i long a'r cannoedd o deithwyr oedd yn dal ar ei bwrdd. Fe allai llawer o'r cyhuddiadau yn erbyn Schettino fod yn wir, ond rydw i'n dal i deimlo drosto a hynny'n bennaf oherwydd bod y cyfryngau, ar sail hanner storïau, argraffiadau, sibrydion a damcaniaethau, wedi penderfynu ei fod yn euog ac wedi ei gondemnio'n ddidrugaredd.

Ei bechod mwyaf yn eu golwg nhw oedd ei hyfdra – cachgi oedd o, yn poeni mwy am ei ddiogelwch ei hun nag am dynged ei deithwyr a'i griw. Ond pwy ydym ni i gyhuddo rhywun arall o lwfrdra heb i ni wybod yr amgylchiadau i gyd? Faint ohonom ni sydd heb ffoi o ambell sefyllfa neu o amgylchiadau sydd wedi codi dychryn arnom? Ymhlith yr hanesion tristaf o'r Rhyfel Byd Cyntaf mae'r rheini am filwyr ifanc yn cael eu condemnio a'u saethu oherwydd iddynt gael eu parlysu gan ofn ac i'w nerfau gracio. Llwfrdra oedd eu camwedd nhw. Ond sut byddem ni wedi ymateb tybed, o dan y fath amgylchiadau? Wyddom ni ddim.

Hen reddf filain a pheryglus yw'r ysfa i ddial a chosbi. Yn aml mae'n ymgais i droi'r sylw oddi ar ein gwendidau a'n beiau ni'n hunain trwy bwyntio bys at rywun arall. Pan gyhuddwyd gwraig o odineb a'r awdurdodau hunangyfiawn am ei llabyddio, meddai Iesu, 'Pwy bynnag ohonoch sy'n ddibechod, gadewch i hwnnw fod yn gyntaf i daflu carreg ati.' Mae honna'n egwyddor gwerth ei chadw mewn cof cyn i ni gollfarnu neb, beth bynnag yw eu beiau.

25 Ionawr 2012

Neges Nofel Fawr

Harper Lee, awdures Americanaidd, a ysgrifennodd un o nofelau mwyaf pwerus a dylanwadol yr ugeinfed ganrif, *To Kill a Mockingbird*, a hynny dros 55 o flynyddoedd yn ôl. Yn y nofel adroddir hanes dyn du o Alabama, Tom Robinson, a gafodd ei gyhuddo ar gam o dreisio merch wen. Er amddiffyniad grymus ei gyfreithiwr, Atticus Finch, cafwyd Tom yn euog gan reithgor o ddynion gwyn a'i garcharu.

Wrth geisio dianc o'r carchar cafodd ei saethu'n farw. A phobl dduon taleithiau deheuol America ar y pryd yn cael eu cam-drin a'u gormesu, cafodd nofel Harper Lee ei beirniadu'n chwyrn gan bobl wynion y de, ond ei chroesawu a'i chanmol gan bawb arall am ei dewrder yn dinoethi rhagfarn hiliol erchyll. Gwerthwyd dros 30 miliwn o gopïau o'r nofel ac fe'i gwnaed yn ffilm gyda Gregory Peck yn chwarae rhan Atticus Finch.

Yr hyn sy'n od yw na chyhoeddodd Harper Lee yr un gair arall dros yr hanner canrif ddilynol. Ond yn ddiweddar cawsom wybod y bydd nofel arall o'i gwaith, a ysgrifennwyd tua'r un amser â *Mockingbird*, yn debyg o weld golau dydd i gyd-fynd â rhyddhau ffilm newydd ar Martin Luther King.

Os mai cymysg oedd yr ymateb i'w nofel yn y pumdegau, erbyn heddiw mae'n cael ei hystyried yn gampwaith ac yn destun edmygedd gan bawb. Na, nid gormes a chreulondeb sydd yn y diwedd yn ennill y dydd, ond tegwch, cyfiawnder a chariad.

Y dyddiau hyn rydym yn cael ein harswydo gan greulondeb brawychus ISIS ac y mae pawb yn gytûn fod yn rhaid ffrwyno a goresgyn y mudiad dieflig yma. Ar yr un pryd rhaid cofio na fydd ISIS byth yn llwyddo oherwydd mae pob mudiad treisgar yn cynnwys o'i fewn hadau ei ddinistr ei hun. Symud i gyfeiriad cyflawni teyrnas Dduw y mae hanes, ac egwyddorion y deyrnas honno yw cymod, cariad a chyfiawnder. Dyna neges nofel fawr Harper Lee.

13 Chwefror 2012

Agor Ffenestri i'r Gofod

'Dyn a agorodd ffenestri i'r bydysawd'. Fel yna y disgrifiwyd Syr Bernard Lovell yn un o'r papurau dyddiol wedi iddo farw yr wythnos ddiwethaf yn 98 oed. Yn ei ddydd fo oedd y seryddwr enwocaf ac un o'r disgleiriaf.

Yn 1975 fe adeiladodd y telisgop radio mwyaf yn y byd y pryd hynny, yn Jodrell Bank, Sir Gaer, a thrwy hwnnw fe wnaed darganfyddiadau rhyfeddol ynglŷn â chwrs y sêr a'r planedau, maint aruthrol y bydysawd a nifer dirifedi'r galaethau. Llwyddodd Bernard Lovell i gyfleu i eraill yr ymdeimlad o ddirgelwch a rhyfeddod wrth dreiddio i eangderau'r gofod.

Diolch am y bobl hynny sy'n agor ffenestri i ni ar ddirgelion y byd a phrofiadau dynol – nid gwyddonwyr a seryddion yn unig, ond artistiaid, cerddorion, beirdd a llenorion. Mae'r byd yn llawn o ryfeddodau – o eangderau'r cread i gywreinrwydd y celloedd lleiaf, o gwrs y planedau i ystyr a chwrs ein bywydau unigol ni.

Pan draddododd Bernard Lovell y Darlithiau Reith ar Wyddoniaeth, Cymdeithas a Chrefydd ar y BBC fe bwysleisiodd pa mor bwysig yw'r ddawn i ryfeddu, a bod y profiad o ryfeddod yn agos iawn at addoliad. Pan oedd yn ifanc bu'n ystyried mynd i'r weinidogaeth ac am flynyddoedd bu'n chwarae'r organ yn ei eglwys leol yn Swettenham. I Lovell yr egni a'r grym creadigol a luniodd ac sy'n cynnal y bydysawd yw'r hyn a alwn ni yn 'Duw'.

Y profiad o ryfeddod oedd yn ei dywys i weld Duw ym mhob peth. Wrth ryfeddu at brydferthwch y ddaear, yr haul, y lloer a'r sêr, mae'r proffwyd Eseia yn gofyn, 'Edrychwch, pwy a fu'n creu'r pethau hyn?' Byddai Richard Dawkins yn ateb, 'Neb. Canlyniad hap a siawns yw'r cwbl.' Ond byddai Bernard Lovell yn ateb efo Eseia, 'Duw tragwyddol yw'r Arglwydd a greodd gyrrau'r ddaear.' Mi wn i efo pa un o'r ddau yr ydw i'n ochri. Beth amdanoch chi?

13 Awst 2012

Malala Yousafzai

Â siôl dros ei phen, gwên ar ei hwyneb a'i llaw yn codi mewn diolch a ffarwel, aeth Malala Yousafzai allan o Ysbyty'r Frenhines Elizabeth ym Mirmingham ar ôl derbyn llawdriniaeth arbenigol wedi iddi gael ei saethu yn ei phen gan y Taliban ym Mhacistan. A hithau ddim ond yn bymtheg oed, ei throsedd oedd iddi ymgyrchu dros addysg i ferched.

Mae'n amhosibl i ni ddeall agwedd mor gul a gormesol sy'n barod i ladd merched ifanc yn hytrach na chaniatáu iddynt fynd i'r ysgol. Ddiwrnod ynghynt cyhoeddwyd bod gostyngiad o dros 11% yn nifer y rhai yng Nghymru sy'n ceisio lle mewn prifysgolion, a hynny am fod y costau'n rhy uchel. Ond mae addysg yn hawl dynol sylfaenol gan fod ein twf a'n datblygiad fel pobl yn dibynnu ar gael ein dysgu, ar dderbyn gwybodaeth a'n helpu i ddeall y byd o'n cwmpas.

Mae stiwdio'r BBC yma yn Wrecsam yn un o adeiladau Prifysgol Glyndŵr. Arwyddair y Brifysgol yw 'Hyder trwy Addysg'. Magu hyder a wnawn wrth ddysgu – tyfu ac aeddfedu ac ymgyrraedd at ein potensial fel bodau dynol. Wrth gwrs, dydy addysg ddim yn digwydd mewn ysgol a choleg yn unig.

Mae'r addysg a gawn yn ein cartrefi ac o fewn ein teuluoedd, lle dysgwn ni foesgarwch, chwaeth a gwerthoedd moesol, yn rhan greiddiol o'n haddysg. Yna mae'r addysg gawn ni yn ysgol profiad wrth inni ddysgu dygymod â phrofiadau amrywiol bywyd – y melys a'r chwerw. Mae ysgol ffydd wedyn, lle down i amgyffred yr ysbrydol, i ddysgu gweddïo ac adnabod Duw.

Yn wahanol i addysg ffurfiol, dyma ysgolion yr ydym ni'n ddisgyblion ynddynt ar hyd ein hoes. Cychwyn ar antur dysg y mae

Malala. Gobeithio y caiff hi a'i ffrindiau ym Mhacistan, a ninnau gyda nhw, y rhyddid i ddal ati i ddysgu ac i dyfu mewn deall a hyder.

10 Ionawr 2013

Dau Fath o Ddaioni

Ffilm sy'n debygol o ennill sawl Oscar eleni yw cynhyrchiad i'r sgrin fawr o'r sioe gerdd *Les Misérables*. Yn seiliedig ar nofel fawr Victor Hugo, wedi ei gosod yn erbyn cefndir tlodi enbyd pobl Ffrainc yn negawdau cyntaf y ganrif cyn y ddiwethaf, ei phrif thema yw sut y mae canfod gwaredigaeth o orthrwm ac anghyfiawnder. Ceir dau brif gymeriad yn y ffilm ac y mae'r stori'n troi o gwmpas y gwahaniaeth a'r tyndra rhwng y ddau.

Un yw Jean Valjean, wedi ei chwarae gan Hugh Jackman, carcharor a gafodd ugain mlynedd o garchar creulon am drosedd bitw ac sy'n berwi o ddicter a'r ysfa i ddial, ond sydd, o ganlyniad i garedigrwydd hen offeiriad, yn dod i weld mai trwy garu a thosturio a helpu pobl y mae canfod rhyddhad o'i ddicter.

Y llall yw swyddog yn y fyddin o'r enw Javert, wedi ei chwarae gan Russell Crowe. Mae'n elyn digymrodedd i Valjean ac am ei gosbi ymhellach am dorri ei barôl. Mae'r ddau ohonynt yn ddynion da, ond bod eu daioni yn wahanol iawn i'w gilydd.

Cadw'r rheolau, ufuddhau i'r gyfraith, gweithredu cyfiawnder sy'n bwysig i Javert. Mae'n ddyn caled, cyfiawn a chul. Dydy tosturio a helpu pobl yn cyfrif dim iddo ef.

Mae Valjean, ar y llaw arall, yn dyner a charedig, yn barod i faddau ac yn gwneud popeth yn ei allu i helpu'r trueiniaid o'i gwmpas.

Mae daioni Javert yn gondemniol a Phariseaidd ac mewn gwirionedd yn ddrygioni, yn gymaint felly fel nad yw'n medru byw â'i gydwybod ei hun, ac yn y diwedd mae'n cyflawni hunanladdiad. Mae daioni Valjean, ar y llaw arall, yn ddeniadol ac yn adlewyrchiad o ddaioni Crist. Ei ffordd ef sy'n cynnig gobaith ac yn arwain at waredigaeth.

Dyna yw neges y ffilm, ac mae'n adlais o neges Crist, sef mai trwy garu y mae goresgyn casineb; trwy dosturio y mae bod yn gryf.

17 Ionawr 2013

Y Daith Fewnol

Mae yna arwyddion erbyn hyn fod y boreau'n goleuo a'r dydd yn dechrau ymestyn – a diolch am hynny. Maen nhw'n dweud bod yna lawer iawn mwy o achosion o iselder ysbryd yn ystod y gaeaf, yn enwedig mewn tywydd mawr fel a gawsom yn ddiweddar: pobl yn digalonni, yn mynd i'r felan, neu mewn Cymraeg modern, yn disgyn i'r dymps.

Er ein bod i gyd yn gwybod rhywbeth am iselder, mae rhai yn dioddef yn waeth na'i gilydd a bywyd yn troi yn hunllef iddynt. Trist oedd clywed echdoe am y cynnydd o 30% yn nifer yr achosion o hunanladdiad yng Nghymru dros y ddwy flynedd ddiwethaf. Mae pobl y tywydd yn ein rhybuddio i beidio â mynd ar deithiau diangen – peidio â mynd ar neges os nad oes raid, peidio â mynd allan am dro yn y car, ac ati.

Ond mae yna deithiau y medrwn ni fynd arnynt heb symud modfedd o'r tŷ – teithiau yn y meddwl a'r dychymyg. Mae rhai ohonynt yn deithiau pleserus fel dychmygu'n hunain ar wyliau yn yr haul yn y Caribï.

Ond mae yna hefyd deithiau diflas. Un yw'r daith i gyfarfod â gofid, dechrau pryderu: am gyflwr ein hiechyd efallai, am arian, am bwysau gwaith, am berthynas mewn helbul, neu'r pryder tywyll, direswm hwnnw na fedrwn ni ddim mynd at ei wraidd.

Mae hon yn sicr yn daith ddiangen. Mae'n digwydd fel arfer yn ystod oriau'r nos, ac mae hi'n daith unig heb neb i rannu'n gofid. Ond dydym ni byth ar ein pennau ein hunain. 'Yr wyf fi gyda chwi bob amser, hyd ddiwedd y byd,' meddai Iesu.

Pan deimlwn fod diwedd y byd wedi dod, mae'n werth rhannu'n gofid gydag ef. Fe ffeindiwn ni ei fod yn medru troi taith ddiangen yn antur a throi gofid yn obaith.

24 Ionawr 2013

Cadw Ein Cŵl

Mae'n dda medru cyfarch yn gall gyda 'Bore Da!' Roedd gennyf gymydog rai blynyddoedd yn ôl a'i gyfarchiad bob amser fyddai, 'Wel, sut dempar sy?' Dyna oedd ei ffordd o ofyn 'Sut ydach chi heddiw?' ond roedd ei gwestiwn yn ddigon perthnasol.

Mae'r ffordd yr ydym yn ymddwyn ac yn ymwneud â phobl eraill yn dibynnu ar ein hwyliau. Dywedwn am ambell un sy'n ddiamynedd, yn bigog, ac mewn tymer drwg, ei fod wedi codi o'r ochr rong i'r gwely! Mae hynny'n digwydd i ni fel unigolion, ond mae tymer yn medru effeithio hefyd ar bobl mewn torf. Rydym ni i gyd wedi arswydo o weld dros yr wythnosau diwethaf dorfeydd yn ymddwyn yn wyllt, yn afreolus ac yn dreisgar – yn Syria, ym Melfast ac yn yr Aifft.

Mae gan bawb, wrth gwrs, yr hawl i fynegi barn ac i brotestio – mae hynny'n elfen sylfaenol mewn democratiaeth. Ond pan fydd protest yn troi'n ysgarmes a phobl yn cael eu hanafu a'u lladd ac eiddo'n cael ei ddifrodi, y canlyniad yw anhrefn llwyr. Pan oedd Martin Luther King yn arwain yr ymgyrch dros hawliau pobl dduon America byddai'n mynnu bod pob un oedd yn cymryd rhan mewn gwrthdystiadau yn dod yn gyntaf i gyfarfodydd gweddi a grwpiau hyfforddi er mwyn sicrhau y byddent yn ymddwyn yn heddychlon ac yn ddi-drais.

Ydw i'n iawn yn awgrymu y byddai'n dda i ni bob un wrth yr un math o ddisgyblaeth i ffrwyno'n tymer, i'n gwneud yn amyneddgar a chwrtais ac i'n helpu i gadw'n 'cŵl'?

Mae un o'r Salmau yn diweddu â'r geiriau yma: 'Bydded ymadroddion fy ngenau a myfyrdod fy nghalon – a buaswn i'n ychwanegu, "a'm hymddygiad hefyd" – yn gymeradwy ger dy fron, O Arglwydd, fy Nghraig a'm Prynwr.' Yn sicr, dydy colli'n tymer ddim yn gymeradwy gan bobl eraill na chan Dduw ychwaith. Dydd da a chadwch eich 'cŵl'.

30 Ionawr 2013

Pobl y 'Waeth gen i'

O fewn lled cae i faes yr Eisteddfod yn Ninbych y mae hen eglwys y Santes Farchell, neu'r Eglwys Wen. Yn y fynwent honno mae bedd Twm o'r Nant, y bardd gwlad a'r anterliwtiwr ffraeth. Yn un o'i gerddi mae ganddo'r pennill yma:
Y mae'n gywilyddus clywed carpie
Yn lladd ac yn mwmian ar iaith eu mame,
Heb fedru na Chymraeg na Saesneg chwaith –
Onid ydyw'n waith anaethe?

Rydym ni wedi clywed sawl cyfeiriad yr wythnos hon at ganlyniadau siomedig y Cyfrifiad, y gostyngiad yn nifer y siaradwyr Cymraeg a'r camau y dylid eu cymryd i hybu'r iaith. Ond gwyddom i gyd mai'r broblem fwyaf yw'r un y mae Twm o'r Nant yn cyfeirio ati, sef fod yna Gymry iawn sy'n dewis siarad Saesneg â'u ffrindiau, rhieni nad ydyn nhw'n magu eu plant yn Gymry, a phlant ysgolion uwchradd Cymraeg sy'n siarad Saesneg ar fuarth yr ysgol.

Sylwch beth mae Twm o'r Nant yn ei ddweud am bobl felly – nad ydyn nhw ddim yn Gymry nac yn Saeson. Dydyn nhw ddim y naill beth na'r llall. Dyna ydy canlyniad dihidrwydd, mewn perthynas â iaith, crefydd a chyd-ddyn. Roedd yna hen bregethwr yn Sir Fôn erstalwm fyddai'n disgrifio'r rhain fel 'pobl y waeth gen i!'

Does waeth ganddyn nhw am Gymru na'r Gymraeg, does waeth ganddyn nhw am grefydd na chapel, does waeth ganddyn nhw am angen a thlodi cyd-ddyn. Y canlyniad yw eu bod nhw mewn rhyw fath o dir neb – ddim yn Gymry nac yn Saeson, ddim yn gredinwyr nac yn atheistiaid, ddim yn ddideimlad nac yn hael, ddim yn boeth nac yn oer.

Yn enw popeth, gwyliwn nad ydym ni'n cael ein hunain yn llithro i gyflwr felly.

9 Awst 2013

Iaith Cusan a Chwts

Heddiw yw fy niwrnod i i warchod fy wyres fach ddwy a hanner oed. Rywbryd yn ystod y dydd fe fydd hi'n siŵr o dynnu sylw at ei 'bopo', sef y briw lleiaf welsoch chi erioed ar ei phen-glin – briw a gafodd hi mewn codwm rai wythnosau'n ôl. Ar y pryd roedd yna ddagrau mawr ac roedd yn rhaid wrth ddau beth i leddfu'r sefyllfa, plaster ar y briw a llond gwlad o fwythau i'w chysuro ac i'w sicrhau ei bod hi'n ferch andros o ddewr. Oedd, roedd eisiau'r ddau beth – y driniaeth ymarferol a'r cysur emosiynol.

Mae gan rieni a theidiau a neiniau yr hawl i roi cwts a chusan a llond gwlad o fwythau i blentyn bach. Ond does wiw i athrawon ysgol, arweinwyr meithrinfeydd na gofalwyr grwpiau chwarae wneud dim byd o'r fath. Chân nhw ddim rhoi cusan i blentyn, na'i gwtsio na'i ddal ar eu glin. Yr ofn obsesiynol o gamdriniaeth rywiol sy'n gyfrifol am reolau hurt o'r fath.

Roedd yn dda clywed y dydd o'r blaen bod Dr Dan Poulter, y gweinidog dros Iechyd Plant, yn amau doethineb y rheolau ac yn cydnabod bod adegau pan yw plentyn bach angen mwythau a thynerwch a chyswllt corfforol. Mae yna'r fath beth â iaith cyffyrddiad ac fe wyddom ni i gyd pa mor bwysig yw honno – yr ysgydwad llaw, y cwts neu'r gusan sy'n mynegi croeso neu gydymdeimlad neu longyfarch. Roedd yna filoedd o blant ddoe yn cael eu cofleidio a'u cusanu am lwyddo yn eu harholiadau TGAU a Lefel A. A da iawn hynny.

Fe gyffyrddodd Iesu â dyn gwahanglwyfus ac wrth wneud fe dorrodd holl reolau iechyd a diogelwch ei ddydd, ond fe fu'r cyffyrddiad hwnnw'n gyfrwng iachâd ac fe chwalodd wahanfur o ofn a rhagfarn oedd wedi bodoli ers cenedlaethau. Mae iaith cyffyrddiad yn sôn am gysur, cyfeillgarwch a chonsýrn – pethau y mae eu hangen nhw arnom ni i gyd, yn blant bach ac yn bobl hŷn. Dewch i ni wneud yn fawr ohoni.

16 Awst 2013

Hanfod Democratiaeth

Hanner can mlynedd yn ôl i'r wythnos nesaf fe draddododd Martin Luther King ei araith fawr yn Washington, 'Mae gen i Freuddwyd'. Yn y freuddwyd honno gwelai wlad lle'r oedd pobl wyn a phobl ddu yn derbyn ac yn parchu ei gilydd. Gwlad lle byddai plant bach du a phlant bach gwyn yn cael yr un manteision, yn byw a chwarae efo'i gilydd – cymdeithas â phawb, beth bynnag fyddai eu cefndir a lliw eu croen, yn cydymddwyn â'i gilydd er eu gwahaniaethau.

Rhoddodd Martin Luther King ei fys ar rai o elfennau sylfaenol democratiaeth. Nid mater o roi croes ar ddarn o bapur mewn etholiad yn unig yw democratiaeth, er mor bwysig yw hynny, yn enwedig o gofio bod rhai yn y gorffennol wedi brwydro'n galed i gael y bleidlais.

Mae democratiaeth yn golygu hefyd parchu pawb ac amddiffyn rhyddid a hawliau pawb. Mae'n golygu cydymddwyn â phobl nad ydym ni'n cytuno â nhw, gan dderbyn eu hawl i'w safbwyntiau a'u harferion.

Tua blwyddyn a rhagor yn ôl gwelsom wawr yr hyn a elwid ar y pryd y Gwanwyn Arabaidd wrth i wledydd y Dwyrain Canol godi yn erbyn arweinwyr gormesol a mynnu'r hawl i gynnal etholiadau. Credai pawb fod democratiaeth wedi dod o'r diwedd i'r rhan honno o'r byd. Ond erbyn hyn mae'r freuddwyd yn deilchion.

Ar ôl i lywodraeth newydd gael ei hethol yn yr Aifft fe drodd honno eto'n ormesol gan wrthod hawliau i leiafrifoedd a chan erlid rhai o gredoau gwahanol, yn arbennig felly Gristnogion Coptig y wlad.

Heb oddefgarwch a heb y parodrwydd i ganiatáu rhyddid barn a rhyddid crefyddol i bawb, tydy democratiaeth ddim yn bosibl. Mae goddefgarwch yn sylfaen pob cymdeithas wâr ac yn rhywbeth y dylai pob un ohonom ni ei arfer bob dydd yn ein hagwedd at bawb, pwy bynnag ydyn nhw.

23 Awst 2013

Dylanwadau Da

Ydych chi wedi meddwl erioed beth sydd wedi'ch gwneud chi'r person ydych chi? Yr ateb gwyddonol yw ein bod yn gynnyrch geneteg a'n bod wedi etifeddu nodweddion rhieni, teidiau a neiniau a pherthnasau eraill – lliw gwallt, lliw llygaid, pryd a gwedd, ac ati. Ond dydy hynny ddim yn ateb y cwestiwn yn llawn.

Mae ffactorau eraill yn gyfrifol am fowldio'n cymeriad a llywio'n hymddygiad. Mae un ohonynt yn arbennig o bwysig a ffurfiannol, ac eto fedrwch chi mo'i weld, na'i glywed, na'i gyffwrdd, ond mae'n real ac mae ar waith arnom bob awr o'r dydd. Yr enw a roddwn ar y ffactor hollbwysig yma yw 'dylanwad' – dylanwad cartref ac aelwyd, bro a chymdogaeth, ffrindiau, diwylliant, a'r cyfryngau. Dylanwad pwysig eithriadol ar blant a phobl ifanc yw ysgol ac athrawon.

Cawsom ein hatgoffa o hynny o glywed hanes trist llofruddio Ann Maguire yr wythnos ddiwethaf. Yn gymysg â thristwch a thrasiedi'r digwyddiad clywsom deyrngedau gloyw gan blant a chyn-ddisgyblion a rhieni i'w gallu fel athrawes, ei diddordeb ym mhob plentyn, a'i pharodrwydd i roi amser i bob un oedd angen cyngor a chymorth. Meddai un plentyn, 'Roedd hi'n ffrind yn ogystal ag athrawes.'

Oedd, roedd Ann Maguire, fel cannoedd o athrawon eraill, yn ddylanwad da ar genedlaethau o blant. Cafodd ei lladd gan aelod o'i dosbarth yr honnir iddo ei thrywanu sawl gwaith.

Roedd hwnnw wedi bod o dan ddylanwad gwahanol iawn – dieflig, peryglus, treisgar – ffaith ddylai'n sobri, un ac oll, i fod yn effro i effeithiau'r dylanwadau erchyll sydd ar ein plant a'n pobl ifanc, ac i beri i ni sylweddoli hefyd bod pob un ohonom yn ddylanwad da neu'n ddylanwad drwg ar eraill.

5 Mai 2014

Neges Ewyllys Da

Naw deg dwy o flynyddoedd yn ôl i ddoe, cyhoeddwyd am y tro cyntaf Neges Ewyllys Da Plant Cymru i'r Byd. Anfonwyd y neges gyntaf gan y Parchedig Gwilym Davies, heddychwr a chefnogwr brwd i'r Cenhedloedd Unedig.

Dros y blynyddoedd darlledwyd y neges gan y BBC mewn sawl iaith i bedwar ban byd. Eleni fe'i lluniwyd gan ddisgyblion o ysgolion uwchradd Meirionnydd ac mae'n neges arbennig o heriol a gafaelgar ar thema rhyfel a chymodi.

A ninnau eleni'n cofio cychwyn y Rhyfel Byd Cyntaf gan mlynedd yn ôl, mae'r neges yn ein hatgoffa o wir erchylltra rhyfel ac yn gwneud hynny trwy ofyn cyfres o gwestiynau: 'Tybed sut sŵn yw sŵn chwiban cadfridog? A sut sŵn yw gwich llygoden fawr? Tybed sut arogl yw arogl bwled? A chyrff mewn ffos? A beth am nwy? Tybed sut mae llaw yn crynu cyn saethu? Sut deimlad yw pwyso botwm y bom, a'i chlywed yn hedfan uwchben?'

Wrth holi am ymateb y synhwyrau i sŵn, arogleuon, cyffyrddiadau a theimladau mae'r neges yn procio'n dychymyg i sylweddoli pa mor enbyd o frawychus yw rhyfel ac fel y byddai teimladau a nerfau milwyr ifanc yn corddi gan ofn a dychryn.

Wedyn beth am golledion? 16 miliwn yn y Rhyfel Byd Cyntaf; 50 miliwn yn yr Ail Ryfel Byd. Yna mae'r neges yn troi i ofyn sut fyd fyddai byd heb ryfel? 'Tybed sut flas sydd ar heddwch? Sut sŵn yw sŵn tangnefedd? Sut arogl?'

Dywedodd Iesu, 'Gwyn eu byd y tangnefeddwyr' – hynny yw, y rhai sy'n creu tangnefedd, *peacemakers* yn Saesneg – 'oherwydd cânt hwy eu galw'n blant i Dduw.' Mae un peth yn siŵr, nhw fydd yn canfod beth yw blas heddwch a sŵn tangnefedd ac arogl cymod. Daw'r neges i ben efo cwestiwn i bob un ohonom yn unigol. 'Pwy ddaw i roi cymod yn ein byd? Ai ti? Ai fi?' Beth yw ein hateb ni tybed?

19 Mai 2014

Eisteddfod y Disgwyl

Mae yna hanes am Ann Griffiths yr emynydd yn cerdded dros y Berwyn o Ddolwar Fach i Sasiwn Bregethu yn y Bala. Meddai mewn llythyr wrth gyfaill, 'Aeuthum tua'r Bala a'm calon yn llawn o ffresni'r disgwyl.' Ychydig wedyn cerddodd merch ifanc arall, Mary Jones, chwe milltir ar hugain o Lanfihangel y Pennant i'r Bala gan lawn ddisgwyl cael Beibl oddi wrth Thomas Charles.

Ar hyd y blynyddoedd mae'r Bala wedi denu pobl o bob math – rhai erstalwm wedi tyrru i wrando ar bregethwyr ar y Green, eraill yn ein dyddiau ni yn dod ar wyliau ac i hwylio ar Lyn Tegid, a sawl tro dros y blynyddoedd daeth eisteddfodwyr yn lluoedd i Eisteddfodau Cenedlaethol yn y dref.

Yr wythnos hon bydd miloedd eto o blant a phobl ifanc, rhieni a pherthnasau yn dod i'r Bala i Eisteddfod Genedlaethol yr Urdd. Bydd rhieni, fel Ann Griffiths, yn dod yn llawn o ffresni'r disgwyl: rhai yn disgwyl ennill, neu o leiaf gael llwyfan; pob un yn disgwyl cael hwyl efo ffrindiau, a phawb yn disgwyl gwledd o ganu, llefaru, dawnsio a dathlu.

Mae'n bwysig dod at bopeth yn ddisgwylgar. Mae hynny'n ein tiwnio ni i werthfawrogi, i fwynhau ac i gael y gorau o bob profiad. Mae yna gyffro mewn disgwyl; mae yna eiddgarwch ac edrych ymlaen – yn wahanol i *aros,* sy'n llonydd, tawel, gwneud-dim. Mae yna rai sy'n cymryd agwedd negyddol a didaro tuag at bopeth, fel y geiriau welais i gan ryw hen sinig: 'Gwyn ei fyd y sawl sy'n disgwyl dim; chaiff o byth mo'i siomi.'

Mae'r Beibl yn sôn llawer am ddisgwyl wrth Dduw – canoli'r meddwl arno, agor y galon i'w bresenoldeb – ac yna profi'r cyffro o'i ddarganfod. Mwynhewch y Steddfod. Mwynhewch heddiw, a disgwyliwch y gorau o bob dydd a phob profiad.

26 Mai 2014

Ofergoeliaeth

Rhif ein tŷ ni yn Abergele yw 12A. Pam yr 'A' meddech chi? Rhif pobl drws nesaf ar un ochr yw 12, ac ar yr ochr arall, 14. Byddech yn disgwyl felly mai 13 fyddai'n rhif ni, ond gan fod hwnnw'n rhif anlwcus yn nhyb rhai, penderfynodd rhywun – yr adeiladydd neu ryw swyddog tai – mai gwell fyddai osgoi 13 a rhoi 12A fel rhif ein tŷ ni. Os digwydd i ddydd Gwener ddisgyn ar y trydydd ar ddeg mae'n cael ei ystyried gan bobl ofergoelus fel diwrnod arbennig o anlwcus.

Ydych chi'n ofergoelus? Oes gennych chi ofn cerdded dan ysgol, ofn codi maneg sydd wedi disgyn ar lawr, ofn gweld cyllell a fforc wedi eu croesi ar blât, ofn gweld dwy bioden efo'i gilydd yn yr ardd, a hynny am eich bod yn credu bod y rhain i gyd yn arwyddion o anlwc? Neu, a ydych chi'n darllen eich horosgop bob wythnos ac yn cymryd o ddifrif yr hyn maen nhw'n ddweud am eich dyfodol?

Wel, rhydd i bawb ei farn a'i gred, ond yn fy marn i lol llwyr yw credu bod rhai pethau yn dwyn lwc dda ac eraill lwc ddrwg. Nid lwc sy'n penderfynu'n dyfodol na'n dedwyddwch ni.

Mae yfory'n mynd i fod yn ddiwrnod gwahanol iawn – Dydd Gŵyl Sant Ffolant (tebyg i ŵyl y Santes Dwynwen yn niwedd Ionawr). Os mai lwc yw gair allweddol dydd Gwener y trydydd ar ddeg, cariad yw gair allweddol Gŵyl Sant Ffolant. Diwrnod ydyw i ddathlu a mynegi cariad rhwng dau. Ac nid rhwng dau yn unig, oherwydd mae cariad go iawn yn gorlifo tuag at eraill ac yn ein gwneud i gyd yn fwy cariadus tuag at ein gilydd, yn fwy caredig ac yn fwy cymwynasgar.

Cariad, nid lwc, sy'n penderfynu ansawdd ein bywyd a'n dyfodol.

Ofn sydd wrth wraidd pob ofergoeliaeth, ac mae yna adnod yn y Testament Newydd sy'n dweud fel hyn, 'Nid oes ofn mewn cariad, ond y mae cariad perffaith yn bwrw allan ofn.' Does dim diben dibynnu ar lwc; ymdrechu i berffeithio'n cariad sy'n rhoi hwyl a hapusrwydd gwirioneddol i ni.

13 Chwefror 2015

Creu Cymru Newydd

Bûm yn chwilio yn ddiweddar am fy nghopi o gyfrol orchestol John Davies, *Hanes Cymru*, a gyhoeddwyd yn 1990, a throi i baragraffau olaf y gyfrol lle mae'r awdur yn bwrw golwg yn fras dros holl ganrifoedd hanes y genedl ac yn darogan bod Cymru fel petai'n profi marwolaeth ac ailenedigaeth bob yn ail.

Dros y blynyddoedd mae pobl wedi darogan tranc y genedl a diflaniad yr iaith. Awgrymodd un sylwebydd yn y *Welsh Outlook* yn 1916 y byddai'r Gymraeg wedi peidio â bod yn iaith fyw erbyn 1950. Ac eto meddai John Davies, 'Fe oroesodd y Cymry holl argyfyngau eu hanes, gan ail-greu eu cenedl drosodd a thro.' Mae'n cyfeirio at yr arwyddion o ailenedigaeth yn ein cyfnod ni – datganoli, llwyddiannau'r mudiadau iaith, y twf mewn addysg Gymraeg a'r hyder newydd sy'n cyniwair trwy'r tir.

Wrth gwrs, mae yna ochr arall i'r darlun – nifer y siaradwyr Cymraeg yn gostwng, broydd yn cael eu boddi gan ddylifiad o newydd-ddyfodiaid heb unrhyw amgyffrediad o Gymreictod, gweithgareddau diwylliannol cymdeithasau ac eisteddfodau lleol yn darfod mewn llawer ardal, a chapeli ac eglwysi'n cau wrth eu dwsinau.

Oes y mae yna ochr dywyll ac mae yna ochr olau i'r sefyllfa, ond dweud mae John Davies y dylem ymfalchïo yn y llwyddiannau, nid anobeithio o achos methiant – dyna sy'n rhoi hyder i ni dorchi llewys a bwrw iddi i greu Cymru newydd.

Mae yna rigwm bach Saesneg sy'n sôn am ddau garcharor yn edrych allan trwy farrau eu cell. Dydy un yn gweld dim ond mwd ond mae'r llall yn gweld sêr. Neu fel y ddau ddyn yna – y naill yn cwyno bod y capel yn hanner gwag, a'r llall yn canmol bod y capel yn hanner llawn! Hyd yn oed os yw rhai pethau'n gwanhau ac yn darfod o'n cwmpas, dylem ganoli ar y pethau sy'n ffynnu a bwrw iddi i gefnogi a meithrin y rheini.

20 Chwefror 2015

Colli Gafael ar Deulu

Mae'n siŵr gen i mai'r fwyaf adnabyddus o ddamhegion Iesu Grist yw dameg y Mab Afradlon, a hynny am ei bod hi'n adlewyrchu sefyllfa sy'n gyffredin i bob oes ac aml i deulu – mab neu ferch ifanc yn penderfynu gadael cartref i grwydro'r byd, i gael blas ar fyw, ac i wneud eu ffortiwn, a hynny'n groes i gyngor a dymuniad rhieni. Bydd llawer un, fel y mab yn y ddameg, yn cyrraedd gwlad bell ac yno'n cael eu hunain mewn trybini ac yn penderfynu troi am adref.

Ar y teledu dros y dyddiau diwethaf rydym wedi gweld rhieni a pherthnasau Shamima, Kadiza ac Amira yn crefu hyd at ddagrau ar y tair i ddod adref a rhoi'r gorau i'w bwriad i fynd i Syria i ymuno ag ISIS, a hwythau ond yn ferched ysgol pymtheg oed. Heb ddweud gair wrth eu rhieni roeddent wedi pacio'u pethau, dal awyren i Dwrci a chroesi'r wlad honno mewn bws at y ffin â Syria.

Mewn bwletin newyddion echdoe cyhoeddwyd eu bod bellach wedi croesi'r ffin a bod eu rhieni a'r awdurdodau 'wedi colli gafael arnynt'. Problem sy'n wynebu pob rhiant yw gwybod faint o ryddid i'w ganiatáu i fab neu ferch ifanc yn eu harddegau, heb golli gafael arnynt – faint o raff i'w roi, heb golli gafael ar y rhaff yn gyfan gwbl. Peth trist iawn yw colli gafael ar deulu a ffrindiau, ac ar fagwraeth ac ar werthoedd hefyd.

Ymhen deuddydd fe fydd yn Ddydd Gŵyl Dewi a byddwn yn atgoffa'n gilydd o'r pwysigrwydd o warchod ein hiaith a'n hetifeddiaeth. Gwyddom yn iawn fod llawer sy'n colli gafael ar yr iaith – rhai wedi cael addysg Gymraeg, ond ar ôl gadael yr ysgol yn rhoi'r gorau iddi. Rhaid gwylio hefyd nad ydym yn colli gafael ar ein rhyddid, ar ein tir ac ar ein hawliau fel pobl. O sôn am Ŵyl

Dewi, rhaid cofio mai cenhadwr Cristnogol oedd Dewi – un o'r nifer o'r hen seintiau Celtaidd a ddaeth â'r ffydd i Gymru. Faint o'n cyd-Gymry heddiw sydd wedi colli gafael ar y ffydd honno? Gobeithio y bydd y tair merch ifanc o Bethnal Green, fel y Mab Afradlon yn y ddameg, yn ffeindio'u ffordd adref, ac y byddwn ninnau bob un yn tynhau ein gafael ar y pethau sy'n cyfrif.

27 Chwefror 2015

Mynd yn Hen

Stori hynod drist oedd honno am Gill Pharaoh, gwraig 75 oed a ddewisodd fynd i glinic yn y Swistir i roi diwedd ar ei bywyd er ei bod hi'n berffaith iach yn ôl pob sôn. Ei rheswm oedd fod ganddi ofn mynd yn hen ac ofn colli ei chof. Wrth gwrs, peth enbyd yw colli cof, ac fe wyddom ni fod clefyd Alzheimer ar gynnydd ac erbyn hyn yn effeithio ar bobl ieuengach yn ogystal â phobl mewn oed.

Yn ôl adroddiad grŵp o wyddonwyr o America, rhai o'r rhesymau am hynny ydy llygredd yr amgylchfyd, technoleg fodern (yn enwedig y defnydd o ffonau symudol), deiet gwael, diffyg ymarfer a ffactorau eraill o'r fath.

Ond rydw i am awgrymu ffactor arall, a honno'n un seicolegol, sef gogwydd meddwl. Mae'r rhai sy'n cadw'u meddwl yn effro, yn cymdeithasu, yn mwynhau cwmni eu plant a'u teuluoedd, yn helpu gyda mudiadau gwirfoddol, elusennol a chrefyddol, ac yn gwrthod mynd i gragen unigrwydd a hunandosturi – mae'r rheiny'n fwy tebygol o fod yn hapus ac o gwmpas eu pethau hyd yn oed yn eu hen ddyddiau.

Wrth drafod achos Gill Pharaoh dywedodd y gohebydd Matthew Syed mor falch yr oedd o nad oedd ei daid erioed wedi meddwl rhoi terfyn ar ei fywyd gan ei fod o, fel ei ŵyr, wedi dysgu cymaint oddi wrtho ac wedi cael miloedd o hwyl yn ei gwmni. Byddai ei daid yn dweud mai'r blynyddoedd ar ôl iddo ymddeol oedd y rhai hapusaf yn ei fywyd i gyd. Mater o ogwydd meddwl oedd hynny i raddau helaeth.

Yn gynnar yn hanes hen genedl Israel fe ddywedodd Duw wrth ei bobl, 'Wele rwyf yn gosod o'ch blaen chi heddiw ffordd bywyd a ffordd angau; dewiswch fywyd.' Mae'r dewis yna gan gan bob un ohonom bob dydd. Medrwn ddewis ffordd angau – hynny ydy, perswadio'n hunain ein bod yn mynd yn hen, yn fusgrell ac yn anghofus. Neu medrwn ddewis ffordd bywyd, sef edrych yn bositif ar bethau, mwynhau pob dydd fel y daw, canmol nid cwyno, gwenu nid edrych yn flin, chwerthin nid grwgnach. Gaf i ofyn, pa un tybed fydd eich dewis chi?

7 Awst 2015

Zephaniah a'r Iaith Gymraeg

Ymwelydd lliwgar a diddorol â'r Eisteddfod Genedlaethol ym Meifod oedd y bardd Eingl-Garibïaidd, Benjamin Zephaniah. Doedd o erioed wedi bod mewn eisteddfod o'r blaen a chafodd ei synnu gan faint, ysbryd ac amrywiaeth holl ddigwyddiadau'r wythnos, a'r ffaith fod pawb o'i gwmpas yn siarad Cymraeg. Cyfaddefodd nad oedd gan y rhan fwyaf o Saeson ddim syniad beth oedd eisteddfod, na chwaith fod pobl yng Nghymru yn siarad y Gymraeg. Aeth ymlaen i ddweud y dylai plant ysgolion Lloegr gael cyfle i ddysgu'r Gymraeg. Gan ein bod yn byw mewn cymdeithas amlddiwylliannol, mae plant yn cael y cyfle i ddysgu Mandarin, Urdu, Hindi, Arabeg yn ogystal â Ffrangeg, Sbaeneg ac yn y blaen. Pam felly nad y Gymraeg gan fod y Gymraeg a'r ieithoedd Celtaidd eraill yn gymaint rhan o hanes a diwylliant yr ynysoedd yma?

A'r Steddfod wedi cael ei chynnal ym mro Ann Griffiths mae'n werth cofio bod yr un peth wedi'i awgrymu rai blynyddoedd yn ôl gan yr offeiriad a'r ysgolhaig Donald Allchin. Roedd Allchin yn Sais, yn Athro ym Mhrifysgol Rhydychen ac yn awdur, ac fe ddysgodd o Gymraeg er mwyn medru astudio emynau Ann Griffiths a daeth yn awdurdod ar ei gwaith. Dywedodd yntau y dylai plant Lloegr ddysgu'r Gymraeg er mwyn iddyn nhw gael gwybod am y cyfoeth o lenyddiaeth, barddoniaeth ac ysbrydoledd oedd ynddi.

Addawodd Benjamin Zephaniah ei fod o am fynd ati i ddysgu'r iaith – 'os nad ydy hi'n rhy hwyr,' meddai. Fe lwyddodd Allchin, ac o wneud fe agorodd lygaid llawer ohonom ni fel Cymry i gyfoeth ysbrydol a barddonol emynau'r ferch o Ddolwar Fach. Yr ofn sydd gen i yw ein bod ni'n magu cenhedlaeth o Gymry ifanc, rhugl eu Cymraeg, ond heb rithyn o ddiddordeb ganddyn nhw yn

Ann Griffiths, na Pantycelyn, na William Morgan, na'r ffydd oedd yn eu hysbrydoli. Gobeithio nad ydy hi ddim yn rhy hwyr iddyn nhw, a Chymry hŷn na nhw o ran hynny, i droi'n ôl i ailddarganfod cynnwys ysbrydol cyfoethog ein hetifeddiaeth.

14 Awst 2015

Philip Jones Griffiths

Y dydd o'r blaen cefais gyfle i weld arddangosfa yn y Llyfrgell Genedlaethol o waith y ffotograffydd Philip Jones Griffiths, ac yn arbennig i weld y lluniau a dynnodd o'r rhyfel yn Fietnam yn y chwedegau.

Fe ddywedodd un arbenigwr nad oedd neb ers dyddiau Goya wedi llwyddo i bortreadu erchyllterau rhyfel mor effeithiol â Philip Jones Griffiths, yn enwedig ei luniau o ddioddefaint pobl a phlant yn Fietnam. Yn wir fe gyfrannodd ei waith tuag at newid agwedd pobl America tuag at y rhyfel.

Roedd gen i hefyd reswm personol dros fynd i weld yr arddangosfa. Roedd Philip Jones Griffiths a minnau yn hen ffrindiau ysgol, yn yr un dosbarth yn Ysgol Ramadeg Llanelwy erstalwm, ac yn gymdogion yn Rhuddlan. Roedd yn ddiddorol gweld lluniau a dogfennau o'r cyfnod cynnar hwnnw, gan gynnwys hen adroddiadau ysgol oedd yn dangos nad oedd Philip yn disgleirio yn ei waith ysgol. Sylwadau fel 'gweddol', 'siomedig', 'rhaid canolbwyntio'n well', 'mae angen mwy o ymdrech' ac yn y blaen oedd wrth ochr y rhan fwyaf o'r pynciau.

Fe adawodd yr ysgol a chael gwaith mewn siop fferyllydd yn y Rhyl, ac wedyn yn Llundain cyn ymgartrefu yn Efrog Newydd. Erbyn hynny roedd wedi dod i sylw fel ffotograffydd.

Roedd yna ddau beth arall yn tynnu fy sylw yn yr arddangosfa, sef ei gamera cyntaf – hen gamera bocs Brownie (ac mae gen i gof da o hwnnw), a nodyn yn ei lawysgrif ei hun o'r hyn a ddywedodd un o flaenoriaid ei gapel yn Rhuddlan wrtho, 'Beth bynnag wnei di mewn bywyd Boyo, tria adael dy farc er gwell ar yr hen fyd yma!'

Fe wnaeth hynny trwy ddefnyddio ei gamera i ddwysbigo, i herio, i ddangos creulonderau dyn at gyd-ddyn, ac i alw am heddwch ar y ddaear. Os oes yna blant ysgol wedi'u siomi gan eu canlyniadau TGAU ddoe, rydw i'n siŵr mai'r hyn y byddai Philip Jones Griffiths yn ei ddweud wrthyn nhw fyddai, 'Dydy hi ddim yn ddiwedd y byd! Yr hyn sy'n bwysig ydy dy fod ti'n defnyddio pa ddawn bynnag sydd gen ti i adael dy farc er gwell ar yr hen fyd yma.'

21 Awst 2015

Llygad Dychymyg

Ydy'r gair 'Aphantasia' yn golygu rhywbeth i chi? Mae'n siwr nad ydy o ddim os na welsoch chi gyfeiriad echdoe at astudiaeth ar ddychymyg gan wyddonwyr ym Mhrifysgol Exeter. Credwch neu beidio mae yna bobl sy'n methu'n lân â chreu darluniau yn eu meddyliau. Does ganddyn nhw, yn llythrennol, ddim dychymyg. A dyna yw Aphantasia.

Fe gafwyd cyfweliad â dyn o'r enw Neil Kenmuir sy'n dioddef o'r cyflwr. Dywedodd hwnnw nad oedd ganddo fo ddim llygad yn ei feddwl. Pan oedd yn darllen llyfr roedd yn medru deall y geiriau, ond fedrai o ddim creu darlun yn ei ddychymyg o'r hyn roedd y geiriau'n ddisgrifio. Wrth wrando arno fo, fedrwn i ddim peidio â meddwl mor bwysig ydy dychymyg i bob un ohonom ni.

John Ruskin ddywedodd ryw dro mai'r dychymyg ydy oriel y meddwl – 'the art gallery of the mind'. Tynnu o'i ddychymyg y mae pob artist a llenor a bardd a cherfluniwr. Mae yna hanes enwog am Michelangelo yn eistedd o flaen talp enfawr o farmor ac yn dweud, 'Mae yna angel yn y garreg yma ac mi rydw i'n mynd i'w ollwng yn rhydd.' Cyn estyn am ei gŷn a'i forthwyl roedd yn gweld â llygad dychymyg yr hyn yr oedd am ei greu. Cyn bod y nofelydd yn rhoi gair ar bapur mae wedi dychmygu datblygiad ei stori ac wedi dechrau creu'r cymeriadau yn ei feddwl. Yna, pan ddown ni i ddarllen y stori honno mae'n dod yn fyw yn ein dychymyg ninnau.

Dyna un rheswm pam y mae darllen storïau i blant bach mor bwysig. Mae'n deffro ac yn porthi eu dychymyg. Mae dychymyg yn chwarae rhan bwysig mewn crefydd hefyd. Wyddon ni ddim sut un oedd Iesu Grist o ran pryd a gwedd, ond y mae artistiaid yr oesau wedi ei bortreadu o'u dychymyg ac wedi creu campweithiau. Gyda dychymyg, a hwnnw wedi'i oleuo gan ffydd, mi fedrwn ninnau hefyd gael cipolwg yn ein meddwl ar ddirgelwch yr Iesu hwn.

28 Awst 2015

Bangu

Tybed faint o sôn fu yn ein dathliadau Gŵyl Dewi eleni am Ddewi Sant ei hun? Digon ychydig mae'n siŵr, oherwydd mae'r darlun ohono'n gynnyrch chwedloniaeth, dychymyg a chelfyddyd. Mae yna sawl cerflun dychmygol ohono.

Yr un yr ydw i'n ei hoffi yw'r un gan yr Eidalwr Frederick Mancini sydd yn eglwys Llanddewi Brefi. Dydy o ddim yn portreadu Dewi fel esgob mewn gwisg rwysgfawr, ond fel gwerinwr syml, yn droednoeth, clogyn plaen dros ei ysgwyddau, pastwn mewn un llaw a chloch yn y llall – cloch oherwydd bod sôn yn un o'r chwedlau amdano'n cario cloch ar ei deithiau.

Roedd ganddo enw i'r gloch, sef 'Bangu', a chyfeiria ati fel ei gyfaill uchel, annwyl. Gan fod Cymru'r pryd hwnnw yn wlad goediog, byddai canu'r gloch yn cadw bleiddiaid draw, yn rhybudd i bobl ei fod ar ei ffordd, ac wedi cyrraedd pentref yn eu galw at ei gilydd i'w dysgu ac i bregethu iddynt.

Heddiw gellid dweud bod Gŵyl Dewi fel cloch, yn cyflawni'r un swyddogaeth â Bangu gynt. Mae'n ein hatgoffa ni pa mor bwysig yw i ni ddod at ein gilydd a chyd-dynnu i amddiffyn ein hunaniaeth fel cenedl. Mae'n ein hatgoffa hefyd o genadwri Dewi, sef y ffydd Gristnogol sydd wedi bod yn sail ac yn ysbrydoliaeth i'n diwylliant ac i'n gwerthoedd ar hyd y canrifoedd.

Fel cloch Dewi, mae ei ŵyl yn rhybudd ein bod ni mewn perygl dirfawr o golli'r pethau hynny sy'n ein gwneud ni'r hyn ydym fel pobl – ein hiaith, sy'n barhaus dan fygythiad, ein diwylliant a'n gwerthoedd, ond hefyd, ac yn bwysicach na dim, ein ffydd. Clywn yn aml ddyfynnu geiriau olaf Dewi i'w ddilynwyr i wneud y pethau bychain. Yr hyn na chlywir gennym mor aml yw'r cymal blaenorol: 'Cedwch eich ffydd a'ch cred.'

2 Mawrth 2016

Grêt

Gair Saesneg sydd wedi sleifio i mewn i'r Gymraeg ac wedi sefydlu ei hun yn ein sgwrs bob dydd yw'r gair 'Grêt'. 'Sut aeth y gwyliau Huw?' 'O Grêt!' 'Sut barti gafwyd noson o'r blaen, Jane?' 'Grêt! Pawb 'di joio!' Ond wrth gael ei dderbyn i'r Gymraeg mae 'Grêt' wedi newid rhywfaint ar ei ystyr. I ni mae'n golygu mwynhad a gwerthfawrogiad, ond yn y Saesneg gwreiddiol ei ystyr yw mawrdra. Rhywbeth grêt yw rhywbeth mawr.

Pa bryd penderfynwyd ychwanegu grêt at yr enw Prydain i wneud Prydain Fawr, wn i ddim. Ond dyna hunan-frolio os bu erioed. Mae priodoli mawredd i unrhyw genedl fel arfer yn golygu nerth milwrol, grym imperialaidd, neu'r gred fod gan genedl yr hawl i fusnesu ym materion gwledydd eraill.

Rydym wedi clywed mwy nag un yn sôn am eu huchelgais i wneud eu gwlad yn fawr. Un oedd Kim Jong-un, pennaeth Gogledd Korea, a ddywedodd mai ei fwriad wrth brofi taflegrau niwclear oedd dangos bod Gogledd Korea'n fawr. Yr un pryd, yn ystod ei ymgyrch i gael ei ddewis yn ymgeisydd y Gweriniaethwyr am Arlywyddiaeth yr Unol Daleithiau, mae Donald Trump wedi darogan fwy nag unwaith mai ei fwriad yw gwneud America yn fawr unwaith eto. Iddo ef mae hynny'n golygu bod yn gryf yn filwrol a bod yn barod i ymosod ar bawb a phopeth y mae'n eu hystyried yn fygythiad.

Mae'n sicr mai'r enghraifft fwyaf barbaraidd fu clywed arweinwyr ISIS, ar ôl dienyddio nifer o bobl, yn gweiddi 'Mae Allah yn fawr!' Dyna fathau o fawrdra sy'n beryglus i heddwch y byd. Mae syniad y Beibl o'r hyn sy'n gwneud cenedl fawr yn hollol wahanol. 'Y mae cyfiawnder yn dyrchafu cenedl' yn ôl y proffwydi. Ystyr 'cyfiawnder' yw gofalu am y gwan a'r anghenus, gweithredu tegwch, barnu'n deg a hyrwyddo heddwch rhwng pobl. Gall y cenhedloedd lleiaf, a phob un ohonom ni'n unigol, fod yn fawr yn yr ystyr yna.

9 Mawrth 2016

Ein Hypothalamus

Sut hwyl sydd ar eich *hypothalamus* chi heddiw? 'Hypo beth?' meddech chi. Roedd eitem o newyddion yr wythnos ddiwethaf yn cyhoeddi bod grŵp o wyddonwyr wedi canfod tarddle creulondeb, drygioni a chasineb yn yr ymennydd dynol, a hynny yn y rhan honno a elwir yr *hypothalamus*.

Dyna'r rhan o'r ymennydd sydd hefyd yn dweud wrthym pryd yr ydym eisiau bwyd, eisiau cwsg ac eisiau gwres. Yno hefyd, yn llercian ynghanol y cyfan, y mae'r duedd i wylltio, i ymosod, i ladd, i ddweud celwydd ac i gyflawni pob math o ddrygau. Mae hyn yn ailgodi hen gwestiwn, sef a yw drygioni yn rhywbeth sy'n tarddu ohonom ni fel bodau dynol, neu a ydyw'n bodoli oddi allan i ni.

Oes yna'r fath beth â phŵer dieflig yn y byd oddi allan i ni? Oes yna'r fath beth â phŵer dieflig yn y byd oddi allan yn ein temtio ac yn ein denu i wneud pob math o ddrwg – yr hyn y mae crefyddwyr yn alw'n 'Satan' – er mai ychydig o sôn sydd amdano y dyddiau hyn?

Pan ofynnwyd i ddosbarth oedolion mewn Ysgol Sul a oeddent yn credu yn y diafol, atebodd un hen frawd, 'Ydw wir, byddaf yn ei weld yn y drych bob bore wrth siafio!' Ni wyddai am ei *hypothalamus*, ond dweud yr oedd mai yn y fan honno, oddi fewn iddo'i hun, roedd tarddle pob drwg. Y gwir yw, mae'r drwg ynom i gyd, ac o'n cwmpas ni, yn ddwfn yn eigion ein bod, ond hefyd yn rym gwrthrychol oddi allan i ni. Mae'r grym hwn oddi allan yn dylanwadu ar y reddf negyddol, ddinistriol sydd oddi mewn i ni.

Dyna sy'n digwydd pan yw Mwslemiaid ifanc yn cael eu radicaleiddio a'u denu i ymuno ag ISIS. Dyna sy'n digwydd pan yw pornograffi a secstio yn llygru bywydau plant a phobl ifanc. Wrth nesáu at y Pasg cofiwn mai neges yr ŵyl honno yw bod Duw, yn Iesu Grist, yn maddau pob drwg a'i fod hefyd yn estyn i ni'r gras i sefyll yn gadarn yn erbyn y drwg sydd ynom ni ac o'n cwmpas – ie, i gadw'n *hypothalamus* yn lân ac o dan reolaeth.

16 Mawrth 2016

Penglog Shakespeare

Dros bedwar can mlynedd yn ôl bu farw William Shakespeare. Cafodd ei gladdu yn Eglwys y Drindod Sanctaidd yn Stratford. Trwy ddefnyddio 'scan radar' sy'n medru tynnu lluniau trwy garreg a daear, mae archaeolegwyr wedi canfod bod penglog Shakespeare druan ar goll. Rhywbryd neu'i gilydd – does neb yn gwybod yn iawn pa bryd – symudodd rhywun y maen oddi ar y bedd yn yr eglwys a dwyn ei benglog. Ar wahân i'r scan, mae cyflwr y garreg yn dangos bod rhywun, rhywbryd, wedi ymyrryd â hi.

Mae'r cyfeiriad at symud y maen yn mynd â ni'n ôl at neges y Pasg ac atgyfodiad Crist. Yn ôl yr Efengylau aeth tair o wragedd at y bedd yn y bore bach gyda'r bwriad o eneinio corff Iesu. Yr hyn oedd yn eu poeni oedd sut oedden nhw'n mynd i symud y maen oddi wrth ddrws y bedd. Ar ôl cyrraedd y fan, ac er mawr syndod a dychryn iddynt, gwelsant fod y maen wedi'i symud, a bod y bedd yn wag.

Does neb ohonom yn medru dweud beth yn union ddigwyddodd ar y Pasg cyntaf hwnnw. Ond nid darn o hanes yn unig yw'r cyfeiriad at dreiglo'r maen – mae iddo ystyr symbolaidd. Mae'r maen yn cynrychioli'r holl elfennau creulon a dinistriol sydd yn stori'r Pasg – brad Jwdas Iscariot, twyll yr awdurdodau crefyddol, creulondeb y fflangellu, y broses erchyll o hoelio corff Iesu i bren, gwatwar y milwyr, yr ing, y poen a'r unigrwydd. Roedd rowlio'r garreg dros ddrws y bedd a'i selio fel pe bai'n cyhoeddi gerbron y byd mai nhw – yr elfennau creulon dieflig yna – oedd wedi ennill y dydd. Ond fe ddaeth rhyw rym dwyfol i dorri'r sêl a symud y garreg fawr i ffwrdd, a thrwy hynny ddatgan bod bywyd yn gryfach nag angau, bod cariad yn goresgyn casineb, bod tosturi a chymod ac addfwynder yn y diwedd yn rymusach na thrais a lladd.

Hwyrach nad yw hi'n hawdd credu hynny mewn dyddiau fel rhain pan mae pobl greulon yn achosi'r fath ddifrod a dioddefaint. Roedd y Pab yn iawn pan ddywedodd yn ei neges Pasg mai cariad yw'r unig rym a all goncro casineb. Mae'n golygu dau beth: mae'n golygu credu mai'r cariad dwyfol hwn fydd yn y diwedd yn ennill y fuddugoliaeth; mae'n golygu hefyd fod galw arnom i wneud popeth a fedrwn i symud meini atgasedd a chreulondeb o'n byd. Mae Palmyra wedi'i ennill yn ôl o afael ISIS ac mae'r archaeolegwyr yn sôn am ailgodi rhai o'r creiriau a chwalwyd. Mae yna feini i'w symud, ac mae yna feini i'w hailgodi. Yn wahanol i Shakespeare, dewch i ni gadw'n pennau a bwrw i'r gwaith.

30 Mawrth 2016

Y Cawr Mawr Caredig

Y pnawn o'r blaen fe es i am fy nogn o ddiwylliant, a hynny yng nghwmni Gwen, fy wyres fach bump oed, i weld y ffilm *BFG*.

Does bosib fod yn rhaid i mi egluro i wrandawyr Radio Cymru bod BFG yn golygu *The Big Friendly Giant* – teitl un o lyfrau mwyaf poblogaidd Roald Dahl. Mae'r stori'n troi o gwmpas y berthynas rhwng merch fach o'r enw Sophie a chawr caredig.

Mae'r cewri eraill, sy'n gymdogion i'r cawr caredig yng Ngwlad y Cewri, yn wahanol iawn; maen nhw'n anferthol o faint, yn gryf, yn fudr, yn greulon ac yn bwyta pobl – yn enwedig plant! – yn union fel y buasem ni'n disgwyl wrth gwrs, gan gewri go iawn.

Ond mae cawr Sophie yn wahanol. Ydy, mae o'n fawr ac yn gryf, ond mae o hefyd yn garedig ac yn gyfeillgar, a dydy o byth yn bwyta plant – na phobl hŷn o ran hynny! Mae o'n fawr mewn ystyr gwahanol. Nid ei daldra a'i gryfder corfforol sy'n ei wneud o'n gawr ond ei garedigrwydd, ei anwyldeb, ei ofal am Sophie a'i wyleidd-dra. Yn y bôn mae o'n gymeriad swil a diymhongar.

Yn Gymraeg fe fyddwn ni'n defnyddio'r gair 'cawr' i ddynodi person arbennig o ddawnus, neu berson sydd wedi gadael ei farc ar fywydau pobl ac ar gymdeithas. Un y clywais ei ddisgrifio fel 'y cawr o Rydcymerau' oedd D. J. Williams a doedd neb, o ran pryd a gwedd, yn llai tebyg i gawr na fo. Eto roedd yn ddyn mawr yng ngwir ystyr y gair – yn ei wroldeb, ei argyhoeddiadau, ei ysbryd llednais a'i ffyddlondeb i'w fro a'i genedl.

Daw hyn â ni at wirionedd sydd yn amlwg iawn yn y Testament Newydd, sef mai cyfrinach gwir fawredd ydy gostyngeiddrwydd, gwasanaeth, cymwynasgarwch a gofal am eraill. Yn yr ystyr yna fe fedr pob un ohonom ni fod yn gawr, beth bynnag yw'n maint a'n doniau ni.

1 Awst 2016

Y Crist Olympaidd

Chlywais i erioed sôn am Jason Kenny na Laura Trott nes iddyn nhw eu dau ennill sawl medal aur am feicio yn y Gemau Olympaidd – y ddau o Sir Gaerhirfryn ac yn bwriadu priodi y flwyddyn nesaf. Er i mi wybod am yr anhygoel Usain Bolt, wyddwn i ddim am y brodyr Brownlee nac am Jade Jones o'r Fflint. Ond fel nifer o rai eraill a ddaeth i'r brig mewn gwahanol gystadlaethau, aeth eu henwau'n adnabyddus led-led y byd mewn eiliadau.

Trwy gydol y Gemau Olympaidd yn Rio chlywais i ddim un cyfeiriad o gwbl at ffigwr arall oedd yn ymddangos yn aml ar ein sgrin deledu – weithiau yn y pellter, weithiau'n agos; weithiau wedi'i oleuo, weithiau'n ddisglair wyn. Mae'n sefyll a'i freichiau ar led ar gopa mynydd Corcovado sy'n 2,300 troedfedd o uchder ac yn edrych i lawr ar y ddinas. Cafodd ei gynllunio gan gerflunydd Ffrengig o'r enw Paul Landowski, ac artist o Rwmania, Gheorghe Leonida, a luniodd yr wyneb.

Mae'r wyneb yn arbennig o drawiadol. Mae'r ffigwr yn 98 troedfedd o daldra ac yn sefyll ar bedestal o 26 troedfedd. Dechreuwyd ei adeiladu yn 1929 ac fe'i dadorchuddiwyd yn Hydref 1931. Ystyriwyd sawl cynllun, ond dewiswyd un o ffigwr a'i freichiau ar led, fel pe bai'n cofleidio'r ddinas mewn cariad a heddwch. Mae'n siŵr gen i fod sawl cystadleuydd wedi codi ei ben i edrych i gyfeiriad y cerflun, wedi ymgroesi ac wedi offrymu gweddi dawel am fendith a chymorth. Rydw i yr un mor sicr nad oedd cannoedd o gystadleuwyr a gwylwyr yn meddwl dim am y cerflun pell nac am ei arwyddocâd. Ond roedd o yno – yno yn gwylio ac yn gwarchod.

Nid ar gopa mynydd uchel mewn gwlad bell yn unig y mae o. Mae'n sefyll ynghanol eich bywyd chi a minnau. Ydy, mae o yno hefyd, er i ni ei anghofio neu ei anwybyddu. Oes angen i mi ddweud wrthych chi pwy ydy o? Ei enw yn Rio ydy Crist y Gwaredwr.

22 Awst 2016

Cyfres o Olygfeydd

Yn ddiweddar fe ddois i ar draws geiriau gan yr arlunydd J. M. W. Turner: 'Rownd pob cornel y mae darlun sy'n aros i gael ei sgetsio.' Fe ŵyr pob arlunydd, a phob ffotograffydd hefyd, am y profiad o daro ar olygfa gwerth ei thrysori ar ganfas neu ar ffilm.

Bob wythnos fe welwn ni sawl darlun sy'n cydio ynom ni a'n hysgwyd. Dychmygwch ein bod yn troi i mewn i oriel i gael golwg ar rai o luniau'r wythnos hon.

Mae'r cyntaf yn llun o fachgen bach chwech oed o'r enw Ahmed, newydd ei achub o adfeilion ei gartref yn Aleppo – y tŷ wedi'i chwalu gan ymosodiad gan un o'r grwpiau o ryfelgwn yn Syria. Mae wyneb a gwallt y bychan yn llwch ac yn waed. Dydy o ddim yn crio na gweiddi, ond mae ei lygaid yn llawn dychryn. Mae'n ddarlun o greulondeb annynol sy'n malio dim fod bywydau plant bach yn cael eu darnio'n yfflon.

Dewch ymlaen wedyn at y llun nesaf. Darlun ydy hwn o leianes ifanc o'r enw Marianna yn lled-orwedd ar balmant yn hen dref Amatrice, gwaed yn llifo o'i thalcen, a ffôn symudol yn ei llaw. Mae'n ceisio canfod beth ydy hanes ei chyd-leianod gan fod daeargryn wedi dymchwel rhan helaeth o'r dref. Go brin iddi gael unrhyw ateb ar ei ffôn gan i'w chwfaint gael ei ddinistrio'n llwyr. Darlun yw hwn o rym enbyd natur ac o ddiymadferthedd dyn yn wyneb ei bwerau dychrynllyd.

Awn ymlaen i'r llun nesaf. Yn yr Eidal rydym ni eto yn edrych ar lun o un o'r achubwyr gwirfoddol – gŵr mewn siaced felen a het galed ar ei ben. Mae newydd lwyddo i dynnu merch fach ddeg oed yn fyw allan o rwbel ei chartref, ond y mae dagrau'n llifo i lawr ei ruddiau am ei fod wedi methu achub gweddill y teulu. Dyma ddarlun o dosturi dwfn ac o ymdrech dyn i gynorthwyo'i gyd-ddyn.

Nid darluniau yw'r rhain i syllu arnyn nhw o'r tu allan. Maen nhw'n ein tynnu ni i mewn i ddioddefaint a dryswch a thorcalon y byd – yn mynd â ni 'rownd y gornel', fel petai, lle mae yna bob amser frodyr a chwiorydd i ni o fewn yr un teulu dynol a rhywun yn rhywle angen cymorth, cwmni a chymwynas.

30 Awst 2016

Yr Ysgwrn

Mae'r Ysgwrn, cartref Hedd Wyn yn Nhrawsfynydd, wedi agor ei ddrysau i ymwelwyr unwaith eto ar ôl cyfnod o atgyweirio ac addasu'r ffermdy a'r safle. Aeth criw ohonom o Abergele i'r Ysgwrn yn ddiweddar a chael ein croesawu a'n tywys gan ddau aelod o'r tîm sy'n gofalu am y lle – y ddau wedi'u trwytho yn hanes Hedd Wyn a'i deulu a stori ingol y Gadair Ddu ac Eisteddfod Penbedw. Da oedd gweld Gerald Williams, nai i Hedd Wyn, yntau hefyd yno i'n croesawu.

Ar ôl gweld y Gadair Ddu yn y parlwr a dotio at yr holl symbolau cywrain sydd yn ei haddurno, cawsom fynd i'r gegin – ystafell sydd heb newid fawr ddim ers dyddiau'r bardd ei hun. Mae yna ryw swyn arbennig yn perthyn i'r gegin – rhyw hinsawdd o ddiogelwch, o gynhesrwydd, o ofal, croeso a chariad. Roedd yna hefyd rywbeth torcalonnus o feddwl am y bardd ifanc, gwledig, nad oedd wedi teithio fawr ddim o'i filltir sgwâr ynghanol mynyddoedd Meirionnydd yn camu allan i fyd hollol wahanol – byd o ymladd a ffrwydro a lladd, mewn ffosydd a llaid, mewn gwaed a mwd a glaw.

Un yn unig oedd Hedd Wyn o gannoedd o filoedd o fechgyn ifanc a gollwyd ym mrwydro a bwtsiera y Rhyfel Byd Cyntaf. Fedrwn i ddim peidio â chyferbynnu, yn fy nychymyg fy hun, hinsawdd hyfryd, dedwydd cegin Yr Ysgwrn a hinsawdd erchyll a brawychus maes y gad yn Passchendaele. Teimlai Hedd Wyn yr un hiraeth am fro ei febyd – 'bro dirgelwch Duw'.

Rydym ni i gyd yn gorfod dewis rhwng y naill neu'r llall o'r ddau fyd. Mae teroristiaid heddiw, fel rhai eraill o'u blaenau, yn dewis byd ofn ac ymosod a lladd. Casineb, ofnadwyaeth a chreulondeb yw eu harfau hwy. Cofiwn, er hynny, fod yna lawer mwy ohonom ni, yn grefyddwyr ac yn anffyddwyr, yn dewis arfau tosturi, cariad a brawdgarwch. Dyma'r arfau cryfaf a nhw, yn y diwedd, fydd yn ennill y dydd.

6 Mehefin 2017

Yr Hen Bethau

Ychydig dros wythnos yn ôl bu farw'r nofelydd dawnus, Helen Dunmore. Bu farw o gancr a hithau ddim ond yn 64 oed. Un o'i nofelau mwyaf ysgytwol ydy *The Siege*, yn adrodd hanes un teulu yn ystod gwarchae St Petersburg – Leningrad ar y pryd – gan y Natsiaid yn ystod yr Ail Ryfel Byd. Bu farw miloedd o newyn, oerni ac ymosodiadau. Pan ofynnwyd iddi mewn cyfweliad radio pam yr oedd hi'n rhoi cymaint o sylw i ddigwyddiadau hanesyddol, ei hateb oedd, 'Nid amcan nofel hanesyddol ydy deall y gorffennol, ond yn hytrach deall y presennol.'

Dweud yr oedd hi na fedrwn ni ddim deall na gwerthfawrogi'n byd a'n bywyd ni heddiw heb ein bod ni'n deall ac yn gwerthfawrogi ddoe. Mae'n presennol ni, ei brofiadau a'i broblemau, yn deillio o'n gorffennol. Eto rydym ni'n ddryslyd a chymysg ein hagwedd tuag at ein gwreiddiau. Mae gennym ni feddwl mawr o bethau'r gorffennol: hen ddresel nain, cwpwrdd cornel Anti Jane a'r cloc mawr a fu yn y teulu ers cenedlaethau. Fuasem ni ddim yn gwneud i ffwrdd â'r rheiny am ffortiwn. Mae siopau hynafolion (antiques) yn gwneud busnes. Ydyn, mae pethau'r gorffennol yn cael parch gennym ni.

Ond beth am werthoedd y gorffennol? Beth am ei safonau moesol, ei arferion a'i argyhoeddiadau? Beth am grefydd a ffydd? Beth am ffyddlondeb o fewn teulu a phriodas? Beth am eiriau fel 'moesoldeb', 'parch' a 'chwrteisi'? Ond pethau hen ffasiwn yw'r rheiny. Dydyn nhw ddim yn cŵl. Y perygl wedyn yw cael ein hunain mewn diwylliant heb wreiddiau – yr hyn yr oedd Helen Dunmore yn ei alw yn 'a cut-flower civilization'.

Tybed nad ydym ni fel tusw o flodau mewn dŵr wedi'n torri oddi wrth ein gwreiddiau ac yn dechrau gwywo a darfod? Ond dyna fo, o sôn am hen bethau, onid ydw innau'n mynd yn hen? Ond mae colli gwreiddiau yn gyflwr sy'n gallu effeithio ar bobl o bob oed, yr ifanc yn ogystal â'r hen.

13 Mehefin 2017

Pwysigrwydd Gwrando

'Fe fuom ni'n rhybuddio y gallai trychineb ddigwydd, ond doedd neb yn gwrando.' Dyna bennawd yn un o'r papurau ar ddiwedd yr wythnos. Roedd rhai wedi amau ers tro nad oedd Tŵr Grenfell yn ddiogel rhag tân, ond doedd neb o'r awdurdodau – y cynghorwyr lleol, yr adeiladwyr a'r rhai oedd yn gyfrifol am gynnal a chadw'r adeilad – doedd neb ohonyn nhw'n gwrando. Y canlyniad oedd trychineb.

Yr un fu'r gŵyn am y Prif Weinidog, Theresa May ar y pryd, yn dilyn ei pherfformiad gwael yn yr etholiad cyffredinol. Roedd hyd yn oed ei chefnogwyr a phendefigion ei phlaid ei hunan yn cwyno iddi fod yn rhy benstiff ac amharod i wrando. Y canlyniad oedd iddi golli tir a cholli cefnogaeth.

Cymhwyster cwbl angenrheidiol mewn gwleidyddion, mewn cynghorwyr lleol ac arweinwyr ym mhob maes, yw'r ddawn i wrando. Ac mae hi'n ddawn. Mae'n golygu rhoi sylw o ddifrif i'r hyn mae person arall yn ei ddweud; rhoi ystyriaeth go iawn i farn wahanol. Y mae hefyd yn golygu troi'r gwrando yn weithredu. Y perygl fel arall yw i rai mewn swyddi cyhoeddus ymddwyn fel petaen nhw'n gwybod y cwbl ac anghofio eu bod yn atebol i bobl eraill. Mae'r hyn sy'n wir am arweinwyr cyhoeddus hefyd yn wir am bob un ohonom ni yn ein hymwneud â'n gilydd bob dydd. Fedrwn ni ddim cynnal sgwrs heb wrando, yn ogystal â siarad, a dydym ni ddim yn rhai da am wrando.

Roedd yna sôn am weinidog a ddywedodd, wedi iddyn nhw osod system clywed newydd yn ei gapel, 'Ie, da iawn. Ond mi f'asa'n dda gen i petai rhywun yn dyfeisio system gwrando.' Un peth ydy clywed, peth arall ydy gwrando. Mae gwrando yn galw am ganolbwyntio, am gydymdeimlad a sensitifrwydd ac am sylwi ar iaith corff yn ogystal â gwrando ar eiriau. Mae gweddïo hefyd yn golygu gwrando – gwrando am lais Duw, am y llef ddistaw fain. Dywedodd rhywun i ni gael ein creu efo dwy glust ac un tafod er mwyn i ni wrando mwy a siarad llai.

20 Mehefin 2017

Pedair Coes

Y dydd o'r blaen fe gyflwynwyd cadair o waith y crefftwr ifanc Rhodri Owen i Bwyllgor Eisteddfod Genedlaethol Ynys Môn. Gobeithio y gwelwn ni fardd teilwng yn eistedd ynddi.

Ddiwedd y mis nesaf, fe fydd yn ganmlwyddiant colli Hedd Wyn a hanes trist cadair ddu Eisteddfod Penbedw. O sôn am gadeiriau, yr wythnos ddiwethaf fe aeth Eiddwen, y wraig, a minnau ar ymweliad byr â Genefa. Yno fe welsom ni ddwy gadair ddiddorol. Roedd un yn gadair fu'n perthyn i'r diwygiwr John Calfin, yr un y byddai o'n eistedd ynddi i draddodi ei ddarlithiau. Erbyn hyn mae yna gadair arall yn Genefa, a honno'n denu miloedd o bobl i'w gweld. Mae'n anferthol o faint, yn 12 medr o uchder, ac wedi'i cherfio o bum tunnell a hanner o goed gan gerflunydd o'r enw Daniel Berset. Fe'i gelwir y 'Gadair Doredig' oherwydd mae un o'i phedair coes wedi ei thorri gan adael darnau'n hongian i lawr ohoni.

Yn 1996 y gwnaed y cerflun sy'n sefyll yn union o flaen y fynedfa i Ganolfan y Cenhedloedd Unedig. Fe'i gosodwyd yno gan y mudiad Anabledd Rhyngwladol (Handicap International) i gofio am y cannoedd o filoedd o wŷr, gwragedd a phlant a anafwyd gan ffrwydron tir mewn ugeiniau o ryfeloedd ar draws y byd – a'r rhai sy'n dal i gael eu hanafu o ganlyniad i sathru'n ddiarwybod ar ffrwydron. Amcan yr arfau dieflig yma yw nid lladd ond anafu ac amddifadu pobl o goes neu droed neu fraich.

Mae sawl un wedi gweld arwyddocâd symbolaidd i'r tair coes sy'n dal i gynnal y gadair. Yn ôl un sylwebydd maen nhw'n cynrychioli democratiaeth, rhyddid a heddwch. Mae'r rheiny wedyn yn adfer y bedwaredd coes, sef diogelwch. Beth ydy'r 'coesau' sy'n cynnal eich bywyd chi a minnau – y pethau sy'n rhoi seiliau cadarn i'n cymeriad? Mae'r Apostol Paul yn cynnig tri pheth yn sail i fywyd llawn – ffydd, gobaith a chariad. Fyddech chi'n cytuno efo fo? Beth fuasech chi'n ei osod wedyn yn bedwaredd coes?

27 Mehefin 2017

Profiadau Plentyn

Ers rhai blynyddoedd bu'n ddefod yn ein teulu ni i fynd i Landudno ar wylnos y Nadolig i weld y pantomeim. Felly y bu hi eleni eto ac fe aethom i weld *Peter Pan*.

Mae stori Peter Pan yn seiliedig ar lyfr J. M. Barrie am fachgen nad oedd yn tyfu i fyny ond yn aros yn blentyn am byth. Albanwr oedd James Barrie, yn un o ddeg o blant o deulu tlawd. Cafodd ei eni yn 1860 a chael magwraeth galed. Ffefryn ei fam oedd mab o'r enw David a'i gobaith hi oedd y byddai David yn mynd yn weinidog. Ond pan oedd yn dair ar ddeg oed fe'i lladdwyd mewn damwain wrth iddo sglefrio ar rew. Oherwydd y cyfuniad o farwolaeth ei frawd, ei fagwraeth dlawd a diffyg cariad ei fam, teimlai James Barrie ei fod wedi'i amddifadu o'i blentyndod. Fe aeth bywyd a phrofiad plant yn thema ganolog yn ei nofelau – yn eu plith *Peter Pan*.

I J. M. Barrie yr oedd treiglad amser yn ddirgelwch, yn enwedig o edrych i'r gorffennol a chofio'r tristwch a'r siom o fod heb gael mwynhau bywyd plentyn. Yn *Peter Pan* mae'n disgrifio plentyndod delfrydol, yn llawn antur a hwyl a champau tylwyth teg. Ond ffantasi llwyr, byd afreal llawn hud a lledrith, a dihangfa o brofiadau cas, ydy byd J. M. Barrie. Mae'n iawn i bantomeim, iawn i stori blant, ond nid ar adenydd ffantasi y mae dygymod â her amser.

Yn y dyddiau rhwng y Nadolig a'r Flwyddyn Newydd rydym ni'n ymwybodol o bethau'n llithro o'n gafael i'r gorffennol. Aeth Nadolig arall heibio, ac y mae blwyddyn arall gyda'i holl amrywiol brofiadau – da a drwg, llon a lleddf – bron â'n gadael ni. O fewn ychydig ddyddiau bydd blwyddyn newydd wedi gwawrio a byddwn yn anturio ymlaen i bennod nesaf ein taith. Yr hyn sydd yn rhoi gwir wefr a mwynhad ar daith bywyd ydy, nid ffantasi, ond ffydd. Ffydd sydd yn ein galluogi i edrych yn ôl ac i werthfawrogi'r da a'r hyfryd yn y gorffennol. Ffydd hefyd sydd yn ein hatgoffa ni nad ydym ni ar ein pennau ein hunain wrth i ni gamu ymlaen i'r dyfodol.

27 Rhagfyr 2017

Dysgu Oddi Wrth Sali Mali

Fe allwn ni i gyd feddwl am bobl a wnaeth argraff arnom ni pan oeddem ni'n ifanc, a'u dylanwad wedi aros yn drwm dros y blynyddoedd. Rydw i wedi clywed sawl athrawes ysgol yn sôn yn ddiweddar am eu dyled i ddarlithydd arbennig yn y Coleg Normal pan oedden nhw'n fyfyrwyr.

Yn ôl pob hanes roedd Mary Vaughan Jones yn gymeriad nodedig – yn athrawes brofiadol oedd yn gwybod yn union sut i ddal sylw plant a sut i gael y gorau ohonyn nhw ac o'i myfyrwyr. Mae nifer o'i chynfyfyrwyr yn cofio'n annwyl amdani fel person ac fel darlithydd, ac mae ei dylanwad yn aros yn fyw hyd heddiw, a hynny'n bennaf am iddi greu cymeriad sy'n dal yn ganllaw i ddysgu plant i ddarllen.

A phwy yw honno? Ie, Sali Mali wrth gwrs.

Mae yna bobl sydd bellach yn eu canol oed a ddysgodd ddarllen gyda chymorth Sali Mali, ac y mae plant o hyd wrth eu boddau yn dilyn ei hanturiaethau hi a'i ffrindiau Jac Do, Tomos Caradog, Jac y Jwc a'r Pry Bach Tew.

Mae'r storïau'n syml, syml, ond yn eu symlrwydd y mae cyfrinach eu llwyddiant. Ar ben hynny maen nhw i gyd yn storïau cynnes ac annwyl. Mae Sali Mali'n rhoi llety i Jac Do, mae'n ffeind efo Jac y Jwc ac mae hi'n barod ei chymwynas i bawb mewn trybini.

Fe ddaw plant i wybod yn ddigon buan bod yna ochr arall i fywyd, lle mae creulondeb, tlodi a rhyfela yn creu dychryn ac yn chwalu bywydau. Byddai'n gwneud byd o les i Trump, Putin, Kim Jong-un, ac i bob un ohonom ni hefyd, gael ein trwytho yng ngwerthoedd syml byd Sali Mali.

Dyna oedd ystyr geiriau Iesu pan ddywedodd, 'Pwy bynnag nad yw'n derbyn teyrnas Dduw yn null plentyn, nid â byth i mewn iddi.'

1 Mehefin 2018

Tywysog Heb Grys

Rhan o'r mwynhad a geir o ddilyn Eisteddfod yr Urdd yw gweld y cystadleuwyr bron i gyd yn dod ar y llwyfan yn eu crysau ysgol neu aelwyd, a bathodyn neu logo ar bob un yn dangos i bwy y maen nhw'n perthyn. Mae hynny'n arferiad hefyd gan gorau, partïon, grwpiau a thimau pêl-droed wrth gwrs.

Y dyddiau diwethaf bu cryn sôn am grysau newydd tîm pêl-droed Nigeria – crysau sydd wedi'u dylunio a'u cynhyrchu wrth y miloedd ar gyfer Pencampwriaeth Cwpan y Byd. Maen nhw'n felyn a llwyd a phatrwm sieffrwn ar bob un yn arwyddo symud ymlaen i fuddugoliaeth.

Mewn cyfweliad teledu roedd un o gefnogwyr Nigeria yn dangos y crys roedd o wedi'i brynu. 'Rydw i'n ddyn hapus dros ben,' meddai a chlamp o wên yn llenwi'i wyneb.

Cefais fy atgoffa o'r stori honno am dywysog cyfoethog yn yr India oedd yn byw mewn palas moethus, a nifer fawr o weision ganddo i ofalu amdano – ac eto roedd yn ddyn anhapus iawn. Un bore gofynnodd i un o'i wŷr doeth ble y gallai ganfod cyfrinach hapusrwydd. Cyngor hwnnw oedd y dylai deithio hyd a lled ei deyrnas a chwilio am ddyn gwirioneddol hapus, ac yna gwisgo crys y dyn hwnnw amdano.

Bu'r tywysog yn teithio am fisoedd o dref i dref, o bentref i bentref, dros fynyddoedd a thrwy fforestydd. Yn y diwedd daeth o hyd i bentref bach diarffordd, diolwg, ac yno y cafodd hyd i'r dyn hapusaf a gyfarfu erioed.

Y broblem oedd nad oedd gan y dyn grys! 'Nid faint o bethau sydd gennych chi sy'n rhoi bywyd go iawn i chi,' meddai Iesu. Petaech chi yn lle'r tywysog, beth fuasech chi'n ei wneud nesaf i chwilio am hapusrwydd?

8 Mehefin 2018

Cofio Mudiad Swffragetaidd Prydain

Dydd Sul diwethaf cynhaliwyd gorymdeithiau enfawr yn Llundain, Caerdydd, Caeredin a Belfast i ddathlu canmlwyddiant ennill y bleidlais i ferched am y tro cyntaf.

Ym mis Ebrill dadorchuddiwyd cerflun o un o brif arweinwyr y mudiad swffragetaidd, sef Millicent Fawcett, ar Sgwâr y Senedd yn Llundain.

Y mae'n sefyll ymysg nifer o gerfluniau eraill o bobl nodedig yn cynnwys Nelson Mandela, Gandhi, Abraham Lincoln, Lloyd George a Winston Churchill.

Dewiswyd Millicent Fawcett i gynrychioli ymgyrch ac aberth miloedd o rai tebyg iddi'i hun a hynny am mai hi oedd llywydd Undeb Cenedlaethol Mudiadau Swffragetaidd Prydain, a hefyd am ei bod yn arwain yr ochr ddi-drais i'r mudiad.

Credai'n gryf fod y rhai oedd yn defnyddio dulliau treisgar yn dwyn enw drwg i'w hachos ac yn tramgwyddo pobl yn hytrach na'u hennill.

Mae'r cerflun yn drawiadol, yn ei dangos yn dal baner ac arni'r geiriau 'Dewrder a eilw ar ddewrder ym mhob man' – dyfyniad o araith a draddododd yn galw ar bobl i gefnogi'r rhai oedd yn gweithredu'n wrol dros bob achos da.

Dydy hi ddim yn ddigon cefnogi o hirbell a gwneud dim.

Yn ôl Edmund Burke dyna'r ffordd orau i sicrhau llwyddiant y drwg – i'r dyn da wneud dim byd.

Mae nifer ohonom ni'n bencampwyr ar wneud dim on'd oes?

15 Mehefin 2018

Byd y Planhigion

Mewn rhifyn o 'Munud i Feddwl' yn nechrau Rhagfyr y llynedd, fe dynnais i sylw at gyfrol nodedig iawn oedd wedi'i lansio ychydig ddyddiau ynghynt sef *Blodau Cymru: Byd y Planhigion* gan y botanegydd Dr Goronwy Wynne.

Dydw i'n ymddiheuro dim am dynnu sylw at y gyfrol eto y bore 'ma, oherwydd mewn seremoni yng Nghaerdydd y noson o'r blaen fe ddyfarnwyd Gwobr Llyfr y Flwyddyn i *Blodau Cymru*, a gwych oedd gweld Goronwy Wynne yn mynd i fyny i'r llwyfan i gael ei anrhydeddu am ei orchestwaith.

Y mae'r llyfr yn orchestwaith. Ynddo mae 600 o dudalennau a'r un nifer o luniau yn dosrannu holl flodau a phlanhigion Cymru gan drafod eu cynefinoedd a'u nodweddion.

Yr hyn a'm trawodd i wrth bori yma a thraw yn y llyfr oedd fod cymaint o'r blodau mor fach ac mor hynod o dlws, a llawer yn tyfu mewn mannau diarffordd, rhwng creigiau ac ar lechweddau mynyddoedd.

Mor hawdd ydy dilorni pethau bychain bywyd gan dybio mai'r pethau mawr sydd yn bwysig – adeiladau mawr, diwydiannau mawr, busnesau mawr. Ond y mae cyfoeth a harddwch yn y pethau bychain.

Peth arall sy'n dod yn amlwg yn y gyfrol yw pwysigrwydd sylwi. Dydy natur ddim yn datgelu ei chyfrinachau heb i ni edrych yn fanwl amdanyn nhw.

Ond o wneud hynny mae'n dangos i ni ei phrydferthwch a'i

rhyfeddodau. O ddal i sylwi, mae'n dangos i ni hefyd ôl llaw y Creawdwr ei hun.

29 Mehefin 2018

Y Gwasanaeth Iechyd

Cyn bo hir bydd y Gwasanaeth Iechyd Gwladol – yr NHS ar lafar gwlad – yn dathlu ei ben-blwydd yn 72 oed.

Ar 5 Gorffennaf 1948 lansiwyd gwasanaeth meddygol newydd sbon oedd ar gyfer pawb, i'w gynnal gan bawb trwy system dreth, i fod yn rhad ac am ddim i bawb yn ôl eu hangen.

Roedd yn fenter arloesol, anturus a ddaeth â gobaith am ofal meddygol rhad i bawb fyddai fel arall yn wynebu biliau meddygol trwm.

Dwy flynedd cyn lansio'r Gwasanaeth Iechyd bu fy nhad farw yn hanner cant oed o afiechyd y galon.

Un cof sydd gen i o'r cyfnod yw fy rhieni yn poeni a fydden nhw'n medru talu biliau'r meddyg.

Diolch am y Gwasanaeth Iechyd. Mae llawer ohonom y tu hwnt o ddyledus iddo.

Diolch hefyd fod y Prif Weinidog wedi addo rhoi anrheg pen-blwydd sylweddol iawn i gynnal a datblygu'r gwasanaeth i'r dyfodol.

Oes, mae yna broblemau ariannol yn ei wynebu; oes, mae angen diwygio'i weinyddiaeth.

Er hynny mae'r meddygon, y nyrsys a'r staff gweinyddol, a phawb arall sy'n cynnal y gwaith, yn haeddu clod a chefnogaeth pob un ohonom, hyd yn oed os bydd hynny'n golygu cynnydd yn y Dreth Incwm.

Sail y Gwasanaeth Iechyd yw gorchymyn Iesu i'w ddilynwyr i

barhau ei genhadaeth o gyhoeddi'r deyrnas ac iacháu cleifion. Ein gwasanaeth ni yw hwn, ac mae gan bob un ohonom ni gyfrifoldeb i'w gynnal a'i hybu.

22 Mehefin 2020